中华文化公开课

考古文化六讲

李世化◎著

当代世界出版社
THE CONTEMPORARY WORLD PRESS

图书在版编目（CIP）数据

考古文化六讲 / 李世化著 . -- 北京：当代世界出版社，2019.5
（中华文化公开课）
ISBN 978-7-5090-1357-1

Ⅰ . ①考… Ⅱ . ①李… Ⅲ . ①考古－文化－中国
Ⅳ . ① K87

中国版本图书馆 CIP 数据核字 (2018) 第 125786 号

考古文化六讲

作　　者：李世化
出版发行：当代世界出版社
地　　址：北京市复兴路 4 号（100860）
网　　址：http://www.worldpress. org. cn
编务电话：（010）83907528
发行电话：（010）83908410
（010）83908377
（010）83908423（邮购）
（010）83908410（传真）
经　　销：新华书店
印　　刷：河北华商印刷有限公司
开　　本：710mm × 1000mm　1/16
印　　张：16
字　　数：300 千字
版　　次：2019 年 5 月第 1 版
印　　次：2019 年 5 月第 1 次
书　　号：ISBN 978-7-5090-1357-1
定　　价：39.80 元

前言 PREFACE

千万里锦绣江山，多少载华夏文明，在历史的角落里掩藏着数不尽尘封已久的真相?然而，光阴如白驹过隙，倏忽间，千万年弹指一挥。华阁腐朽，肉身湮没，人类如何再去追寻那远古的辉煌？那就去考古吧！考古是一种穿越时空的体验，这种体验充满神秘感和关于过去、现在、未来的无限遐想，让很多人着迷。

遗址、古墓、文物……穿越漫长时空遗留下来的璀璨的古代文明，今天还能否揭开它的神秘面纱?

小小的一片甲骨，引出一段掩埋了3300多年的殷商王朝记忆，古老荒原下沉睡的青铜大鼎从此重见天日。它带着悠远而庄重的古韵，与其周围无数殉葬骸骨一同诉说着那个非同寻常的王权年代。

三星堆，这个掩埋着上千件文物的遗址，承载着不只是简单的文化遗传，更多的是一个来源神秘、流向未明的孤岛文化谜团。它在历史长河中突兀孑立，其中无法解读的种种玄妙，甚至将冥思苦想的学者引向对外星文明的联想。

灭六国而一统天下的秦始皇，以其威震宇内的铁骑筑起一座皇权的巅峰之城。他死后所居的地下陵宫同样气势磅礴，举世无双的兵马俑正印证了秦王朝的荣耀与辉煌，从此成为中华文明的又一个象征。

马王堆汉墓里千年不朽的老妇人一经出土，震惊世界，钟鸣鼎食的王侯用近乎神话的随葬器物证明了自身的高贵。

……

这一切，使华夏子孙对先人无比崇敬，同时也吸引着现代人好奇的目光与探秘的兴趣——当然，这也是后人之于历史的责任和使命。于是，我们精心编撰了本书。

本书以知识性和趣味性为出发点，在参考大量文献资料的基础上，全方位、多角度地展示从古代文明到神秘传说、从帝王后宫到文化名人等各个领域中人们最感兴趣的疑点与谜团，客观分析并努力揭示谜团背后的真相。同时，我们精心挑选了数百幅精美图片，它们将与文字一起讲述人物背后的故事，历史背后的真相。

本书在严肃而充满趣味的考古发现中，不仅介绍了遗址、古墓、文物等具体内容，而且还折射出人类对文明兴衰的追怀与感悟、对历史发展的深思与反省，以及对人类自身终极命运的追问与关注，让读者从中获得思考与发现的乐趣。

目录
CONTENTS

第一讲　考古文化溯源

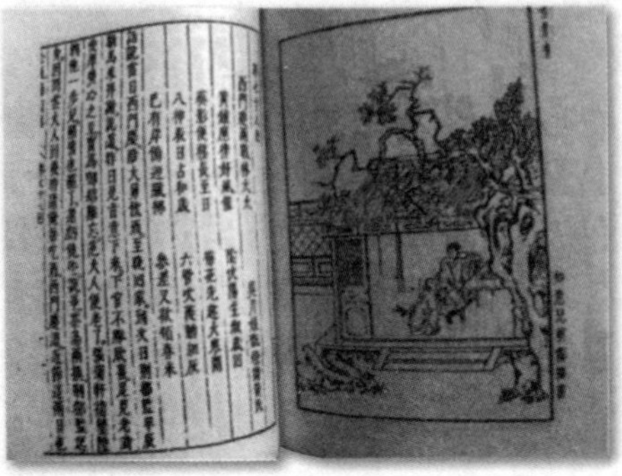

第二讲　墓葬考古解密

第三讲　考古文物寻踪

第四讲　史事考古寻踪

第五讲　考古迷案释疑

第六讲　考古遗址探幽

第一讲

考古文化溯源

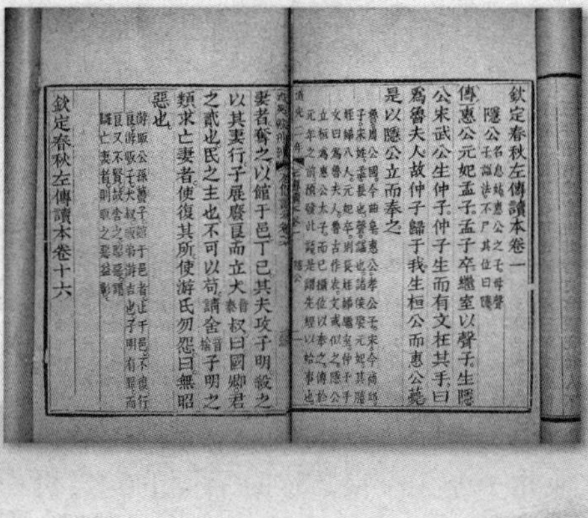

欽定春秋左傳讀本卷一
隱公
傳惠公元妃孟子孟子卒繼室以聲子生隱
公宋武公生仲子仲子生而有文在其手曰
為魯夫人故仲子歸于我生桓公而惠公薨
是以隱公立而奉之
妻者奪之以館于邑丁巳其夫攻子明殺之
以其妻行子展廢良而立大叔曰國卿君
之貳也民之主也不可以苟請舍子明之
類求亡妻者使復其所使游氏勿怨曰無昭
惡也
欽定春秋左傳讀本卷十六

十二生肖排序之谜

十二生肖，是由十一种源于自然界的动物即鼠、牛、虎、兔、蛇、马、羊、猴、鸡、狗、猪以及传说中的龙所组成，用于纪年，顺序排列为子鼠、丑牛、寅虎、卯兔、辰龙、巳蛇、午马、未羊、申猴、酉鸡、戌狗、亥猪。在世界上多个国家和民族被广泛使用。

关于十二生肖的由来，历史上的记载是：我国自帝舜时代就开始使用天干十个符号和地支十二个符号相配合的“干支纪年法”。以动物纪年的方法最初起源于我国古代西、北部从事游牧的少数民族中。那么，十二生肖的排序是怎样得来的呢？

民间传说

传说玉皇大帝要选出十二种动物作为代表，于是他就派各路神仙下凡跟动物们宣布了这件事，定好在卯年卯月卯日卯时到天宫来参加竞选，来得越早的排得越靠前，后面的排不上。到了竞选的这一天，众动物纷纷赶向天宫。鼠坐在牛的背上，到达天庭后，老鼠“蹭”地一跳跑到了最前面。玉皇大帝只好让老鼠排第一；老牛排第二；这时老虎也到了，排在第三；兔子随后也到了，排第四；龙来得很晚，但他长得漂亮，玉皇大帝看到后非常喜欢，就让他排第五，还说让他的儿子排第六，可龙很失望，因为他儿子今天没来。这时后面的蛇灵机一动，连忙说：“他是我干爸，我排第六！我排第六！”蛇就这么排了第六；马和羊同时到达了天宫，他俩非常谦让，推来推去地谁都不肯先排位，玉皇大帝看他们这么有礼貌，就让他们排了第七和第八；猴子本来排三十几的，可是他仗着自己跳得远，就拉着天上的云朵跳到了前面，排到了第九；接着鸡、狗、猪也纷纷被选上，分别排在第十、十一、十二位。

传说故事虽不是对排序的科学解释 ，

◆ 十二生肖铜镜

但却体现了人们希望对十二生肖的选择做出解释的愿望。

十二时辰——地支和肖兽的配属

天黑地暗，天地混沌一片。鼠，在半夜的时候出来活动，将天地间的混沌状态咬出缝隙，“鼠咬天开”，所以子属鼠。天开后接着就要劈地，“地辟于丑”，牛耕田，应该是劈地的动物，所以丑属牛。寅时是人出生的时候，有生就有死，置人于死地莫过于猛虎，寅，又有敬畏的意思，所以寅属虎。卯时是日出的景象，太阳本应离卦，离卦象火，其中含有阴爻，为月亮，即月亮之精玉兔，这样，卯便属兔了。辰属于三月的卦象，这时正是群龙行雨的时节，辰就属龙。巳是四月的卦象，每逢这个时候，春草茂盛，蛇也开始苏醒，是属于蛇的好时候。另外，巳时为上午，这时候蛇正归洞，因此，巳属蛇。午，是下午的时候，这时的阳气最旺盛，阴气正在萌生，马，最爱驰骋奔跑，当它的四蹄腾空时就为阳，当它的四蹄踏地即为阴，马在阴阳之间跃进，就成了午的属相。羊，午后吃草是最好的时候，容易长胖，此时为未时，故未属羊。未之后是申时，这时太阳就要落山，猿猴开始啼叫，而且猴子喜欢在此时伸臂跳跃，故而猴配申。酉时月亮出来，月亮属水，应着坎卦。坎卦，其上下阴爻，而中间的阳爻代表太阳金乌之精，因此，酉属鸡。夜幕降临为戌时，狗正是守夜的家畜，也就与之结为戌狗。接着亥时到，天地间又浸入混沌一片的状态，如同果实包裹着果核那样，亥时黑夜覆盖着世间万物。猪是只知道吃的混混沌沌的动物，所以猪成了亥的属相。

◆ 十二生肖时辰图

以上两种解释分别从不同角度解释了生肖的排序。民间有关生肖动物排列的传说故事丰富了生肖的内容，也促进了生肖文化的传承与发展。

延伸阅读

十二生肖中为何没有猫

十二生肖中为什么猫不能上榜？其实真正的原因是中国古时无猫。猫原产于埃及，何时传入中国已不可考。民间传说是唐三藏从印度带回。也就是说，在猫传入中国以前，中国就已经有了十二生肖。依照动物学的分类，老虎属于哺乳动物、食肉类、猫科。虎和猫，其实是“本家”之亲。有了老虎代表，猫咪在“十二生肖大会”里，已不愁没有“发言权”，亦勉堪自慰了。

汉字起源于何时

汉字是世界上最古老的文字之一，它是记录汉语的书写符号。汉字在形体上是逐渐由图形变为由笔画构成的方块形符号，所以汉字一般也叫“方块字”。

汉字是由象形文字（表形文字）演变成的兼表音义的意音文字，但总的体系仍属表意文字。所以，汉字具有集形象、声音和辞义三者于一体的特性。这一特性在世界文字中是独一无二的，因此它具有独特的魅力。汉字是中华民族几千年文化的瑰宝，也是我们终生的良师益友和精神家园。汉字往往可以引起我们美妙而大胆的联想，给人美的享受。

汉字，亦称“中文字”“中国字”“国字”，是汉字文化圈广泛使用的一种文字，属于表意文字的词素音节文字，为上古时代的华夏族人所发明创制并作改进，目前确切历史可追溯至约公元前1300年商朝的甲骨文。再到秦朝的小篆，发展至汉朝才被取名为“汉字”，至唐代楷化为今日所用的手写字体标准——楷书。汉字是迄今为止连续使用时间最长的主要文字，也是上古时期各大文字体系中唯一传承至今的文字。有学者认为汉字是维系中国南北长期处于统一状态的关键元素之一，亦有学者将汉字列为中国第五大发明。中国历代皆以汉字为主要官方文字。

◆ 字圣故里的仓颉雕像

仓颉造字说

中国古代最通行的说法是仓颉造字。那么仓颉是什么时代的人呢？有人说是黄帝的史官，有人讲是古代的帝王，也有人说他生活在神农和黄帝之间，还有人认为在炎帝时代等。东汉的许慎在《说文解字》中说，远古伏羲氏作八卦“以垂宪象”，神农氏以“结绳”记事，黄帝的史官仓颉创造了“书契”。这其中，“八卦”是由记数符号构成的，“结绳”也属于一种记数法，而“书契”，反映了原始文字的起源和发展的几个阶段，因此，在汉字起源的说法中，以“仓颉造字说”最具权威性。

另一种说法是，“仓颉”的发音和“契刻”等词差不多，古代的文字不用笔写，而是用刀刻，仓颉是指那些契刻文字的人。还有人则认为，汉字由人民集体创造，经“巫”和“史”整理并发展而成。至于“巫”和“史”是什么人，又有许多不同的解释。

陶器刻符说

据考古发现，龙山文化、大汶口文化、良渚文化和二里头文化中出土了一大批带记事符号的陶器，有些接近于文字，特别是大汶口文化陶器的一些刻符被解读为斤、戌、炅、斧、旦等，于是不少专家学者认为，中国汉字起源于陶器刻符。

殷商甲骨文说

有学者认为，到了殷商才开始有了文字——青铜器铭文和甲骨文。因为现在已知用于记录或成句语言系统的最早文字，是殷商时代的甲骨文。商代的甲骨文已经具有相当程度的规范化，它不仅在语法结构上为先秦书面语言奠定了雏形，而且字型也跟东周、西周、秦、汉文字有一脉相承的联系，是相当成熟的文字系统。汉字“殷商甲骨文说”是目前史学界较普遍的看法。

夏代起源说

著名历史学家郭沫若认为，任何事物总有一个从发展到成熟的过程，文字的产生与发展更应该是一个漫长的历史过程，既然殷商时代的甲骨文早已经成熟，据此推断，其发展至少应该在商代以前1000多年，因此中国的文字应该起源于夏或夏之前。这一说法得到了许多学者的支持，但至今仍没有得到证实。

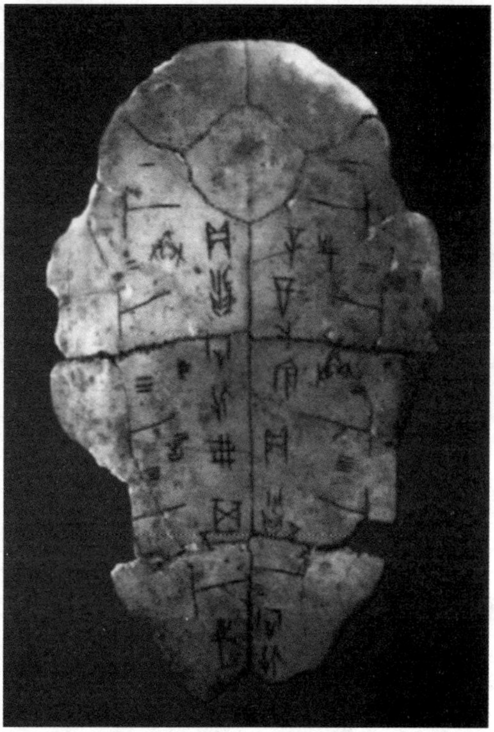

◆ 殷商早期的甲骨文

知识小百科

什么是“草书”

草书是汉字的一种书体，形成于汉代，是为书写简便，在隶书基础上演变出来的，有章草、今草、狂草之分。汉初通用的是“草隶”，即潦草的隶书，后来逐渐发展，形成一种具有艺术价值的“章草”。汉末，张芝变革“章草”为“今草”，字的体势一笔而成。唐代张旭、怀素又发展为笔势连绵回绕、字形变化繁多的“狂草”。“章草”笔画省变有章法可循，代表作如三国吴皇象《急就章》的松江本；“今草”不拘章法，笔势流畅，代表作如晋代王羲之《初月》《得示》等帖；“狂草”笔势狂放不羁，成为完全脱离实用的艺术创作，代表作如张旭《肚痛》帖、怀素《自叙帖》。

龙凤文化之谜

中国的神话与传说中，龙是一种神异动物，具有虾眼、鹿角、牛嘴、狗鼻、鲶须、狮鬃、蛇尾、鱼鳞、鹰爪，是九种动物合而为一的“九不像”之形象。凤是与龙相对应的一种神鸟。从古至今，龙凤那美好吉祥的形象都被民间大众赞美着、歌颂着。

龙与凤，历来被视为中华民族传统文化的象征，在图腾、徽记、图章、传说中都可见到他们。龙凤文化给中华民族带来了无上光荣，也给后世子孙们留下了许多难解之谜。

龙帝与天帝

龙帝，即天帝，也叫“玉皇大帝”，传说就是华夏民族的始祖——黄帝的化身。在《史记·封禅书》中记载，黄帝和老百姓在首山采掘铜矿，把开采出来的铜铸成一只很大的铜鼎，放在荆山脚下。铜鼎铸成时，有龙垂胡髯下迎黄帝升天。黄帝骑到了龙背上，他手下的群臣还有妻儿也都纷纷往上爬，一共上了七十多人。这时，龙升上天去，剩下的人们挤不上去，一个个都抓着龙的胡须。龙髯受不了重量而断了，黄帝带的弓也被拉落下来，人们抱着龙髯和弓号哭。黄帝升了天后便成为了天帝。

传说毕竟是传说，事实上，我国目前发现的最早的龙形图案来自8000年前的兴隆洼文化查海遗址，在这里曾发现一条长约19.7米、用红褐色石块堆砌、摆放的龙。兴隆洼文化这条龙的发现，把中国人崇龙的历史上推到了8000年前。

古时候，人们对大多自然现象无法做出合理解释，于是便希望自己民族的图腾具备风雨雷电那样的力量，崇山峻岭那样的雄姿，像鱼一样能在水中游弋，像鸟一样可以在天空飞翔。因此许多动物的特点都集中在龙身上，龙渐渐成了现在我们熟知的样子，

◆ 龙图腾图

◆ 凤图腾图

这种复合结构，意味着龙是万兽之首、万能之神。

百鸟朝凤

相传，很久很久以前，凤凰只是一只很不起眼的小鸟，羽毛也很平常，丝毫不像传说中的那般光彩夺目。但它有一个优点：它很勤劳，不像别的鸟那样吃饱了就知道玩，而是从早到晚忙个不停，将别的鸟扔掉的果实都一颗一颗捡起来，收藏在洞里。

有一年，森林大旱。鸟儿们觅不到食物，都饿得头昏眼花，快支撑不下去了。这时，凤凰急忙打开山洞，把自己多年积存下来的干果和草籽拿出来分给大家，和大家共渡难关。旱灾过后，为了感谢凤凰的救命之恩，鸟儿们都从自己身上选了一根最漂亮的羽毛拔下来，制成了一件光彩耀眼的百鸟衣献给了凤凰，并一致推举它为“鸟王”。

以后，每逢凤凰生日之时，四面八方的鸟儿都会飞来向凤凰表示祝贺，这就是百鸟朝凤。

凤凰与龙、麒麟、龟一起并称“四瑞兽”。青龙与白虎、朱雀、玄武是中国天文的四象。除了龟以外，其它三种谁也没有见过。然而，从古至今，凤凰那美好吉祥的形象却深深地留在民间大众的心目中，世世代代被人们赞美着、歌颂着。

至于龙凤文化的由来还有许多不同的说法，但目前仍没有确切的答案。

延伸阅读

对“龙凤呈祥”的考证

“龙凤呈祥”的传说在中国源远流长。据说虞舜时天下大治，乐官夔谱成了《九招》之曲呈献，虞舜演奏过程中金龙彩凤同时现身。《诗经·文王之什》中也有龙氏族王季娶凤氏族鸷仲氏的记载，认为这是龙凤呈祥，“天作之合”。据有关专家考证，从河南安阳商代墓出土的龙凤纹玉雕，到清代刺绣上有龙凤与“祥”字的纹样，数千年来，从服饰、工艺品、生活器皿到建筑装饰，龙凤纹饰无所不在。但最早的“龙凤呈祥”究竟出自何时、何地，始终缺乏有力的考古证据。

"端午节"的由来

端午节为每年农历五月初五，端是"开端""初"的意思，初五可以称为"端五"，端午节与春节、清明节、中秋节并称为中国汉族的四大传统节日。

"端午"二字最早见于西晋人周处《风土记》："仲夏端午，烹鹜角黍"。端午节是我国汉族人民的传统节日，这一天各地人们必不可少的活动有挂菖蒲、蒿草、艾叶，薰苍术、白芷，吃粽子、赛龙舟、喝雄黄酒、系百索子、做香角子、贴五毒、贴符、放黄烟子、吃十二红。据说，吃粽子和赛龙舟，是为了纪念屈原，所以新中国成立后曾把端午节定名为"诗人节"，以纪念屈原。至于挂菖蒲、艾叶，薰苍术、白芷，喝雄黄酒，贴符，据说则是为了避邪。

那么，"端午节"究竟是从何而来的呢？归纳起来，大致有以下几种说法：

一、纪念屈原

据说，屈原于农历五月初五自投汨罗江，死后被蛟龙所困，世人为他感到哀伤，于是每年五月初五投五色丝粽子于水中，以驱蛟龙。

又传，屈原投汨罗江后，当地百姓闻讯马上划船捞救，一直行至洞庭湖，终不见屈原的尸体。那时，恰逢雨天，湖面上的小舟一起汇集在岸边的亭子旁。当人们得知是打捞贤臣屈大夫时，再次冒雨出动，争相划进茫茫的洞庭湖。为了寄托哀思，人们荡舟江河之上，此后才逐渐发展成为龙舟竞赛。

看来，端午节吃粽子、赛龙舟与纪念屈原相关，有唐代文秀《端午》诗为证："节分端午自谁言，万古传闻为屈原。堪笑楚江空渺渺，不能洗得直臣冤。"

◆《屈原行吟图》明 陈洪绶

二、纪念孝女曹娥

此说出自东汉《曹娥碑》。曹娥是东汉上虞人，父亲溺于江中，数日不见尸体，当时孝女曹娥年仅十四岁，昼夜沿江号哭。过了十七天，在五月五日也投江，五日后抱出父尸。就此传为神话，继而相传至县府知事，令度尚为之立碑，让他的弟子邯郸淳作辞颂扬。

孝女曹娥之墓，在今浙江绍兴，后传《曹娥碑》为晋王义所书。后人为纪念曹娥的孝节，在曹娥投江之处兴建“曹娥庙”，她所居住的村镇改名为“曹娥镇”，曹娥殉父之处定名为“曹娥江”。

三、纪念伍子胥

传说春秋时吴国忠臣伍子胥含冤而死之后，化为涛神，世人哀而祭之，故有端午节。这则传说，在江浙一带流传很广。伍子胥名员，楚国人，父兄均为楚王所杀，后来子胥投奔吴国，助吴伐楚，五战而入楚都郢城。当时楚平王已死，子胥掘墓鞭尸三百，以报杀父兄之仇。吴王阖闾死后，其子夫差继位，大败越国。越王勾践请和，子胥建议彻底消灭越国，夫差不听。吴国太宰受越国贿赂，谗言陷害子胥，夫差信之，赐子胥宝剑，子胥以此死。子胥本为忠良，视死如归，在死前对邻舍人说：“我死后，将我眼睛挖出悬挂在吴京之东门上，以看越国军队入城灭吴。”夫差闻言大怒，令取子胥尸体装在皮革里于五月五日投入大江，因此相传端午节为纪念伍子胥之日。

时至今日，端午节在中国仍是一个十分盛行的隆重节日，从2008年起为国家法定节假日。国家非常重视非物质文化遗产的保护，2006年5月20日，该民俗经国务院批准列入第一批国家级非物质文化遗产名录。

◆ 粽子

延伸阅读

“端午节”的习俗——戴香包

香包又叫香袋、香囊、荷包等，有用五色丝线缠成的，有用碎布缝成的，内装香料，佩在胸前，香气扑鼻。香包经过千年的流传，已成为端午节特有的民间工艺品。

戴香包颇有讲究。老年人为了防病健身，一般喜欢戴梅花、菊花、桃子、苹果、荷花、娃娃骑鱼、娃娃抱公鸡、双莲并蒂等图案的，象征着鸟语花香，万事如意。小孩喜欢的是飞禽走兽类的，如虎、豹子、猴子上竿、斗鸡赶兔等。青年人戴香包最讲究，如果是热恋中的情人，那多情的姑娘很早就要精心制作一二枚别致的香包，赶在节前送给自己的情郎。小伙子戴着心上人送的香包，自然要引起周围人的评论，直夸小伙的对象心灵手巧。

《诗经》是如何集成的

《诗经》是我国第一部诗歌总集，收入自西周初年至春秋中叶五百多年的诗歌311篇，又称《诗三百》。西汉时被尊为儒家经典，始称《诗经》，并沿用至今。

《诗经》共有风、雅、颂三个部分，所反映的社会生活内容十分丰富，其信息量之大，文献价值之高，令人惊叹。它立体地再现了生存环境、事态人情，是当时社会生活的多方位、多角度的反映，其内容在世界古代诗歌作品中是独一无二的。

《诗经》的作者成分很复杂，产生的地域也很广。除了周王朝乐官制作的乐歌，公卿、列士进献的乐歌，还有许多原来流传于民间的歌谣。而这些民间歌谣是如何集中到朝廷来的，则有不同说法。

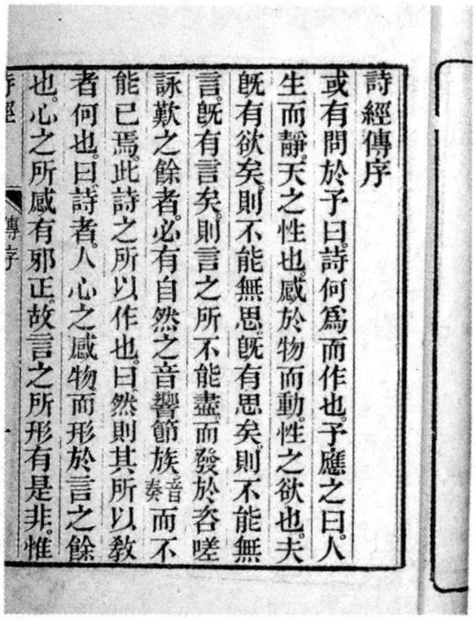
詩經傳序
或有問於予曰詩何爲而作也予應之曰人
生而靜天之性也感於物而動性之欲也夫
既有欲矣則不能無思既有思矣則不能無
言既有言矣則言之所不能盡而發於咨嗟
詠歎之餘者必有自然之音響節族（音奏）而不
能已焉此詩之所以作也曰然則其所以教
者何也曰詩者人心之感物而形於言之餘
也心之所感有邪正故言之所形有是非惟
詩經 傳序 一

◆ 《诗经》书影

孔子删诗说

这种说法起源于汉代，是把《诗经》的编纂之功归之于孔子一人。根据《史记·孔子世家》载："古者诗三千余篇，及至孔子；去其重，取可施于礼义……三百五篇，孔子皆弦歌之，以求合翻武雅颂之音。"《汉书·艺文志》说："孔子纯取周诗。上采殷，下取鲁，凡三百五篇。"都认为《诗经》由孔子编纂。

但是，持异议者提出了一些反驳的理由：一、《史记》中说孔子删诗，是在自卫国返回鲁国之后，那时孔子已年近七十。而在此之前，都称为《诗三百》。可见在孔子中青年时期，《诗经》已经是三百篇。二、《左传·襄公二十九年》载，吴国公子季札在鲁国观赏周乐，乐工们先奏十五国风，再奏小雅、大雅，最后奏颂，次序和内容基本上与今本《诗经》相同，那时孔子只有八岁，而《诗经》已定型。那么，《诗经》究竟是由谁来编纂的呢？

王者采诗说

《诗经》中诗歌的创作时间，上起西

◆ 八月剥枣豳风图（《诗经 豳风　七月》云："八月剥枣，十月获稻。"）

周初年，下至春秋秦穆公时，绵延五个世纪。创作的地点，几乎包括了整个黄河流域，加上长江、汉水一带，纵横上千里。怎样把众多的诗歌集中起来呢？早在汉代就出现了"王者采诗"的说法。《汉书·食货志》曰："孟春之月(阴历正月)，群居者将散，行人振木铎徇于路，以采诗。"刘歆《与扬雄书》说："诏问三代、周、秦轩车使者，逌人使者，以岁八月巡路，求代语、童谣、歌戏。"都说由天子指派官吏坐车去全国各地采集诗歌，以便"王者不出牖户，尽知天下所苦；不下堂而知四方"。

周朝太师编定说

朱自清认为《诗经》可能由周王朝的太师编纂。他在《经典常谈》中说，春秋时各国都养了一班乐工，主事者叫"太师"。各国使臣来往，宴会时都得奏乐唱歌。太师们不但要搜集本国乐歌，还要搜集别国乐歌。除了这种搜集来的歌谣外，太师们所保存的还有贵族们为了特殊事情，如祭祖、宴客、房屋落成、出兵打猎等作的诗，也有臣下作了献给君上的诗，准备让乐工唱给君上听的，可以说是政治诗。太师们保存下这些唱本，附带乐谱、唱词共有三百多篇，当时通称作《诗三百》。各国的乐工和太师们是搜集、整理《诗经》的功臣，但是要取得编纂整体的统一，就非周王朝的太师莫属。《国语·鲁语下》有"正考父校商之名颂十二篇于周太师"的记载，正考父是宋国的大夫，献《商颂》于周王朝的太师。今本《诗经》的《商颂》只有五篇，很可能是太师在十二篇基础上删定的。由此看来，《诗经》应当是周王朝的太师编定的。

这些说法，都有一定道理。但是，究竟由谁将这些诗歌编纂成书，迄今仍没有确切的答案。

知识小百科

《诗经》与《牛郎织女》故事的由来

每年农历七月初七的七夕，又名"乞巧节""七巧节"或"七姐诞"，是中华民族传统节庆，也是东亚各国的传统节日。"跂彼织女，终日七襄。虽则七襄，不成报章。睆彼牵牛，不以服箱"。《诗经·小雅·大东》中这段有关织女、牵牛星宿的记载，被认为是《牛郎织女》传说的萌芽。夏秋之交，织女星与牵牛星先后双双升上中天，分列银河两岸，遥遥相望，牵牛织女的星神爱情故事由此产生。

《孙子兵法》的作者是谁

《孙子兵法》是世界上最早的兵书之一，被奉为兵家经典，后世的兵书大多受到它的影响，对中国的军事学发展影响非常深远。它也被翻译成了多种语言，在世界军事史上具有重要的地位。

春秋时期的《孙子兵法》通称《孙子》，又称《吴孙子兵法》，曾为中外人士举为兵书之鼻祖，相传为春秋吴将孙武所撰。在中国古代，它是军事家必读的经典兵法著作，在宋代官定的军事教科书《武经七书》中被列为首位。凡从军行武者，必熟读《孙子》，考试合格，才能被授武职。

《孙子兵法》是中国古典军事文化遗产中的璀璨瑰宝，是中国优秀文化传统的重要组成部分，是中国古代最伟大的军事理论著作，也是中国古籍中对世界影响最大、最为广泛的著作之一。《孙子兵法》曾被誉为“前孙子者，孙子不遗；后孙子者，不遗孙子”。它所阐述的谋略思想和哲学思想，被广泛地运用于军事、政治、经济等各领域中。其内容博大精深，思想精邃富赡，逻辑缜密严谨。

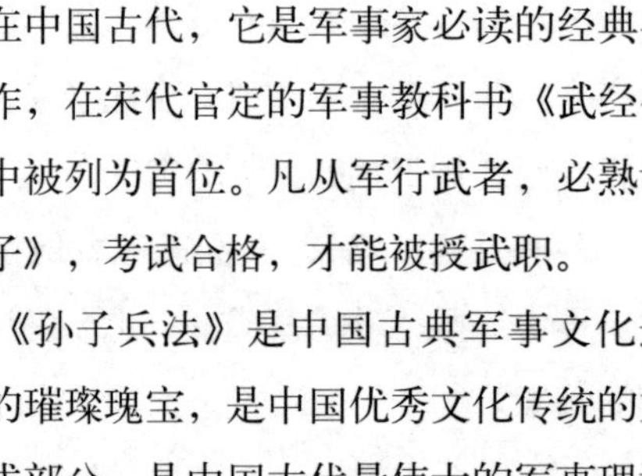

◆ 《十一家注孙子》 书影

《孙子》传入西方，已有数百年历史。据说拿破仑滑铁卢失败后，得见此书，击节而叹，悔未早读，否则或能免遭失败。今日的日本、西方企业家，甚至有用《孙子》经营工商企业者，亦每每获奏奇功。然而《孙子》的作者到底是不是吴国将军孙武，却有一番争论。

《史记》的记载是真实的吗

战国《商君书》《韩非子》等都提到过“孙吴之书”，指的是《孙子兵法》和《吴子兵法》，但并未说明作者即是孙武。汉代司马迁《史记·孙武列传》才正式记录了孙武的事迹，肯定地说《孙子》十三篇为孙武所著，说孙武以此十三篇兵法进谒吴王，协助其整军经武，富国强兵，西伐强楚，北威齐晋，争霸中原。《史记》之说一出，千年之间，无人怀疑。然而自宋代开始，疑问出现了：《孙子》真是孙武撰著的吗？历史上是否真有孙武其人？首创此说的

◆ 孙武塑像

有宋人陈振孙、叶适，清人姚际恒亦赞同其说，定《孙子》为伪书。但是，也有很多学者不同意陈振孙、叶适的怀疑论，如明代宋濂的《诸子辨》、清代的《四库全书总目》的撰者等，这些意见认为：太史公是严肃认真的史家，其记事立言，翔实可靠，本传中所叙孙武、孙膑事明明白白。《汉书·艺文志》载古兵法有《膑孙子》（孙膑）和《吴孙子》（孙武），区别清楚，本为两人，实无可疑。

孙武与其门徒合撰说

还有一种意见，主张《孙子》是由孙武与其门徒们共同撰著的。这种意见认为，《孙子》的主要思想体系肯定是属于孙武的，其成书过程大体是这样：当孙武、伍子胥佐助阖闾成就事业后，伍子胥被排挤，孙武遂见机引退，总结战争经验，整理成系统的军事理论，然后讲学授徒，传授军事学术。其门徒耳受笔录，世代相传，最后在春秋战国期间逐渐地形成了这部丰富的、有比较完整体系的兵法著作。其间文字虽会有所增删，但未改变孙武核心思想。因此《孙子》被视为孙武所撰，也未为不可。

总之，要彻底解开《孙子》作者之谜，还有待于进一步的考古和研究。

延伸阅读

《孙子兵法》内容简介

《孙子兵法》全书共十三篇。《计》是出兵前在庙堂上估算战事胜负的可能性，制订作战计划。《作战》是庙算后的战争动员。《谋攻》是以智谋攻城。《形》《势》讲决定战争胜负的两种基本因素："形"指具有客观、稳定、易见等性质的因素；"势"指主观、易变、带有偶然性的因素。《虚实》是如何通过分散集结、包围迂回，造成预定会战地点上的我强敌劣，最后以多胜少。《军争》讲的是如何"以迂为直""以患为利"，夺取会战的先机之利。《九变》讲的是将军根据不同情况采取不同的战略战术。《行军》讲的是如何在行军中宿营和观察敌情。《地形》讲的是六种不同的作战地形及相应的战术要求。《九地》讲的是依"主客"形势和深入敌方的程度等划分的九种作战环境及相应的战术要求。《火攻》讲的是以火助攻。《用间》讲的是五种间谍的配合使用。

《左传》的作者是谁

《左传》，旧时相传是春秋末年左丘明为解释孔子的《春秋》而作。以《春秋》为本，通过记述春秋时期的具体史实来说明《春秋》的纲目，是儒家重要经典之一。

《左传》原名为《左氏春秋》，汉代改称《春秋左氏传》，简称《左传》。它起自鲁隐公元年（前722年），迄于鲁悼公十四年（前453年），与《春秋公羊传》《春秋谷梁传》合称“春秋三传”。《左传》的记事年代大体与《春秋》相当，只是后面多十七年。与《春秋》的大纲形式不同，其内容记述了这一时期列国的政治、军事、外交等方面的重大事件和有关言论，以及天道、鬼神、占卜、占梦之事等，作者对凡是可以借鉴和劝诫的都进行记载。

《左传》实质上是一部独立撰写的史书，而其作者究竟是谁，至今尚无定论。对此，有以下几种说法：

左丘明之说

左丘明，一种说法是姓左，名丘明；另一种说法是复姓左丘，名明。双目失明，曾任鲁太史；与孔子同时，或在其前。汉代史学家司马迁、班固等人都认为《左传》是左丘明所作。司马迁《史记·十二诸侯年表》说：“鲁君子左丘明惧弟子人人异端，各安其意，失其真，故因孔子史记具论其语，成左氏春秋。”

持“左丘明说”的学者们大多是从《左传》的行文中推测出来的：作者对鲁国的事情很了解，而且文章的内容也多是站在鲁国的立场上记叙的。文中在称呼孔子的时候大多称其字“仲尼”，这种称呼多是出于好

◆ 左丘明像

◆ 根据《左传》有关晋文公的故事绘制而成的晋文公复国图

友，所以作者很自然被认为是左丘明。

不少人反对这种观点，他们认为，《左传》成书在公元前403年至公元前386年之间。而根据史料推测，左丘明并没有活到那么久。所以，这个说法不现实。

吴起之说

另一些学者认为《左传》是战国时某人总和了各个国家的史料，最后收录编辑成的，这个人很可能就是精于战争的“卫左氏人”——当时的大军事家吴起，其中的部分章节有可能是吴起的门人添加的，郭沫若就比较赞成这种观点。但吴起的性情与《左传》截然不同，所以这个观点也未必可信。

众说纷纭

对于这个问题还有许多其他说法：叶梦得认为《左传》作者为战国时人；郑樵《六经奥论》中则认为是战国时的楚人；而朱熹认为是楚左史倚相之后；项安世认为是魏人所作；程端学认为《左传》是伪书。清朝的纪昀在《四库全书总目》中仍然以严谨的史料为依据，认为是左丘明所著。清末康有为断言它是西汉末刘歆伪造。崔适、钱玄同也补充说，《左传》是刘歆的一部伪书。这个观点引起了钱穆等一些学者的强烈反对。因为在刘歆以前《左传》已被许多人抄摄或征引过，故康氏之说也难成立。

可见，《左传》真正的作者是谁，仍需后人们继续探究。

延伸阅读

《左传》的外交辞令

《左传》记载了很多文采斐然的辞令，这些辞令的共同特点是委婉巧妙，典雅从容，在彬彬有礼的外表下包藏着锋芒。即使是敌国交战，在兵戎相见之际，也不失温文尔雅之态。例如齐晋鞌之战前夕，齐侯与晋人的一段对话中，齐侯的态度极为强硬，晋国也不示弱，但双方的辞令却又委婉谦恭，尽力表现出文雅安详的风度，使人难以相信这是面临一场你死我活的战争。在论辩方式上，《左传》中的辞令又往往援引典章，依礼而论，用道义的力量使人折服，也有些辞令直率有力，以鞭辟入理的分析见长。《左传》虽以细密婉曲著称，但又不尚铺陈，不事夸张，无论记事记言，都能言简意赅，韵味悠深。

《史记》的千年疑云

《史记》是中国古代最著名的典籍之一，记载了上自上古传说中的黄帝时代，下至汉武帝元狩年间共3000多年的历史。《史记》是中国历史上第一部纪传体通史，被列为“二十四史”之首，与后来的《汉书》《后汉书》《三国志》合称“前四史”。

《史记》原名《太史公记》，是我国西汉著名史学家司马迁撰写的一部纪传体史书。《史记》是我国纪传体史学的奠基之作，同时也是我国传记文学的开端。

《史记》对后世史学和文学的发展都产生了深远影响。其首创的纪传体编史方法为后来历代“正史”所传承。同时，《史记》还被认为是一部优秀的文学著作，在中国文学史上有重要地位，被鲁迅誉为“史家之绝唱，无韵之离骚”，有很高的文学价值。然而，千百年来，关于编纂《史记》背后的故事却显得扑朔迷离。

◆ 司马迁像

《史记》的副本在哪里？

据说，《史记》写完后，曾经抄录一个副本，其目的是“藏之名山，传诸后人”。当时，司马迁将写成的正本上交朝廷，而将副本送到“名山”藏了起来。今天，我们看到的《史记》就是当年正本流传下来的。但是，人们却一直没有发现《史记》副本的下落。

按照常规，人们推测，司马迁的《史记》副本只能保存在韩城、西安这一带的山中。因为西汉时期，纸张并没有在中国大规模使用，人们还在用竹帛写字，对于52万字的《史记》来说，当时是一个非常浩大的工程，其重量至少在几吨左右。如此多的竹简，其运输保存难度相当大，需要很多辆车才能完成运输，因而只能保存在关中及其周边的某个山里，不可能藏得太远。

然而，《史记》的副本究竟藏到了什么地方至今没有人知道，也因此成了千古未解之谜。

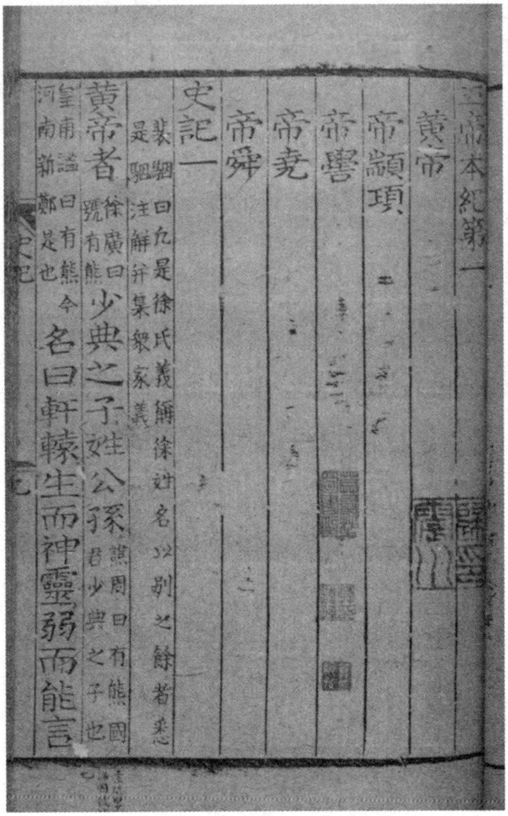

五帝本紀第一

黃帝

帝顓頊

帝嚳

帝堯

帝舜

史記一

裴駰曰凡是徐氏義稱徐姓名以別之餘者悉是駰注解并集衆家義

黃帝者徐廣曰號有熊少典之子姓公孫譙周曰有熊國君少典之子也皇甫謐曰有熊今河南新鄭是也名曰軒轅生而神靈弱而能言

◆《史记》书影

究竟谁守护了《史记》？

司马迁写成《史记》后很快就去世了。究竟是谁守护了《史记》，使这部煌煌巨著得以熬过了漫长的几十年，最终迎来了公布天下的那一天？

相传，这个人就是司马迁的夫人柳倩娘，她不仅陪同司马迁游历天下，协助收集资料编写《史记》，而且用毕生心血守护了《史记》。《史记》定稿后，由于书中许多地方涉及汉高祖刘邦以及武帝、景帝之过，怕遭到焚毁。于是司马迁和夫人柳倩娘商议，把倩娘抄的定稿，送回家乡夏阳隐藏，把草稿留在京师，以防不测。

传说一年清明节，司马迁借着还乡祭祖的时机，把《史记》藏在妻子儿女所坐的车轿子里，转回家乡，后将其托付给本家三叔司马厚。司马迁再次下狱后柳倩娘赶回家乡，当夜便去投奔“芝秀庵”出家。担任主持的法静是司马迁的姑妈，说明原委后，姑母答应了保护《史记》，但她对柳倩娘订出了苛刻的戒条，商定她们佯作不识，用打骂柳倩娘遮人耳目。

柳倩娘为了保全《史记》历经磨难，直到80多岁的时候，司马迁的外孙杨恽才征得朝廷同意，将《史记》正式刊布天下。

然而关于柳倩娘的历史记载非常少，绝大部分只是一些传说。岁月的久远使我们无法看到历史的本来面目，柳倩娘也只能是一个传说人物。

延伸阅读

他们曾为《史记》的编纂做出贡献

司马谈是《史记》主体结构的制定者。他不仅培养出司马迁这样的才子，而且收集了大量的资料，为《史记》的完成奠定了基础。司马迁在其父临终时保证说“请悉论先人所次旧闻，弗敢阙”，就证明了司马谈的功绩。

对《史记》有贡献的另一位古人是西汉史学家褚少孙，他的功绩在于补《史记》之所缺。班固曾经记述：史记“十篇缺，有录无书”。这些缺少的篇目，可能有些已经定稿而后来散失了，有些被统治者毁掉了。褚少孙增补了这些缺篇，保存了一些有价值的史料，今本有“褚先生曰”的便为少孙所补。

实际上，历史上增补《史记》的不仅是褚少孙，还有大量的文人为完善《史记》作出了贡献。据统计，大约有二三十人曾经增补过《史记》。

《满江红》是岳飞所作吗

“怒发冲冠，凭栏处、潇潇雨歇……”岳飞作为我国历史上的抗金英雄，其精忠报国的精神深受人民敬仰。而其在出师北伐、壮志未酬的悲愤心情下所作《满江红》，更是成为了千古绝唱。

长期以来，人们都认为《满江红》这首词的作者是宋代著名爱国将领岳飞。岳飞在写作《满江红》词时，正是中原地区遭受女真奴隶主贵族的铁骑践踏和蹂躏的岁月。岳飞矢志抗金，执着地追求收复失地、报仇雪耻；他一生征战，反对投降，代表了广大人民的愿望；他光明磊落、治学严谨，是中国古代历史上杰出的军事家和战略家；他自奉菲薄、廉洁奉公，把中华民族的优秀传统发扬到一个高度。故《满江红》一词，一直被作为爱国主义的绝唱在神州大地传颂。按照传统的说法，《满江红》出自岳飞之手已经确认无疑。

◆ 岳飞像

但是，近代一些学者对此提出了异议，并在学术界引发了长期的争论。他们认为《满江红》一词不是岳飞所作，而是后人的伪作。

岳珂没有收录这首词

余嘉锡认为，岳飞孙子岳珂所编《金佗粹编·家集》中没有收录这首词，而岳珂在收集岳飞的文章时是不遗余力的，此集从编定到重刊，历经31年，为何未收此词？这首词最早见于明徐阶所编的《岳武穆遗文》，是根据弘治十五年（1502年）浙江提学副使赵宽所书岳坟词碑收入的，赵宽亦未说所据何本，来历不明。而且赵宽碑记中提及的岳飞另一首诗《送紫岩张先生北伐》经明人考证是伪作。在此之前，此词亦不见于宋、元人的著述，为什么突然出现在明中叶以后？

与岳飞作战的地名不符

夏承焘认为，这首词上有一个叫“贺兰山阙”的地名。他认为岳飞伐金要直捣的黄龙府，在今吉林省境内，而贺兰山却在今内蒙古河套之西，南宋时属西夏，并非金国土地。此词若真出自岳飞之手，不应方向乖背如此。如果贺兰山不同于前人泛称边塞的“玉门”“天山”之类，其入于史书，始于北宋。唐宋人以贺兰山入诗，都是实指，明中叶以后也是如此，若以泛指释岳飞的“乖背”，似也不通。

◆ 岳飞墓

与岳飞的心境不符

1980年，海内外又掀起了讨论这个问题的热潮。如台湾《中国时报》发表了孙述宇的文章，再次对《满江红》的词作者提出了疑问。他首先指出《满江红》词中用了自己的事迹和典故，如“三十功名”“八千里路云和月”等，是尽人皆知的材料，一个拟作者是很容易写出这样一首词的。其次，他认为《满江红》词的格调，与已证实的岳飞另一词《小重山》风格迥异，前者慷慨激昂，英雄气色横溢，后者则是他多年征战并受掣肘时惆怅心理的反映，相形之下，“《满江红》是一首有事迹、有心志，但没有阅历的词”。

《满江红》词到底是不是岳飞所作目前尚无法考证，但可以肯定的是，岳飞是一个不折不扣的民族英雄，而这首词的思想价值以及它的历史作用，早已得到了历史和人民的认可。

延伸阅读

岳飞严于律己，宽于待人

除了自己俭朴淡泊、刻苦励志外，岳飞对子女教育也很严，要求他们每天做完功课后，必须下地劳作。除非节日，不得饮酒。宋时有“任子恩例”，官员品级越高，子女可享受的官阶越高，受“恩例”次数越多。岳飞勉励儿子们“自立勋劳”，仅用了一次“恩例”，还是为被秦桧迫害致死的老上级张所之子张宗本而用。而岳云屡立殊勋，岳飞却多次隐瞒不报。为此有人说：“岳侯避宠荣一至此，廉则廉也，然未得为公也！”岳飞答道：“父之教子，怎可责以近功？”又说：“正己而后可以正物，自治而后可以治人，若使臣男受无功之赏，则是臣已不能正己而自治，何以率人乎？”

《永乐大典》正本下落之谜

《永乐大典》是编纂于明永乐年间的一部大型类书，初名《文献大成》，是中国的百科全书式的文献集。全书目录60卷，正文22877卷，装成11095册，约3.7亿字，这一文化宝库汇集了古今图书七八千种。《永乐大典》屡遭浩劫，大多亡于战火，今存不到800卷。

明代永乐年间，明成祖朱棣命解缙、姚广孝主持编辑《永乐大典》，参加编写、撰稿、圈点的文人多达3000多人，前后用了5年时间。它不仅是我国文化史上最早、最大的一部百科全书，而且是迄今为止世界上最大的古代百科全书。然而，这么一部重要的百科全书，在嘉靖年间重录之后，其正本却不知去向，下落不明；后人的有关记载又众说纷纭，甚至越传越讹，成了中国文化史中一件重大的谜案，至今未有定论。

◆ 解缙像

毁于明亡之际说

国内出版的不少通俗读本在介绍《永乐大典》时，一般都认为，“1557年，皇宫奉天门、三殿等处着火，《永乐大典》经抢救免于焚毁。后来，明世宗恐孤本再遭意外，便命徐阶等109人，用了5年时间，摹写了一部副本，从此正本和副本分别藏于文渊阁和皇史晟。明末，文渊阁被焚，正本被付之一炬”。说得再具体一点，即指正本被李自成率领农民起义军焚毁了。起义军占领北京后，在皇太极和吴三桂联军的攻击下，被迫撤离北京。据史籍记载，起义军撤走时，曾放火焚烧宫楼。但是，有的学者指出，各种史书都没有明确记录说《永乐大典》正本被焚毁一事。文渊阁被焚，《永乐大典》正本随之不存在的结论是不能成立的。

毁于清朝乾清宫大火说

据《鲒亭集外编》载：雍正年间，《永乐大典》副本由皇史晟移藏翰林院，学者全祖

◆ 《永乐大典》书影

望在翰林院看到了副本，并发现有缺，于是猜测正本下落说：“乃知其正本尚在乾清宫中，顾莫能得见者……予尝欲奏之今上，发宫中正本以补足之，而未遂也。”到了清朝末年，缪荃孙不但承袭了正本藏在皇宫内的乾清宫之说，而且还进一步发挥说道：“嘉庆二年(1797年)，乾清宫一场大火，正本被烧毁了。”这在《艺风堂文续集》中有明确记载。从此，《永乐大典》正本被毁于乾清宫大火之说便正式流传开来。不过，有的学者指出这种说法是没有根据的，不足信。因为乾隆九年至四十年间(1744—1775年)，清政府曾对宫中藏书做过一次清理，所有善本典籍全部集中在乾清宫旁边的昭仁殿，编成了《天禄琳琅书目》。《永乐大典》是书籍中的“庞然大物”，有一万多册，如果正本在乾清宫中，是极易被发现的。然而现在《天禄琳琅书目》中未将《永乐大典》编入，就证明正本当时并没有藏在乾清宫中；又据《办理四库全书档案》记录，乾隆年间编辑《四库全书》时，因为要从《永乐大典》中辑录佚书，由于副本有缺，为此宫里宫外都寻找《永乐大典》正本，但没有结果。

可见，由于史籍没有明载《永乐大典》正本的下落，后人在此问题上又多加推测、臆断，所以正本究竟哪儿去了，始终未明。要揭开谜底，看来只能依赖于考古发现了。

延伸阅读

《永乐大典》今何在

《永乐大典》残本星散于世界各地公私藏家之手，目前散落在7个国家的30多个单位和个人手中，大约400册，800余卷。单位有：中国国家图书馆、上海图书馆、四川大学图书馆、台湾“中央图书馆”、台湾历史语言研究所、日本国会图书馆、日本东洋文库、日本京都大学人文科学研究所、日本京都大学附属图书馆、日本三理图书馆、日本静培堂文库、日本斯道文训、日本大阪府立图书馆、日本武田长兵卫、日本石黑传六、日本小川广己、大英图书馆、英国牛津大学图书馆、英国伦敦大学东方语言学校、英国剑桥大学、英国马登、德国汉堡大学图书馆、德国科隆大学图书馆、德国柏林人种博物馆、美国国会图书馆、美国哈佛大学图书馆、美国康奈大学、美国波士顿图书馆、越南河内法国远东学院、韩国旧京李王职文库等。中国国家图书馆拥有221册。目前在全世界范围内的《永乐大典》加起来，不到原书的百分之四！

《金瓶梅》作者之谜

《金瓶梅》是中国第一部文人独创的长篇小说，也是中国第一部以家庭生活为题材的小说，是中国文学史上一部里程碑式的作品。

《金瓶梅》是中国文学史上第一部由文人独立创作的长篇小说，也是我国第一部由文人独创的率先以市井人物与世俗风情为描写中心的长篇小说，对后世的小说创作影响深远。其作者署名为兰陵笑笑生，然而，作者究竟是谁，迄今为止尚无令人信服的结论。最普遍的说法有以下几种：

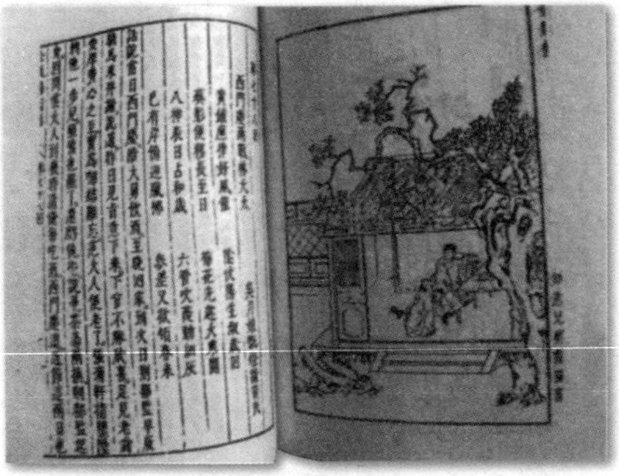

◆ 《金瓶梅》书影

屠隆说

传说，屠隆是今宁波市仓水街屠园巷人。屠家在明代是宁波四大家族之一，屠隆从小天资聪颖，被誉为神童。他14岁就考上秀才，备受大诗人沈明臣青睐，随后名满宁波。此后，他从15岁考到33岁，18年未考上举人。34岁才勉强中举并做了一个小官，后被提拔为郎中，随后遇小人被摘掉乌纱帽，只好回到宁波老家以卖文为生。屠隆一直活到万历三十三年（1605年），年64岁，最终死于花柳病。屠隆从宁波至京师，一生游历四方，深知商业内幕和市井风情，又从京官沦为乞丐度日，对人生和人心有着透彻了解，因而才能写出这样一部小说。

持此说者认为，国内目前发现的最早万历年间的《金瓶梅》版本由欣欣子作序，兰陵笑笑生著，作序者欣欣子是在明贤里写下这篇序言的。明贤里是宁波城中的鉴桥头乾溪里，欣欣子就是屠隆的族孙屠本。屠家最先是从常州迁徙至宁波，常州当时又被称为“兰陵”，屠隆号“笑笑先生”，所以断定兰陵笑笑生就是屠隆。

冯梦龙说

冯梦龙，明代著名通俗文学家。冯梦龙幼年家贫，读书用功，对文、史、哲深有研究。曾在私塾里教过书，讲解《春秋》，所以后来能写出《春秋衡库》。中年时期，靠卖文为生，曾给苏州的书社编写过大量的书稿、书籍。据《太霞新奏》记载，冯梦龙

◆ 《金瓶梅》故事图

青年时期曾经热恋过一位叫侯慧卿的著名歌伎。后来侯慧卿嫁了人，使他大失所望，遂绝迹青楼，结束了放浪的生活。由于他在青楼歌场、茶坊酒肆活动，使他对市民的社会生活十分了解，也使得他有机会观察和分析那些沉沦于社会底层的女性们的生活和心态。

有人认为《金瓶梅》的作者应为冯梦龙，多是在“嘉靖间大名士”六个字上做文章，即此人一定要是嘉靖年间人，而且此人又须是大名士。那么“嘉靖间大名士”说是否指冯梦龙?

徐渭说

据史料记载，徐渭字文长，一生跨正德、嘉靖、隆庆、万历四朝，乃明晚期杰出的文学家、艺术家。

《金瓶梅》作者之谜的研究是《金瓶梅》研究中的第一大焦点问题。据统计，众多学者先后发表了近千篇论文，提出的作者将近70位。潘承玉在1999年出版的专著《金瓶梅新证》提出《金瓶梅》的作者乃绍兴名士徐渭，为揭开《金瓶梅》作者之谜提供了全新的视角和新的证据。十年间，潘承玉的“徐渭说”得到了胡令毅、邢慧玲等学者的丰富与发展，这一学说也越来越“在金学塔尖绽放出耀眼光芒”。

此外还有汤显祖说、李先芳说、沈德符说、李渔说等，但都没有足够的证据。至于《金瓶梅》的作者究竟是谁，迄今为止尚无令人信服的结论。

延伸阅读

《金瓶梅》的内容简介

《金瓶梅》描绘了一个上自朝廷内擅权专政的太师，下至地方官僚恶霸乃至市井间的地痞、流氓、帮闲所构成的鬼蜮世界。西门庆原是个破落财主、生药铺老板，但他善于夤缘钻营，巴结权贵，在县里包揽讼事，交通官吏，知县知府都和他往来。他不择手段地巧取豪夺，聚敛财富，荒淫好色，无恶不作。为了满足贪得无厌的享乐欲望，他干尽伤天害理的事情。但由于有官府做靠山，特别是攀结上了当朝宰相蔡京并拜其为义父，这就使他不仅没有遭到应有的惩罚，而且左右逢源，步步高升。这些描写，反映了明代中叶以后，朝廷权贵与地方上的豪绅官商相勾结，压榨人民、聚敛钱财的种种黑幕。

“万岁”起源之谜

“万岁”本为祝贺之辞，可是在中国的封建社会里，“万岁”一词却是最高统治者的代名词。

“万岁”本意有永远存在之意，本为祝贺之辞。可是在中国封建社会里，“万岁”一词是最高统治者的代名词。臣子口中的“万岁爷”就是皇帝，除了皇帝，谁也不敢将自己与“万岁”联系起来，就连明朝权倾朝野的大宦官魏忠贤，虽然从不把皇帝放在眼中，却也只敢以“九千岁”自居。

那么，“万岁”一词究竟是从何时成为帝王专用的呢？一直以来，有以下几种说法：

◆ 汉高祖像

始于汉高祖刘邦

有人认为，秦汉以后，臣民们才开始直呼至尊无上的皇帝为“万岁”。它始于汉高祖刘邦。如刘邦临朝时，“殿上群臣皆呼万岁”。为了显示出“万岁”这种称呼的至尊地位，与之相辅的一套礼仪在刘邦时也形成了。它是由汉初名臣叔孙通草创的，以后经历代帝王的御用礼官不断沿袭、补充、修订，形成了后来朝拜“万岁”的大套繁文缛节。正如唐代魏征所说：“终藉叔孙礼，方知皇帝尊。”叔孙通制订朝仪后，“自诸侯王以下莫不振恐肃敬”，“无敢欢欢失礼者”，使刘邦因此感到“吾乃今日知为皇帝之贵也”。所以，“万岁”成为皇帝的专称，与中国封建专制制度的确立密切相关。

始于汉武帝刘彻

汉武帝独尊儒术，而儒家则将“万岁”定于皇帝一人。据《汉书》记载，汉元封元年春正月（前110年），武帝行幸缑氏，诏曰：“朕用事华山，至于中岳……翌日亲登嵩高，御史乘属，在庙旁吏卒咸闻呼万岁者三。登礼罔不答。”荀悦注说：“万岁，山神称之也。”就是说神灵也向武帝高呼

◆ 汉武帝像

“万岁”，后来人们向皇帝“三呼（山呼）万岁”即源于此。在太始三年二月（前94年），武帝“幸琅邪，礼日成山。登之罘，浮大海。山呼万岁”。从此，万岁归于皇帝一人。若他人使用，则成了僭越。据《后汉书·韩棱传》记载，大将军窦宪挫破匈奴，威震天下，奉诏回长安，“及宪至，尚书以下议欲拜之，伏称万岁，棱正色曰：‘夫上交不谄，下交不黩，礼无人臣称万岁之制’。议者皆惭而止”。说明此时称万岁之制已经确立了。

源于宋朝

有学者认为，虽然宋之前已有皇帝称“万岁”之制，但尚未牢固。直到宋朝时，“万岁”才真正成为帝王的尊称。《宋史·寇准传》中有：北宋大臣寇准出行，途遇一精神病患者“迎马呼万岁”，此事被寇准的政敌所知，立即上书告发，结果寇准被贬为青州知州。可见，到了宋朝，除了皇帝，绝不允许任何人称“万岁”。

然而现在还没有足够的证据来证明以上任何一种说法是“万岁”的来源，我们也只能从上述说法中看出“万岁”成为帝王专称的演化过程，至于“万岁”的起源之谜仍需进一步探究。

延伸阅读

“万岁”一词最早并不是用于称呼皇帝的

在西周、春秋时，“万年无疆”“眉寿无疆”等是人们常用的颂词和祝福语。《诗经·豳风·七月》有“脐彼公堂，称彼篁觥，万寿无疆”之句，描写人们经过一年的辛勤劳作后，举行欢庆仪式的场面。这里的“万寿无疆”，是人们举杯痛饮时发出的欢呼语。西周金文中也有很多这类文字，它并不是对天子的赞颂，而是一种行文款式，凡铸鼎者皆可用。如“唯黄孙子系君叔单自作鼎，其万年无疆，子孙永宝享”。表示的只是传之子孙后代，永远私有之意。而“万岁”一词，是这些颂词、祝福语的发展和简化。

《西游记》中孙悟空原型之谜

《西游记》是中国古典四大名著之一，是一部优秀的神话小说，也是一部群众创作和文人创作相结合的作品。小说以整整七回的“大闹天宫”故事开始，把孙悟空的形象提到全书首要的地位。

在《西游记》中，孙悟空法号“行者”，是唐僧的大徒弟，猪八戒、沙僧的大师兄。会七十二变、腾云驾雾。有一双火眼金睛，能看穿妖魔鬼怪的伪装；一个筋斗能翻十万八千里；使用的兵器如意金箍棒，能大能小，随心变化。他占花果山为王，自称“齐天大圣”，与如来佛祖斗法，被压在五行山下五百多年。后经观世音菩萨点化，保护唐僧西天取经，历经九九八十一难，取回真经终成正果，被封为“斗战胜佛”。孙悟空的形象代表了古代中国人善良、正义、不阿的情怀和追求。

《西游记》成书至今已有很漫长的历史，而关于其主角孙悟空的原型问题至今仍争议颇多。关于孙悟空的原型有以下几种说法：

唐代高僧“释悟空”说

释悟空的俗家姓名叫“车奉朝”，公元751年随张光韬出使西域，因病在犍陀罗国出家，789年回到京师。释悟空较玄奘晚了40多年，但是他的出境地点也始自西安，回来时在西域从事翻译和传教活动多年，留下了许多事迹和传说。

◆ 《西游记》插图

◆ 孙悟空原型神猴哈奴曼

有学者认为，在“取经”故事漫长的流变过程中，人们逐渐将释悟空的名字与传说中陪同唐僧取经的“猴行者”的名字联系并捏合在一起，逐渐形成了“孙悟空”的艺术形象。

“无支祁”与印度神猴哈奴曼说

鲁迅认为，魏晋以来，佛教典籍的翻译渐多，所以印度的故事也在民间广泛流传，文人们喜欢其新颖奇异，有意或无意中使用，于是这些故事慢慢变得中国化。具体到孙悟空的人物形象，鲁迅则认为应当来自中国民间传说，他举唐朝人李公佐小说中的怪兽——淮涡水神无支祁为证，认为孙悟空是由此演变而来的，从而认定孙悟空的原型来自中国本土。

胡适对此看法不同，他说：“我总疑心这个神通广大的猴子不是国货，乃是一件从印度进口的。也许连无支祁的神话也是受了印度影响而仿造的。”他在印度最古老的史诗《罗摩衍那》中找到一个神猴哈奴曼，认为这才是孙悟空最早的原型。

作者本人

也有人说孙悟空的原型是《西游记》作者吴承恩本人，当时社会黑暗，作者以写书的形式将自己的愤懑发泄了出来。其中孙悟空大闹天宫，自封齐天大圣的经典章节，就包含了作者吴承恩对当时社会现象的不满而抒发出的情绪，至于孙悟空的家乡花果山相信是作者看破世俗而心中向往的居所。

《西游记》的创作年代距今太过久远，关于孙悟空原型的争论，只能是后人的理解和猜测。

延伸阅读

“孙悟空”名字的由来

《商解西游》主讲人马修鹏认为，“孙”是因为悟空本是猴子，源于“猢狲”，而“悟空”这个名字是有很深寓意的。“悟空”就是“悟道”，“悟道”就是“悟空”，“空”就是“道”，“道”即是“空”。“悟”有着感悟、领悟、觉悟的含义，其中本身就代表着修炼、修心的意义。“悟”是一个过程，而“空”则指的是一种结果，通过多年的修炼、历经九九八十一难最终要达到一种“无我”的境界。当达到“无我”的状态之时，也就是真正修成正果之时，此时的他真正有了“道”，而这种道是一种无我之道，就像《道德经》里说：道可道，非常道！真正的道，是无法说明白的，能说清楚的道不是大道！

李商隐《无题》诗之谜

李商隐的诗构思新奇，风格雅致，尤其是一些爱情诗写得缠绵悱恻，为人传诵。但由于过于隐晦迷离，难于索解，至有“诗家都爱西昆好，只恨无人作郑笺”之诮。

李商隐一生诗作很多，流传下来的就有六百多首，可分为政治诗、咏史诗、抒情诗、咏物诗、无题诗五大类。其中“无题诗”成就最大，这类诗约占总数的十分之一以上。这些诗，表面上看起来都是以淡淡的情思、华丽的词藻来表达自己忠贞不渝的爱情和相思的痛苦。但诗中却又寄托他意，让人难以理解。例如《七律·无题》诗：

◆ 李商隐像

相见时难别亦难，东风无力百花残。
春蚕到死丝方尽，蜡炬成灰泪始干。
晓镜但愁云鬓改，夜吟应觉月光寒。
蓬山此去无多路，青鸟殷勤为探看。

这首诗可称得上家喻户晓，并广为人们引用。然而，诗中所蕴涵的真正含义，却十分隐晦、难以理解。时至今日，《无题》诗依然是一组可望不可及的美丽谜团。

单从字面来看，首联写离别时的难舍之情，次联写对女子的相思之苦，第三联是设想女子也在日夜思念着他，而末联则笔锋一转，想象着青鸟替他传递书信，帮他探看远在他乡的意中人。这首诗的表面意思很好理解。但仔细想想，又有许多不解之处。诗中的“女子”指的是谁呢？“蓬山”又寓意何物？长期以来，关于这首诗的真实含义众说纷纭。

有人认为，这首诗并不是爱情诗，李商隐只是想借诗来表达自己在仕途上的失意和不甘沦落的心情。而且据说，李商隐本人也否认这是爱情诗。既然不是爱情诗，他又想借助这首诗寄托什么呢？这还得从他的生平说起。

李商隐从小才华出众，17岁便受到太平军节度使令狐楚的赏识，并三次资助他到长安赶考。25岁时，经令狐楚推荐，终于考取了进士，留在朝中任校书郎。后令狐楚去世，李商隐在政治上失去了支持，只好投靠当时的经原节度使王茂元，并娶了王茂元的女儿为妻。

可在当时，朝廷里的官员分为势不两立的两大派，一派是以李德裕为首的“李党”，另一派是以牛僧儒为首的“牛党”。当时牛、李两党恩怨很深，长期争执不下。正是这种党派之争，给李商隐埋下了烦恼的种子。这也很有可能就是这首《无题》诗的写作背景。

到底怎样理解李商隐的无题诗已成为历来学者的一大争论，一些人认为应该把李商隐的诗看作是他的一种感情寄托。清代的朱鹤龄就认为，男女之情与君臣朋友之情完全相通。如《楚辞》就是借“芳草”“美人”来表达君臣之义的。试想，李商隐因为党派之争，身处政治的漩涡，讲话怎敢直抒胸臆？所以他的无题诗不能看作是情意绵绵的爱情诗，而多是有所寄托，借男女情爱来表达这种既怨恨又渴望的复杂心情。

还有些人则认为，分析李商隐的无题诗要就诗论诗，不能坚持同一标准，任何诗都有作者的某种寄托，只是有些可以分析到，而有些无法知晓。如“月中霜里斗婵娟”“终遣君王怒偃师”诸篇皆是表达男女之间的爱情，但也有寄托。如果非要弄清诗中的寄托之意，还需要认真斟酌。

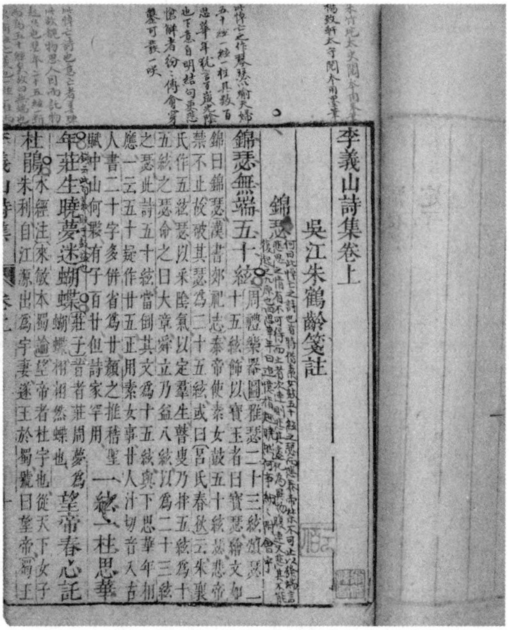
李義山詩集卷上
吳江朱鶴齡箋註
錦瑟
錦瑟無端五十絃 一絃一柱思華年
莊生曉夢迷蝴蝶 望帝春心託杜鵑

◆ 《李义山诗集》书影

实际上，到底如何解读李商隐的无题诗，至今仍无统一意见。

延伸阅读

李商隐的家世

李商隐的家世，有记载的可以追溯到他的高祖李涉。李涉曾担任过最高的行政职位是美原县令；曾祖李叔恒（一作叔洪），曾任安阳县尉；祖父李俌，曾任邢州录事参军；父亲李嗣，曾任殿中侍御史，在李商隐出生的时候，李嗣任获嘉县（今河南省获嘉县）令。在李商隐10岁前后，他的父亲在浙江幕府去世，他和母亲、弟妹们回到了河南故乡，生活贫困，要靠亲戚接济。在家中李商隐是长子，因此他还要背负撑持门户的责任。后来，他在文章中提到自己在少年时期曾“佣书贩舂”，即为别人抄书挣钱，为人舂米、贴补家用。

杏花村今在何处

晚唐著名诗人杜牧有一首千古传诵的七绝《清明》诗，清新隽永，言尽意蕴，脍炙人口，一直传诵，至今不衰。

每年二三月间，当那一树树杏花绽蕾欲放或是纷纷盛开之时，人们难免会想到杜牧的诗《清明》：“清明时节雨纷纷，路上行人欲断魂。借问酒家何处有？牧童遥指杏花村。”杜牧诗中的杏花村在何处呢？数百年来，众说纷纭，近年来争论尤烈，大致有四种说法：

山西省汾阳县

有人认为《清明》诗中的“杏花村”，即山西汾阳县杏花村，近年来报刊杂志上首先提出此说。理由是相传自南北朝以来，汾阳即以产酒著名，汾酒享有“甘泉佳酿”之誉；天下杏花村之多难以胜数，而有这般名酒的杏花村确实独在汾阳。

但是根据《杜牧年谱》记载，杜牧一生从未到过山西，怎么可能在汾阳喝酒？汾阳清明从不下雨，有时还要下雪，又何来“清明时节雨纷纷”呢？两个疑问切中要害。看来，山西汾阳杏花村不是“真正的”杏花村。

安徽池州市

有人说安徽省池州市的杏花村才是诗中所指的“杏花村”。理由是这个杏花村在贵池县西南，古时也以酿酒著名。而杜牧在会昌四年（公元844年）九月由黄州刺史迁池州刺史，会昌六年九月又迁睦州刺史，在池州整整两年。所以清人郎遂写了《贵池县杏花村志》，将杜牧《杏花村》收入。后来《江南通志》亦将该诗收入，并言杜牧诗中的杏花村在贵池。

这个理由较山西汾阳县说法充分。但细细体味杜牧《杏花村》诗，疑窦也接连而来：一是写《清明》时杜牧已经上任半年，他嗜酒如命，哪能不知杏花村去处而向牧童

◆ 山西汾阳杏花村云雾缭绕如仙境

问路？二是既然为官，喝酒自有下人服侍，杜牧又何必亲自去讨买呢？如此推断，这里的杏花村也不“属实”。

江苏宜兴

也有人认为，江苏宜兴杏花村才是真正的“杏花村”。他们的观点是，杜牧晚年罢官后住在湖州，此时杜牧有些萎靡不振，便常到邻县宜兴游览解闷，并住在宜兴十里碑，还在那里修建了一座水榭。而据地方志记载，十里碑附近有个村落，四周多有杏树。显然，这里就是杜牧笔下的杏花村。

遗憾的是，此说最终也被否定：经考证，此地没有“酒家”，更不曾有过酿酒历史，《清明》所写情景，与这里一点关系也没有。

江苏丰县城东南十五里处

其理由是：根据诗意，该诗为杜牧途中所写，由“路上”“借问”说明杜牧对周围的情况并不熟悉。那么杜牧什么时候路过丰县的呢？查杜牧年谱，杜牧一生自外郡迁官赴京共四次，有三次过丰县境：大和九年（835年）由扬州节度掌书记迁监察御史；大中二年（848年）八月由睦州刺史迁司勋员外郎；大中五年（851年）秋由湖州刺史迁考功郎中，皆取道运河，经扬州、宋州（今河南省商丘市）、汴州（今河南省开封市）入京。大中二年杜牧曾作宋州宁陵县记。丰县杏花村即在运河至宋州的道上。古时丰县曾属于宋，并且丰县是刘邦的故乡，所以杜牧过丰县境，写一首《杏花村》的诗，是合乎情理的。

然而如今丰县城东南十五里一代并无杏花村，只有一村，今名张杏村，至今家家门前院里尚且植杏树三五株，可是该村向来不产酒，看来丰县说也难以让人置信。

几处“杏花村”均被否定，然而，杜牧诗中杏花村是确有无疑的。那么，这位才学显赫的杜樊川，写的究竟是哪个杏花村呢？这确实吊足了后人们的胃口！

◆ 杏花村图 明 顾绣

延伸阅读

李白杜甫赞杏花村的酒

山西杏花村的白酒醇香可口，年代长久。考古工作者曾在这里发掘出许多汉代的制酒工具和酒器，推测这里大约在一千五百多年前的北魏时期就大规模地酿造白酒。据载，到了唐代，村里酒店已经有七十二家了。杏花村的酒闻名于世，李白和杜甫也曾在此饮酒作诗。据说，到了清朝，杏花村的酒家已经有了二百二十家。

桃花源在哪里

《桃花源记》描绘了一个没有阶级，没有剥削，自食其力，自给自足，和平恬静，人人自得其乐的社会。桃花源是作者及广大劳动人民所向往的一种理想社会，它体现了人们的追求与向往，也反映出人们对现实的不满与无奈。

一千五百多年前，东晋大诗人陶渊明写了一篇千古名文《桃花源记》（为其诗《桃花源》之序）。说是武陵地方的一个渔夫，沿着一条小溪行舟捕鱼，忽然看到一片桃花林。桃林深处有一座山，山中有一个缺口，渔夫丢下船从缺口里走进去，发现了另外一个世界。在这个世界里，土地平旷，房屋整齐，人民生活古朴而富裕，男女老少熙熙为乐。人们看到渔人大吃一惊，问清了状况后，纷纷请他回家吃饭饮酒，自称祖先是为了逃避秦时的战乱，逃进桃花源来生活的。他们根本不知道秦以后有过汉朝，汉朝以后又有晋朝。渔夫在桃花源里住了好几天，就与他们告别。出了桃花源，以后再去寻找却找不到了。

◆ 陶渊明雕像

人们普遍认为，《桃花源记》中的“桃花源”是确实存在或至少存在原型的。但是关于桃花源的地址却众说纷纭，目前比较有名的“桃花源”有如下这些地方：

湖北省十堰市竹山县

竹山古称武陵县，属汉中郡，在秦朝就有了。晋时，武陵县属上庸郡。而竹山境内的堵河旧称武陵河，河中峡谷至今还叫“武陵峡”。尤其是，峡谷入口处的村子叫桃花源村，属竹山县官渡镇；出口处的村子叫桃花源乡，属竹溪县。这与《桃花源记》中所说完全对应。

而且，《桃花源记》里说，武陵渔人从桃花源出来后，把这件事告诉了郡太守，太守便派人寻找。后来南阳刘子骥听说此事，也欣然前往。均未果。古时信息不畅，分

◆ 桃花源图 清 朱白

析起来，这个郡肯定离南阳很近，所以南阳刘子骥才会听说此事。而与南阳相邻的郡只有上庸郡。因此，桃花源在竹山的可能性很大。桃花源人是避秦乱而躲到山里去了，而秦乱就是发生在汉中郡与南阳一带，这里是古战场，因此附近老百姓会就近跑进隐蔽的大山中。这里的自然景观，更符合陶渊明笔下的《桃花源记》，很不易于寻找，连世世代代生活在附近的当地老百姓都很少进去。无论从地容地貌还是从历史文化上讲，竹山桃花源更像原型。

湖南省常德市桃源县

常德桃花源风景区始建于晋代，到唐宋时发展到鼎盛阶段，在元代时毁于战乱，明清以后又开始复兴。临沅江，靠群山，古树修竹遍布，《桃花源记》里所描绘的“芳草鲜美、落英缤纷”的意境尚可寻觅。

由于陶渊明《桃花源诗并序》的深远影响，凡唐之著名诗人、文学家、士宦、道人等对桃源山、桃源洞、桃源观几乎都倾心向往。据记载，在桃花源留下诗文的唐代名人多达四五十名，包括孟浩然、李白、韩愈、苏轼等大文豪。至宋朝，桃花源得到了更大的开发与修复，成为其历史上的鼎盛时期。

从以上情况看，桃花源在唐宋时期得到如此的发展，是否和《桃花源记》有关呢?

关于“桃花源”在哪里，还有许多不同的说法，但是究竟在什么地方，目前还没有确切的答案，只能说“仁者见仁，智者见智”了。

延伸阅读

陶渊明的“饮酒诗”

陶渊明是中国文学史上第一个大量写饮酒诗的诗人。他的《饮酒》二十首以“醉人”的语态或指责是非颠倒、毁誉交织的上流社会，或揭露世俗的腐朽黑暗，或反映仕途的险恶，或表现诗人退出官场后怡然陶醉的心情，或表现诗人在困顿中的牢骚不平。从诗的情趣和笔调看，可能不是同一时期的作品。东晋元熙二年（公元420年），刘裕废晋恭帝为零陵王，次年杀之自立，建刘宋王朝。《述酒》即以比喻手法隐晦曲折地记录了这一篡权易代的过程，对晋恭帝以及晋王朝的覆灭流露了无限的哀惋之情。此时陶渊明已躬耕隐居多年，乱世也看惯了，篡权也看惯了，但这首诗仍透露出他对世事不能忘怀的精神。

《清明上河图》的“清明”疑云

《清明上河图》是中国绘画史上的无价之宝。它是一幅用现实主义手法创作的长卷风俗画，通过对市俗生活的细致描绘，生动地再现了北宋汴京的繁荣景象。

《清明上河图》是中国十大传世名画之一，北宋风俗画作品，宽24.8厘米，长528.7厘米，绢本设色，是北宋画家张择端存世的仅见的一幅精品。这幅画生动地记录了中国12世纪城市生活的面貌。通过这幅画，我们可以很好地了解北宋的城市面貌和当时各阶层人民的生活。

这件享誉古今中外的传世杰作，历经劫难，演绎出许多传奇故事和不解之谜。然而，最让我们感到迷惑的就是“清明”二字的含义。关于这个“清明”，目前有以下几种说法：

“春景”之说

历史上对张择端的《清明上河图》曾有过一些争论。大部分人认为，画中描绘的是清明时节。这种说法从金代以来，几乎并没有人提出过什么异议。明代的《味水轩日记》中记载，这幅画不但有宋徽宗的瘦金体

◆ 《清明上河图》 局部

◆ 宋徽宗像

题签、双龙小印，并且还有宋徽宗的题诗，诗中有“水在上河春”一句。这样一来，这画卷描绘的是春天景色就更不用怀疑了。近代及当代美术史家郑振铎、徐邦达、张安治等也都主张“春景”的说法。

“秋景”之说

开封市教师孔宪易先生在1981年《美术》杂志第二期上发表《清明上河图的“清明”质疑》一文，从画面所绘的种种景色与现象中分析推理，列举了八项理由，认定《清明上河图》上所绘是秋景。

“颂辞”之说

邹身城先生在中国宋史研究会上提出，“清明”既非节令，亦非地名。这里的“清明”一词，本是画家张择端进献此画时所作的颂辞。故有人认为，这里的“清明”要从广义上去理解。《后汉书》有例证，“固幸得生‘清明之世’……”从语气看，这个“清明”是指政治开明。画中题款“清明”语，本是张择端进献此画，请帝王们赏识所作的颂辞。金人在画面上留下的跋文说：“当日翰林呈画本，升平风物正堪传。”点明此画主题在于表现升平风物。张择端在徽宗时曾经在翰林书画院供职，此画的第一位收藏人便是宋徽宗，“清明”一说极有可能是画家在称颂盛世，讨最高统治者欢心。知道了这个背景，显然“清明”一词不是指节令。

几种说法似乎都有道理，然而“清明”到底是什么意思，目前尚无定论，仍有待考证。

延伸阅读

张择端之死

北宋灭亡后，宋徽宗赵佶和儿子宋钦宗赵桓被金人俘虏到北方，藏于北宋内府的《清明上河图》及六千件艺术品也被金兵掠获。徽宗第十一子赵构在杭州称帝，是为宋高宗。

为了让宋高宗不忘国仇家恨，坚决抗金，张择端闭门谢客，呕心沥血，又绘制出一幅《清明上河图》长卷，献给高宗。高宗赵构与父亲徽宗赵佶不同，对画根本不感兴趣，并将画退了回来。张择端展开长卷，心绪难平，一气之下，将自己呕心沥血绘制的《清明上河图》长卷付之一炬，幸好被家人及时抢出一半。在沉痛的打击下，张择端不久忧郁而死。

《霓裳羽衣曲》的创作之谜

《霓裳羽衣曲》即《霓裳羽衣舞》，是唐朝大曲中的法曲精品，唐歌舞的集大成之作。直到现在，它仍堪称音乐舞蹈史上一颗璀璨的明珠。

唐玄宗李隆基是唐朝中叶的一个皇帝，是历史上有名的“风流天子”。晚年李隆基为奸相杨国忠蒙蔽，不理国事，但他对音乐艺术还是作出了杰出的贡献。李隆基酷爱音乐，在历朝古代君王中，李隆基对音乐的研究和热情应该是绝无仅有的，会吹拉弹奏各种乐器。

相传，李隆基曾经梦见游月宫时，听到天上有仙乐奏曲，身穿霓裳羽衣的仙子翩翩起舞。仙女的歌声玄妙优美，舞姿翩翩。李隆基醒来后，对梦中的情景还记得清清楚楚。他很想把梦中的乐曲记录下来，让乐工演奏，让歌女们舞蹈。于是他努力地回忆梦中的仙乐，想起一点就记录下来，就连白天上朝的时候怀里都揣着一支玉笛，一边听大臣读奏本，一边在下面偷偷摆弄玉笛，寻找曲调，最后终于把曲子谱好了。

李隆基迫不及待地命令乐工排练《霓裳羽衣曲》，令爱妃杨玉环设计舞蹈。为了让他们有个好场所排练，李隆基在宫廷中专门建立了一个梨园（后泛指唱戏的地方）。杨玉环与宫人日夜赶排，终于练好了大型歌舞《霓裳羽衣曲》，并在一个盛大的节日进行了演出。细腻优美的《霓裳羽衣曲》仙乐

◆ 《杨贵妃上马图》 元 钱选

◆ 登科平乐舞图 唐

奏起，杨玉环带着宫女载歌载舞，一个个宛如仙女下凡，群臣的眼睛都看直了。但杨玉环的舞裙被梅妃踩到，使整支舞功亏一篑。

还有一种说法是，有一次，李隆基来到三乡驿，他向着远远的女儿山眺望，山峦起伏，烟云缭绕，顿时产生了许多美丽的幻想，于是创作了一部适合在宫廷演奏的宫中大曲。中唐诗人刘禹锡有诗云：“开元天子万事足，唯惜当时光景促。三乡陌上望仙山，归作霓裳羽衣曲。”他认为《霓裳羽衣曲》是唐玄宗望女儿山仙女庙后有感而作。

关于此曲的来历，最为大众接受的一种观点是，根据《唐会要》记载：天宝十三年（754年），太乐属将“婆罗门改为霓裳羽衣”。婆罗门即天竺，婆罗门曲为天竺舞曲。唐玄宗以太常刻石的方式，更改了一些西域传入的乐曲，此曲就是根据《婆罗门曲》改编的。

还有一种观点不同意那些传说。北宋王灼认为，音乐不可能是做梦梦到的。他在《碧鸡漫志》卷三说：“《霓裳羽衣曲》，说者多异，予断之曰：西凉创作，明皇润色，又为易美名，其他饰以神怪者，皆不足信。”按他的说法，此曲是西凉的曲子，李隆基仅仅是加以润色改名而已。这种说法得到了元代胡三省等许多人的支持。

由于《霓裳羽衣曲》乐调优美，构思精妙，以后各藩镇也纷纷排演此曲，因此唐代文人都有歌咏或笔录。以后，随着唐王朝的衰落崩溃，一代名曲《霓裳》竟然“寂不传矣”。其实到中唐，此曲已被许多人淡忘。五代时，南唐后主李煜得残谱，昭惠后周娥皇与乐师曹生按谱寻声，补缀成曲，并曾一度整理排演，但已非原味了。

延伸阅读

唐玄宗扮乐工

唐玄宗酷爱文艺，擅长音律，写过《霓裳羽衣曲》《紫云曲》《凌波曲》，每回作曲都说是描述梦中见闻。杨贵妃更不得了，把《霓裳羽衣曲》改编成《霓裳羽衣舞》，长袖一扬，回雪流风，每次都把玄宗的心情拉到阳春三月。有一天，他们的歌舞团在清元小殿演出，玄宗敲羯鼓，杨贵妃弹琵琶，有人吹玉笛，有人吹簧管，有人打板，有人弹箜篌，有人奏方响，从早到午，自娱自乐，观众只有一个，就是杨贵妃的八姊“秦国夫人”。玄宗演奏完毕，还乐颠颠地跑到秦国夫人面前讨赏钱：“我是一个乐工，今天有幸为夫人演奏，请夫人打赏！”可见，一代“风流天子”对于音乐艺术的爱好程度。

契丹族消失在哪里

契丹，古代出现在中国东北地区的一个民族。自北魏开始，契丹族就开始在辽河上游一带活动，并于唐末建立了强大的地方政权。公元916年建立契丹国，后改称“辽”，统治中国北方。

据《魏书》记载，早在1400多年前，契丹作为中国北方一个民族就已经出现。他们兵强马壮，骁勇善战。于916年建立契丹国，后改称“辽”。大辽王朝最强盛时期，曾经雄霸中国北部半壁江山，疆域北到外兴安岭、贝加尔湖一线，东临库页岛，西跨阿尔泰山，南抵河北和山西北部。契丹王朝在中国延续了200多年，与宋朝形成南北对峙的格局，差一点就将宋朝灭亡而统一全国。

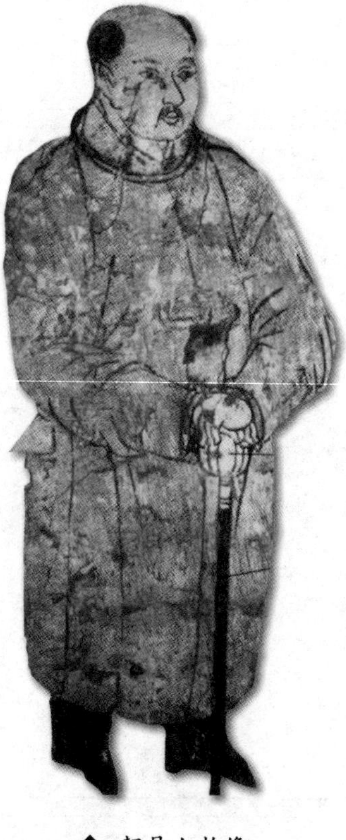
◆ 契丹人物像

关于契丹族的起源有着一个美丽的传说：在茫茫的北方草原上流淌着两条河流，一条叫西拉木伦河，意思是“黄水”，人们把它看作是潢河在远方的女儿。另一条河叫土河，两河流域孕育了草原上的文明。传说中，一位驾着青牛车从潢河而来的仙女，与一位从土河骑着白马来的勇士，在两河的交汇处相遇，两人相恋，并结为夫妻，他们便是契丹族的始祖。历史学家根据这个传说和一些相关史料的考证，对契丹族的起源作了如下解释：他们认为仙女和勇士所代表的分别是居住在两河流域的两个原始氏族，一个以“白马”为图腾，居住在“马盂山”；一个以“青牛”为图腾，住在“平地松林”。后来两个氏族都迁徙到两河汇聚处的木叶山，他们联姻繁衍，他们的子孙繁衍成为八个部落，逐渐发展成为以后的契丹族。

然而，契丹作为一个民族，为什么在历史中渐渐消失了呢？契丹人究竟去了哪里？他们还有没有后裔？对此，一般有以下几种说法。

民族融合

我国史学界认为，契丹人在不同时期、不同历史条件下，大都融入其它民族之中。辽亡以后，除一部分契丹人随耶律大石西迁以外，大部分契丹人仍留居在东北地区。这些契丹人虽大都与女真、高丽、蒙古族融合，但一部分契丹人还是以集团形式保留着契丹民族的风俗习惯。金、蒙战争爆发以后，许多契丹人起事，参加反抗女真人统治的斗争。这部分契丹人有的被女真人镇压，有的投靠蒙古人。投靠蒙古人的这部分契丹人，随着蒙古人东征西讨，也随之分散到了全国各地。

西迁伊朗克尔曼

也有人说西辽灭亡后，大部分漠北契丹人向西迁移到了伊朗克尔曼地区。他们在西辽灭亡后到今伊朗克尔曼省建立了一个起儿漫王朝，俗称“后西辽”。这部分契丹人的传统习俗已不见，被完全伊斯兰化了。但他们对西方的影响至今仍在，以致现代俄语和拉丁语一直把中国称为“契丹”。

流落云南

还有一种说法认为，契丹部落最后流落到了云南地区。他们的根据是，在云南施甸县，发现了一个仍在自己祖先的坟墓上使用契丹文字的特殊族群，统称“本人”。在施甸县由旺乡的一座宗祠里，还发现了一块

◆ 道宗小字契丹文哀册

上面篆刻着“耶律”二字的牌匾。据“本人”介绍，这是为了纪念他们的先祖阿苏鲁，并表明他们的契丹后裔身份。历史上确有记载，阿苏鲁是投靠蒙古的契丹后裔，他的先祖曾参加西南平叛战争。但这并不能证明这些“本人”就是阿苏鲁的后代。毕竟漠北和云南相隔万里，在没有确切证据之前，学术界始终未能给这个自称契丹后裔的族群正名。

延伸阅读

契丹族的后裔

有人说契丹民族并没有被融合，他们作为一个民族仍然存在。一种说法认为，生活在大兴安岭、嫩江和呼伦贝尔草原交汇处的达斡尔人，就是契丹人的后裔。达斡尔的意思是“原来的地方”，也就是故乡。几百年来，达斡尔人就在这里游牧，但究竟哪里才是他们的故乡？达斡尔人自己也不知道，因为他们自己没有文字，只能靠口述来传承历史，清朝以前的事就没有人知道了。学者通过比较研究契丹族和达斡尔族的生产、生活、习俗、宗教、语言、历史等内容，找到了大量证据证明，达斡尔人是继承契丹人传统最多的民族。但这些只是间接的证据，具体定论尚待进一步证明。

"三寸金莲"的由来之谜

缠足是中国古代的一种陋习，即把女子的双脚用布帛缠裹起来，长期下去，使其成为又小又尖的"三寸金莲"。"三寸金莲"也一度成为中国古代女子审美的一个重要条件。

中国古代，大多数女子纷纷用一条长长的布紧紧地缠绕自己的脚，借以改变脚的形状，使之长成不过三寸的模样，这就是"三寸金莲"。这种陋习在近代被视为对女性身心的摧残而被彻底废止了。古代妇女缠足始于何时？众说纷纭，莫衷一是。

◆ "三寸金莲"鞋

"缠足"由来的传说

传说，殷末纣王的妃子妲己是狐精变的，但是她的脚没有变成人形，就用布帛裹了起来。由于妲己受宠，宫女便纷纷学她，也把脚裹了起来，后来逐渐形成了风气。

还有人说，缠足始于五代。据说，南唐后主李煜的嫔妃宵娘能歌善舞，李煜喜欢观看她在"金制的莲花"上跳舞，由于金制的莲花太小，李煜便命宵娘以帛缠足，使脚纤小屈上呈新月状，再穿上素袜在莲花台上翩翩起舞，从而使舞姿更加优美。这本来是一种舞蹈装束，后来慢慢地从后宫向上流社会流传，之后民间女子也纷纷仿效，逐渐成为一种普遍的社会习俗，成为一种病态的审美。但这都是传说，当然不能成为当时女子缠足的依据。

"缠足"的兴起及发展

经研究考证，真正兴起女子缠足之风是在北宋，但当时的缠足者仅限于上层社会。元代的缠足之风继续发展，女子以不缠足为耻。到了明代，妇女缠足之风进入兴盛时期，并在各地迅速发展。对裹足的形状也有了要求，女子的脚不但要小，要缩至三寸，而且还要弓，要裹成角黍

◆ 脚踏莲花的菩萨

形状等。清代，妇女缠足到了登峰造极的地步。社会各阶层女子，不论贫富贵贱，都纷纷缠足。女子脚的形状和大小，成了评判女子美丑的重要标准，甚至会影响到她个人的终身大事，女子的小脚受到了前所未有的崇拜和关注。

“小脚”为什么叫“金莲”

那么，妇女缠足形成的小脚为什么被称为“金莲”呢？当前比较一致的看法是，“金莲”由佛教文化中的“莲花”引发而来，以“莲花”作为妇女小脚之名是一种美称。莲花出淤泥而不染，是佛教中清净、高洁、美好、珍贵、吉祥的象征；另外在佛教艺术中，菩萨多是赤脚站在莲花上的，这可能也是把莲花与妇女小脚联系起来的一个重要原因。为什么还要在“莲”前加一个“金”字呢？这主要是出于中国人传统的语言习惯。人们喜欢用“金”字修饰贵重或美好事物，在以小脚为贵的缠足时代，说“金”莲，当然是一种表示珍贵的美称。后来“小脚迷”们更约定俗成：“金莲”指三寸以内者，“银莲”指四寸以内者，“铁莲”则为大于四寸者。于是，一提“金莲”势必三寸，即所谓“三寸金莲”。后来，金莲成了“小脚”的代名词。

一双女人的脚，竟做出了这么多的文章。其中的酸甜苦辣，恐怕不仅对当时的社会生活和社会心理造成了极为深刻的影响，而且会给后人带来不少的启发和遐想。

延伸阅读

“三寸金莲”真的那么美吗？

一般来说，小脚从正面看，像火伤之后脱去陈皮烂肉，变形、变色的一个肉疙瘩。只有一个翘起的趾头，依稀可辨上面的指甲，其它一概呈现出可憎的模糊轮廓。从侧面看，脚趾和脚跟已从中折断，两部分紧挨在一起，在软肉的附和下，形成一条由两端站立的曲线，脚跟臃肿，脚掌消失，脚背凸起。脚的全长不及自然长度的一半，整只脚像一个不规则的三角形。最恐怖的是从正面看脚底。那是一幅完全消解了人足的原始形象的荒诞图案。除了变形的足跟之外，已没有一丁点平滑的脚板。四个脚趾长短不一地向外转折，围绕在以大脚趾为轴心的脚心下面，脚趾的正面因此变成了脚板心，完全扭曲地压在脚板底下。

中国历史上的太监之谜

太监也称“宦官”，通常指中国古代被阉割后失去性能力而成为不男不女的中性人，他们是专供皇帝、君主及其家族役使的奴仆。又称“寺人”“阉人”“阉官”“宦者”“中官”“内官”“内臣”“内侍”“内监”等。

宦官称“太监”，是隋唐以后的事，地位较高的内监就被称为“太监”。唐高宗时，改殿中省为中御府，以宦官充任太监、少监。后宦官亦通称为太监。到了明代，宦官权势日增，人们就把所有宦官都尊称“太监”，太监也就成为宦官的代名词了。

据记载，我国先秦和西汉时期的宦官并非全是阉人；自东汉开始，才全部用阉人。这是由于在皇宫内廷，上自皇太后、太妃，下至本朝后、妃以及宫女等，女眷较多，如果允许男侍出入，难免会发生秽乱宫帏的事。所以绝不允许有其他成年男性在宫内当差。据考证，中国封建社会第一个太监名叫吴腾宇，今江西上饶人。

那么，太监究竟是什么意思？他们又是怎样登上政治舞台的呢？

太监的意义

中国历史上，在封建社会消亡之前，没有宦官的时代不多。太监，作为帝王与后妃的奴仆，支撑着皇家宫殿那广厦高台的金碧辉煌，成就了皇宫内统治者舒适优裕的生活条件。常人想成为太监必先去势，即割掉生殖器。这称为“净身”，使他们成为“六根不全”的人。太监面不生明须，喉头无突，声音变细，说话女声女气，举止动作似女非男，成了“中性”人。

其实，太监并不是中国的特产。在古代埃及、希腊、罗马、土耳其，乃至整个亚

◆ 宦官青铜像

洲都有太监。只是，中国的太监制度是最根深蒂固的。

在漫长的中国封建社会历史中，太监不仅涉足王公贵族、高官显爵的生活中，而且还涉足于复杂的政治斗争中。在辛亥革命以前的中国，历朝的衰亡大都与太监作乱有关，汉、唐、明三朝的覆灭与太监的专横暴虐有直接关系。

太监何以参与朝政

我国历代宦官的人数以明朝为最，号称10万。清朝改革了明代臃肿的太监机构，并制定了一套管理制度即宫规宫法，将明崇祯末年的9万多太监，削减为9000人。清朝太监的等级极其严格，宫廷内设有管理太监的机构称“敬事房”，又谓“宫殿监办事处”。规定在督领侍下面，有大总管、副总管、带班首领、御前太监、殿上太监、一般太监和下层打扫处小太监之分。发展至清代末期，太监等级更加复杂。在宫殿监中，就有总管、首领、掌案、回事和小太监之分；在各处所中又有首领、大师父、师父、带班、陈人、徒弟之别等。如此层层节制，一级管一级，统治得非常严密。

封建帝王是世袭的，皇帝唯恐他人篡夺自己的皇位。一般情况下，皇帝猜忌朝廷的文武外官，总防着他们有外心，但却认为朝夕侍候在自己身边百依百顺、出身低下而又没有后代的内官员可靠。而宦官则往往利用在宫廷中的这种特殊地位，攫取极大的权力，甚至操纵帝上。这些人数量不多，但奴性十足，狡黠阴险、残忍狠毒。一旦成为皇帝的心腹，更是谗谄佞邪，毫无顾忌。他们

◆ 明朝太监总管的墓室

结成死党，挟持皇帝，假传圣旨，卖官鬻爵，贪赃枉法，陷害忠良，甚至可以废立以致杀死皇帝。

在我国封建社会历史上，宦官专权曾演出了一幕幕祸国殃民的惨剧，其中以东汉、唐、明三代为最。秦朝的赵高，东汉的侯览、张让，唐代的仇士良、田令孜，明朝的王振、汪直、刘瑾、魏忠贤，以及清代末年的李莲英，都是历史上臭名昭著的宦官。

延伸阅读

宦官宰相第一人——赵高

赵高本赵国贵族后裔，后被掠入秦，父子先后被阉。少年赵高饱尝人间辛酸，入宫后暗立复仇之志，忍辱负重悉心侍候少公子胡亥，深得秦始皇赏识。

公元210年，秦始皇病死沙丘，赵高策划阴谋，巧言令色拉李斯下水，瞒天过海，矫诏逼杀公子扶苏，将大将军蒙恬兄弟下狱，成功帮助胡亥篡位。事后升为郎中令，控制朝纲。接着赵高充分施展其凶残手段，诛杀异己，腰斩同盟者李斯。他指鹿为马，玩秦二世于股掌之上，最后发动政变，逼杀二世。千古一帝秦始皇在天之灵怎能知道，铁打的大秦江山竟然毁于一阉人赵高之手。

中国古代的“纳妾”之谜

纳妾是中国古代极为普遍的一种现象，上至帝王将相、达官贵人，下至平民百姓，只要经济条件许可，都可以娶三妻四妾。

中国古代的纳妾制度，是典型的一夫多妻制。夫妻之间不平等，妻妾之间也不平等，妾往往处于家庭的最底层。在《释名》中有对妾的解释：“妾，接也，以贱见接幸也。”妾也被称之为：“次妻”“旁妻”“副妻”“侧室”“外室”“小妻”“小妇”等。那么，古代的男人又是怎样纳妾的呢？

皇帝“后宫佳丽三千人”

中国有句古话：“三宫、六院、七十二妃”，说的就是中国皇帝的纳妾现象。传说周文王就有后妃24人，秦始皇灭六国后，曾将原六国宫中与各地挑选出来的佳丽上千人，全部收入阿房宫中。到了汉朝，汉元帝宠幸3000，东汉桓帝蓄美5000，难怪一代美女王昭君进宫三年亦无人得识。到了晋炎帝时，后宫美女竟然超过了1万。隋炀帝的后宫虽然只有5000人，加上各地的行宫，宫女人数也超过1万。最高记录的保持者还要数唐明皇李隆基，当时从都城皇宫到各地行宫的宫女人数竟达4万之众。一年只有365天，一个人活上100岁，生命也只能有36500天。这4万宫女李隆基是无论如何也不可能全部宠幸一遍的。

◆ 阿房宫复原图再现了当年的雄伟气势，也从侧面反映了秦始皇骄奢淫逸的生活状态

宋代以后，帝王们的后宫妃妾开始减少，再也没有一个帝王挑战“万人”的记录。据纪晓岚记载：明代熹宗在天启元年派人到天下各地选拔了5000名年少美女进京

◆ 清代男子纳妾

面试，第一关为检验形体，只有1000人过关，有4000名佳丽被淘汰，第二关检验“私处”，结果只有300人过关，第三关进宫“实习”，一个月后，只有50人被封妃嫔。

民间纳妾成风

除了帝王广纳天下美色之外，中国古代的民间也是纳妾成风。就连以刚正不阿著称的海瑞，也在年过花甲之时，买了两个年轻的小妾，以致妻妾争宠，导致两妾同时自杀。唐代大诗人李白也是一位一夫多妻制度的执行者。李白性情豪放，风流倜傥，洒脱不群，酒色二品最为钟情。据考证，李白不仅娶妻四次，而且小妾多得难以计算。李白也在自己的诗句中充分表现过，如“余亦如流萍，随波乐休明。自有两少妾，双骑骏马行”等。

在明代的法律上还明文规定：凡男子年满40而无后嗣者得纳妾。这是因为中国有所谓的“不孝有三，无后为大”的古训，娶上几个小老婆，都是为了给祖宗延续香火。这也给中国古代男子纳妾找到了一个很好的注脚，使纳妾变成了一种堂而皇之的行为。难怪当大清军队兵临扬州城下时，大将军史可法的夫人还极力劝说丈夫临阵纳妾，以免因膝下无子，断了史家的香火。在史夫人的大义凛然被天下传为美谈的同时，更助长了男人们纳妾的合理性。

当然，纳妾现象只在富裕人家及官宦人家，贫苦百姓一日三餐尚无着落，又何谈三妻四妾，“双骑骏马行”？在封建统治时代，一边是“朱门酒肉臭”，妻妾成群；而另一边则是“路有冻死骨”，一生无力娶妻，孤独而亡。说到底，纳妾制度是君主专制制度的附庸品而已。

延伸阅读

“娶妻”与“纳妾”的不同

娶妻是明媒正娶，从正门抬进大红花轿，新娘着红腰裙，拜天地、拜高堂、夫妻对拜，新娘称为少奶奶和夫人。娘家是平起平坐的亲家，岳父母称女婿为贤婿。纳妾就不同了，一顶青布小轿从后门抬进，新娘着绿腰裙，天地和高堂就免了，应该拜的是丈夫和正室妻子，称呼叫“新姑娘”，生了孩子有了一定地位后，才改称“姨太太”。娘家连亲戚都算不上，岳父母见了女婿还得称呼：老爷。来喝喜酒的宾客，也是清一色的男宾，那些正室夫人不屑于参加，丈夫携妾应酬，客人朋友为表尊敬，喊声“夫人”，面子就很足了。

第二讲

墓葬考古解密

轩辕黄帝陵之由来

黄帝陵，是中华民族始祖黄帝轩辕氏的陵墓，相传黄帝得道升天，故此陵墓为衣冠冢。位于陕西黄陵县城北桥山。1961年，国务院公布为全国第一批全国重点文物保护单位，编为“古墓葬第一号”，号称“天下第一陵”。

黄帝是我国原始社会末期一位伟大的部落首领，是开创中华民族文明的祖先，《史记》记载他“生而神灵，弱而能言，幼而徇齐，长而敦敏，成而聪明”。由于轩辕黄帝为中华民族创造了丰富灿烂的文化，后世都尊称轩辕黄帝为“文明之祖”“人文初祖”。黄帝死后，人们选择了“桥山之巅”，将他深深埋进黄土里，希望黄帝灵魂升天，精神永远常在。这就是今天海内外中华儿女拜谒的中华第一陵——黄帝陵。

不管黄帝众多传说的真伪，但黄帝陵却自古以来就有。那么，黄帝陵在哪里呢？

◆ 黄帝雕像

陕西北部桥山

第一种说法是黄帝陵位于陕西北部今黄陵县境内的桥山之巅。据《史记·五帝本纪》载：“黄帝崩，葬桥山。”自秦统一六国后，历朝历代每岁祭奠黄帝陵持续不断，因此黄陵县内的黄帝陵有很多各代的遗迹。陵冢在桥山之巅。桥山有流水环绕，群山环抱，古柏参天，有大路可通山顶直至陵前。山顶立一石碑，名为“下马石”，上有“文武百官到此下马”字样。古代凡祭陵者，均须在此下马，步行至陵前。陵前有一祭亭，亭中立一高大石碑，上有郭沫若题“黄帝陵”三个大字。祭亭后面又有一块石碑，上书“桥山龙驭”四字。黄帝陵冢在山顶平台的中央，陵冢高3.6米，周长48米。四周古柏成林，幽静深邃。历代政府对保护黄陵古柏都很重视，宋、元、明、清都有保护黄陵的指示或通令。据《黄陵县志》记载，桥山柏林约4平方千米，共6.3万余株。历朝历代政府为了表示尊祖，宣扬礼制，都会去祭祀黄帝。又因为陕西黄陵最早由秦始皇祭奠

◆ 黄帝陵

过，于是后来者都到此祭祀。不过很多人并不认同这就是黄陵所在地。

河北涿鹿桥山

也有人认为黄帝陵应在今河北省涿鹿县的桥山。根据《魏土记》的记载：“下洛城东南四十里有桥山，山下有温泉，泉上有祭堂。雕檐华宇被于浦上。”《史记·五帝本纪》载：“黄帝与蚩尤战于涿鹿之野。”北魏著名地理学家郦道元所著《水经注·谨水篇》载：“黄帝与蚩尤战于涿鹿之野，留其民于涿鹿之阿。”涿鹿县的桥山，在今河北省涿鹿城东南20千米，它以山顶上天然形成的一座拱石桥而得名，海拔981米。在桥山附近的一道山梁上，还有一个巨大的四方石桌，传说是祭祀黄帝时在此摆设祭品的。石桌右侧有一峭壁，壁面平整，像一块巨大的石碑，上面布满与象形文字一样的图案。传说这是古人刻石记事而留下来的遗迹。我国古代有许多帝王到桥山举行祭祀活动。

还有一种说法是黄帝陵在北京平谷区，不过据说这个陵是黄帝的衣冠冢。

延伸阅读

黄帝的脚印

有年冬天，黄帝外出回来，脚冻伤了，穿木屐不方便。黄帝身边的一位名叫素雀的女子偷偷用麻布给黄帝缝了个布筒。黄帝在脚上试了试，太短小了，根本穿不上。即使如此，黄帝也不见怪，还表扬了素雀的创造精神。素雀却十分难过。有一次她去河边担水，发现黄帝独自一人从河滩走过，留下了深深的脚印。素雀仔细一看，心里亮了。原来黄帝的脚特别大，如果按脚印做下去，就不会再小了。于是素雀担完水，取来石刀，在黄帝脚印四周的胶泥上划了四方格，晒干后，捧回家，放在了石板上，然后按尺寸做成了一双软木作底、麻布作帮的高筒靴子。黄帝试穿后，觉得很满意。人类第一双高筒靴子就这样做成了。黄帝十分珍爱这双靴子，平时舍不得穿它，只是遇到节日或开庆功会时才穿上它。

舜陵究竟在哪里

舜是中国传说中父系氏族社会后期部落联盟的领袖人物名，又是中国百家姓之一。关于舜的文化在我国历史悠久。

帝舜有虞氏，姓姚，名重华，相传是我国古代部族联盟的一位首领，距今约四千多年，由于“舜德大明”，被后人尊为中华民族始祖之一，在古代被尊为五帝之一。舜最重道德，他所到之处，无不受到人们的崇敬。史书说“天下明德皆自虞帝始”，是对他的最高评价。

◆ 尧舜禅位图

关于舜陵的陵址问题，已经相传了千百年。中国最古老的史书《尚书》说，舜是“陟方乃死”，后人解释认为舜是巡狩方国时死的，很有可能是死于巡狩途中。但《尚书》没有指明舜葬之地，从而引起了后人的纷纭争论。

九嶷山之说

一般认为，舜陵在九嶷山。舜荐禹为天子，起初是代其摄政，并非正式让位，这时南方三苗叛乱，舜亲自南征，如《淮南子》所说：“舜征三苗，遂死苍梧。”或说是按例来南方巡狩，“崩于苍梧之野，葬于江南九嶷”。中国历代帝王都认定舜陵在九嶷山并不断遣官祭祀。至于舜在九嶷的其他遗迹和民间传说更多，多少能说明舜与九嶷的关系。《山海经》《礼记》以及司马迁、刘向、班固、王充等人，都记载了舜帝死后葬于九嶷山或苍梧。尽管这些地方既无封土也没树碑，但上古时代埋尸的确不垒土为坟，也不树碑，垒土作冢是周朝才有的事，而树碑到秦汉才有。

关于舜陵在九嶷的说法，应以西汉司马迁的《史记》所载较为准确。司马迁对舜葬九嶷既没有唯书定论，也没有唯传说是听，而是在读了有关的书、听了有关的传说后，亲自到九嶷进行考察。他在《史记》自序中说：“二十而南游江淮，上会稽，探禹穴，

◆ 九嶷山舜帝陵

窥九嶷，浮于沅湘。”这就是说，司马迁把他收集的有关舜的资料和在九嶷山考察的结果，综合起来进行了分析研究，在此基础上写成的史书，因而是比较可信的。其次，司马迁于汉武帝元封三年(前108年)继父职出任太史令，使他得以阅读史馆所藏的众多图书。这些图书一般人或其他官员都很难看到，而他可以博览无余。各种书简中有关舜的记载他都看过，对舜葬九嶷的各种不同说法也分析比较过。因此，他的写史结论绝不是据其一端而生发出来的，作为史官的司马迁秉笔直书舜葬九嶷，当然是比较可信的。

葬于鸣条

有人认为，舜帝晚年并无巡狩之事。巡狩是天子政事之一，但舜在帝位33年就已经“髦期倦于勤”，让禹摄天子政，他绝不可能将禅让给禹的帝位权力再要回来去巡狩，因而舜晚年不可能去巡狩，即使有巡狩也是大禹。即使舜有巡狩之事，也仅如一些书说的“南至霍山”，即到达今安徽地区，不会到达湖南的九嶷山，更不可能到达苍梧。如果说舜卒于苍梧，为何不葬苍梧？却有九嶷山五百里之返，途中开山架桥，行程十数天，五月炎夏，尸体怎能不腐烂？汉代王充《论衡》中曾说“舜南治水，死于苍梧”，这更是没有任何依据，舜帝治水从不见于古代任何其他史籍经传。《白虎通》“巡狩篇”有“生者道死归葬之义”。就算舜南巡时崩于苍梧葬于九嶷，其实大禹不可能率天下诸侯来荒远的九嶷主持葬礼，按古礼必须改葬于中原，鸣条是舜的旧都，改葬于此是可能的。

另外还有一种观点说舜葬在纪市。《墨子》说：“舜西教乎七戎，道死，葬南己之市，衣衾三领，谷木之棺。葛以缄之，已葬而市人乘之。”《吕氏春秋》也说：“舜葬于纪市。不变其肆。”舜是死在西教途中，死的地方是纪市。至于这个纪市到底在哪里，至今无从查考。

延伸阅读

舜的悲惨身世

相传舜的家世甚为寒微，虽然是帝颛顼的后裔，但五世为庶人，处于社会下层。舜的遭遇更为不幸，父亲瞽叟，是个盲人，母亲很早去世。瞽叟续娶，继母生弟名叫象。舜生活在“父顽、母嚣、象傲”的家庭环境里，父亲心术不正，继母两面三刀，弟弟桀骜不驯，几个人串通一气，必欲置舜于死地而后快。然而舜对父母不失子道，十分孝顺，与弟弟十分友善，多年如一日，没有丝毫懈怠。舜在家人要加害于他的时候，及时逃避；稍有好转，马上回到他们身边，尽可能给予帮助，所以是“欲杀，不可得；即求，尝在侧”。身世如此不幸，环境如此恶劣，舜却能表现出非凡的品德，处理好家庭关系，这实在需要一种难能可贵的品质。

大禹身葬何处

禹是夏朝的第一位天子，因此后人也称他为“夏禹”。他是我国传说时代与尧、舜齐名的贤圣帝王，他最卓著的功绩，就是历来被传颂的治理滔天洪水，又划定中国国土为九州。

浙江绍兴的会稽山，传说是大禹治水之处和葬地，司马迁在《史记》中说得十分清楚。

浙江绍兴城南会稽山，相传是大禹朝会天下诸侯计功行赏的地方。司马迁在《史记》中说：“禹会诸侯江南，计功而崩，因葬焉，命曰会稽。会稽者，会计也。”这样说来，会稽还是大禹治水之处和葬地。《史记》说春秋末期的越王勾践“封于会稽，以奉守禹之祀”，是夏后帝少康庶子之苗裔。言之有理，令人不得不信。20世纪20年代，史学界以著名学者顾颉刚先生为首展开的论争，却使这一问题产生了许多新的认识，大禹是否到过会稽就成了一桩历史悬案，迄今尚未取得一致的看法。

绍兴城南会稽山

陈桥驿先生在《旷越为禹后说溯源》中提出，史书认为大禹到过绍兴，主张大禹巡狩会稽和死葬会稽的故事，是越王勾践强大以后，为了军事上、外交上和内政上的需要，有意编造出来并加以散布的，属托古之辞。也有许多人认为大禹是到过浙江的。如

◆ 大禹像

刘宜均、赵鸣等在《再论越族的鸟图腾》一文注中，对夏禹不可能到达浙江之说提出了

◆ 大禹陵

商榷意见，认为夏禹会诸侯于会稽山，及大禹死于会稽之事，史书中均有记载，尤以《越绝书》记述最详。依《越绝书》所载，大禹曾两次到过绍兴会稽，第一次是为了治水，并在此计功行赏；第二次是称帝以后巡狩江南时，病死于会稽，被葬在会稽山下。司马迁的说法是可信的。

湖南的枚县高视乡

有人提出大禹葬的会稽山不在绍兴，而是在湖南的枚县高视乡。

这种观点认为，大禹与其父鲧都是今湖南人。鲧被分封在崇山，称“崇伯鲧”，其地相当于今湖南大庸县境。《吴越春秋》等书说禹家于西羌，而“西羌之本，出自三苗，姜姓之别也”。禹的老家三苗居于洞庭、都阳两湖为中心的地区，而古人地理观念不强，常以大家熟悉的高山地区作为统治中心，因此大禹会计万国诸侯的茅山很可能在江西、湖南交界的地方，今枚县东部与江西交界的天子山很可能与大禹有关。

会稽山按《山海经 • 南山经》当在南方，其山在南次二经的中部，不可能在浙江。《吴越春秋》说，大禹在南岳委宛山得“金简之书”后，开始全国范围的治水工作，他是始于霍山，“归还大越”，说明霍山和大越其实是一地。南蛮当时称为“越”，而南岳处南蛮，当然可称“大越”。书中有“计于苍梧”与“计于苗山”，是说苍梧和苗山实为一地。苍梧是大地名，苗山是小地名，可知苗山在湖南。衡山岣嵝山的《禹王碑》被公认为大禹治水时的手书，奇古难认，碑上的最后一段话说，大禹治水后返回南岳而安居乐业，所以刻下此碑作为纪念。

延伸阅读

大禹对国家的贡献

大禹是古代一位具有雄才大略的政治家。他治水是与治国养民结合进行的。在治水害的同时，还指导人们恢复和发展农业生产，大兴水上运输，重建家园。每治理一个地方，都主动团结氏族部落酋长，完善政权建设，使百姓安居乐业。史书记载，洪水退去后，一块块平原露出水面，大禹带领人们在田间修起条条沟渠，引水灌溉，种植粟、黍、豆、麻等农作物，还让人们在地势低洼的地方种植水稻。不仅治理水患获得巨大的成功，而且农业生产也取得了进步。孔子曾颂扬禹治水的功德说：我简直找不到他的一点缺点，他的宫室简陋却没有想到改善，而是尽全力平治水土，开沟洫，发展农耕，鼓励人民从事劳动。

神秘的西夏王陵

西夏王陵位于宁夏回族自治区银川市西约30公里的贺兰山东麓，是西夏王朝的皇家陵寝，也是中国现存规模最大、地面遗址最完整的帝王陵园之一。

西夏是11世纪初以党项羌族为主体建立的封建王朝。自1038年李元昊在兴庆府（今宁夏回族自治区银川市）称帝建国，至1227年被蒙古所灭，在历史上存在了189年，经历10代皇帝。关于西夏王陵，还有许多谜团至今尚未解开。

西夏王陵为什么没有损坏

王陵的附属建筑都已毁坏了，但以夯土筑成的王陵主体却巍然独存。根据年代推算，最早的一座王陵距今约900年，最晚的

◆ 1号、2号陵远景

一座也超过了700年，如此漫长的岁月，许多砖石结构的建筑已经由于风雨的侵蚀而倾毁倒塌了，更何况是夯土建筑。有人认为是王陵周围原有的附属建筑保护了王陵主体，使它免受了风雨的侵袭。可是那些附属建筑有的早已不在，很难说它们起了保护王陵主体的作用。有人认为王陵在贺兰山东麓，西边的贺兰山就是王陵的一道天然屏障，为它们挡住了西北风的侵袭。可是王陵主体和附属建筑同样都在贺兰山的屏障之下，为什么附属建筑都已毁坏而王陵主体却安然无恙呢？

王陵上为什么不长草

贺兰山东麓是牧草丰美之地，西夏王陵的周围也多是牧民放牧牛羊的好地方，可是惟独陵墓上寸草不生。有人说陵墓是夯土筑成的，既坚硬又光滑，所以不会长草。可是石头比泥土更坚硬，只要稍有裂缝，落下草籽，就能长出草来，陵墓难道连一点缝隙也没有吗？有人说当年建造陵墓时，所有的泥土都是熏蒸过的，失去了使野草得以生长的养分，所以长不出草来。可是熏蒸的作用能持久到将近千年吗？陵墓上难免有随风刮来的带有草籽的浮土，这些浮土是未经熏蒸的，为什么也不长草呢？

王陵的布局令人不解

王陵按照时间顺序或者说帝王的辈份

◆ 6号陵全景

由南向北排列，但是每座王陵具体位置的安排，似乎又体现着什么事先设计好了的规划。如果从高空俯视，好像是组成了一个什么图形。有人说那可能是根据八卦图形定的方位，也有人说那是根据风水安排的，可是从最早一个国王的逝世到最后一个国王的逝世，时间相差近200年，怎能按照八卦来定方位呢？事先谁能估计到西夏王国要传8代王位呢？再说，西夏是党项人建立的政权，党项是羌族的一支，难道他们也崇拜八卦和相信风水吗？

目前我们对西夏王国的历史文化以及风俗民情等还没有充分的研究，知道得还不太多。也许在西夏的各种文书之中能够找得到关于王陵的具体规划设计和为什么要这样安排的理由，也可能有关的记载会解答王陵的种种难解之谜。但是很可惜，目前人们还没有寻找到开启这些谜团的钥匙，只好让王陵守着它的秘密，在沉默中继续等待。

延伸阅读

党项族的经济文化

党项族原来主要从事畜牧业和狩猎，通过学习汉族先进的农业生产技术，农业经济得到了迅速的发展。到西夏建国时，农业生产已成为西夏社会经济的主要部门。西夏建国后，景宗李元昊更加重视农业生产的发展，大力兴修水利工程，并亲自主持修筑了从今青铜峡至平罗的灌渠，世称“昊王渠”或“李王渠”。以后，兴庆府、灵州一带，一直是西夏粮食生产的主要基地。在发展农业的同时，西夏统治者也较重视畜牧业生产。国家专门设立群牧司负责畜牧业的管理。西夏的畜牧地区主要分布在横山以北和河西走廊地带，牧养的牲畜以羊、马、驼、牛为主，还有驴、骡、猪等。由于农、牧业的发展，社会生产力的迅速提高，西夏的手工业生产和商业贸易也随之迅速发展起来。西夏的冶炼、采盐制盐、砖瓦、陶瓷、纺织、造纸、印刷、酿造、金银木器制作等手工业生产也都具有一定的规模和水平。

商代妇好墓的主人是谁

妇好墓是1928年以来殷墟宫殿宗庙区最重要的考古发现之一，也是殷墟科学发掘以来发现的唯一保存完整的商代王室成员墓葬。

妇好墓南北长5.6米，东西宽4米，深7.5米。墓上建有被甲骨卜辞称为“母辛宗”的享堂。虽然墓室不大，但保存完好，随葬品极为丰富，共出土不同质料的随葬品1928件，有青铜器、玉器、宝石器、象牙器、骨器、蚌器等，最能体现殷墟文化发展水平的是青铜器和玉器。

“妇好”之名见于武丁时期甲骨文，生前曾主持祭祀，从事征战，地位显赫。妇好墓属殷墟早期，与武丁时代相合。墓主妇好当为武丁配偶。其重要性在于该墓保存得好，年代与墓主身份清楚，是商王朝晚期的一座王后墓。

◆ 妇好墓内部

妇好的生平

商朝的势力以商高宗武丁时代最盛。武丁通过一连串战争将商朝的版图扩大了数倍。而为武丁带兵东征西讨的大将就是他的王后妇好。甲骨文记载，有一年夏天，北方边境发生战争，双方相持不下，妇好自告奋勇，要求率兵前往。武丁犹豫不决，占卜后才决定派妇好起兵，结果大胜。此后，武丁让她担任统帅，从此，她东征西讨，打败了周围二十多个方国（独立的小国）。那时作战，出动的人数都不多，一般也就上千人，和大规模械斗差不多。但是根据记载，妇好攻打羌方的时候一次带兵就有一万三千多人。也就是说差不多全国一半以上的军队都交给她了。

妇好不但能带兵打仗，而且还是国家的主要祭司，经常受命主持祭天、祭先祖、祭神泉等各类祭典，又任占卜之官。商朝是个迷信鬼神的国家，所谓“国之大事，在祀与戎”。妇好又会打仗，又掌握了祭祀与占卜的权力，可能连

◆ 殷墟妇好墓出土的鸟尊

武丁都要怕她三分。

商高宗武丁前后立过三个王后，妇好是他的原配。不过武丁有六十多个妻子，妇好只是其中之一。值得注意的是，妇好并不和武丁住在一起，而是经常待在自己的封地里。这种现象在后来的中国历史上再也没有出现过。不过在当时这似乎是个普遍的现象。武丁手下的老婆兼女将除了妇好至少还有好几个，有名字记载的还有一位妇邢，地位仅次于妇好，也曾多次率师远征，同时为武丁管理农业和内政。她被封在井方，也就是今天的河北邢台。

在商都安阳发掘的妇好墓，在关于妇好的生卒年代和死因等各种资料中都语焉不详。有一种资料说妇好死于公元前1200年，但是死因不明。因为那时作战和大规模械斗差不多，妇好虽然贵为主将恐怕也要上阵作战。在作战中阵亡，或负伤后回到安阳创发而死也未可知。妇好墓出土的数件武器中有一把龙纹大铜钺和一把虎纹铜钺。因为上面刻有“妇好”字样，所以断定是其生前曾使用过的武器。这两件武器一件重8.5公斤，另一件重9公斤。妇好使用如此重的兵器，可见其武艺超群，力大过人。而在妇好之后的中国女将，就再也没有使用大斧的了。

妇好究竟是一个人还是一类人

然而，后来发现的龟甲上又出现了奇怪的现象，有一些铭文中居然说妇好又嫁给了武丁前几代的君主，而且嫁给了三个人！这不禁令研究妇好的人们产生了疑问：妇好到底是一个人，还是一类人的总称？为什么她在时间跨度长达300年的时间里会嫁给4个商王？于是原来肯定的墓主——“商王武丁的王后”妇好究竟是不是真正的墓主，变得无法确定了。难道商朝历史上另有其他妇好？又或者，妇好是特指一类人？历史在我们面前，已经成为了层层迷雾。

延伸阅读

妇好是重要的占卜官

妇好的重要性，除却王后和一流军事将领的尊贵身份外，还体现在她拥有一个特殊的职位，那就是主持祭祀的占卜官。在她那个时代，人们迷信鬼神，崇尚天命，非常盛行祭祀占卜，特别是商王室和奴隶主统治阶级，几乎所有国家大事都要反复占卜、祈问鬼神。因此，祭祀是最重要的国事活动之一。而掌握这项最高神职权力的祭司，要具有广博的学识、崇高的地位，通过与鬼神沟通，成为国家重大国事的实际决策者。

秦始皇陵地宫飞雁之谜

秦始皇陵位于西安以东30公里的骊山北麓，高大的封冢在巍巍峰峦环抱之中与骊山浑然一体，景色优美，环境独秀。秦始皇陵修筑时间长达38年，工程之浩大、气魄之宏伟，创历代封建统治者奢侈厚葬之先例。

秦始皇是中国历史上一位杰出的政治家，姓嬴名政，秦庄襄王之子，公元前259年出生于赵国京都邯郸，公元前246年13岁即立为秦王，22岁加冕亲政。自公元前236年至公元前221年的15年中，秦国先后灭掉了韩、赵、魏、楚、燕、齐六个诸侯国，彻底结束了战国群雄割据的历史，建立了中国历史上第一个统一的多民族中央集权制封建王朝——秦王朝。“秦王扫六合，虎势何雄哉；挥剑决浮云，诸侯尽西来。”秦始皇这位叱咤风云的旷世君主，不仅为后人留下了千秋伟业，还留有一座神秘莫测的皇家陵园。

关于秦始皇修建自己的陵墓，有这么一个传说。当始皇帝坐在宝座上，沉醉在一片万岁呼声中时，他开始幻想永远不离开人间和豪华的宫殿，于是听信了方士们所编造的东海中有蓬莱、方丈、瀛州三座仙山，上边居住着仙人的美言，并派方士徐芾带领数千名童男童女，到海中的仙山上求取长生不老的仙药。但是徐芾一行入海后就再也没有回来。后有民间传说，他们来到了现在的日本国定居，传宗接代。以后，嬴政也认为“长生不死”的“神仙世界”是虚无缥缈的事，所以他转而特别重视自己陵墓的营建。

其实，嬴政自即位后不久就开始为自己修建陵墓，直到他去世才草草收场，前后共用了38年。大规模的修筑是在统一后的10年，由丞相李斯督率72万刑徒和奴隶，倾国

◆ 秦始皇像

力修造。史称秦始皇陵高50余丈，周5里余，墓基极深，并用铜液灌注。直到今天，看到那高大的封土丘和形象生动的兵马俑，我们依然为之赞叹，秦陵的高大也就是秦始皇的威风，秦陵的非凡气势就是秦始皇的气势非凡。

那么，秦地宫内到底有哪些珍贵的随葬品？千百年来由此引发了许多神奇的传说故事。地宫飞雁就是一个十分迷人的传说。

◆ 秦始皇陵地宫就在巨大的封土堆下

《三辅故事》记载，楚霸王项羽入关后，曾以三十万人盗掘秦陵。在他们的挖掘过程中，突然一只金雁从墓中飞出，这只神奇的飞雁一直朝南飞去。斗转星移，过了几百年，到三国时期，有一位名叫张善的官吏在日南做太守。一天，有人给他送来了一只金雁，他立即从金雁上的文字判断出此物乃出自始皇陵。这个神奇的传说有没有历史依据？近年来有的学者著文指出：“这虽然是个传说故事，但可以说明秦陵内的文物曾经流失于外，并且远达云南以南。至于说金雁制作精巧，不但好看，而且还能飞，这也是有可能的。因为在春秋时期，著名工匠鲁班已经能制造出木雁，在天空中飞翔，直飞到宋国的城上。几百年后，秦国的工匠能制造出会飞的金雁，这是可信的。”

秦始皇陵前后历时38年之久，比著名的埃及胡夫金字塔的修造时间还长，动用修陵人数最多时近于80万，几乎相当于修建胡夫金字塔人数的8倍。如果说古埃及金字塔是世界上最大的地上王陵，那么中国秦始皇陵就是世界上最大的地下皇陵。

延伸阅读

秦陵地宫的传说

地宫是放置棺椁和随葬器物的地方，为秦皇陵建筑的核心。有关秦陵地宫的位置问题，历来众说纷纭。史料《汉旧仪》一书中有一段关于秦始皇陵地宫的深度介绍：公元前210年，丞相李斯向秦始皇报告，称其带了72万人修筑骊山陵墓，已经挖得很深了，好像到了地底一样。秦始皇听后，下令“再旁行三百丈乃至”。“旁行三百丈”一说让秦陵地宫位置更是扑朔迷离。民间曾传说秦陵地宫在骊山里，骊山和秦陵之间还有一条地下通道，每到阴天下雨的时候，地下通道里就过“阴兵”，人欢马叫，非常热闹。据悉，考古学家根据这个传说曾作过很多考察，但却一直找不到这个传说中的地下通道。

虞姬身葬何处

灵璧县城东、宿泗公路南侧，有一片终年常绿的树林，树林中沉睡着一座古墓。墓基隆起，碑石林立，静穆凝重。这就是安徽省重点保护文物——虞姬墓。

虞姬，秦末人，一说姓虞，今沭阳县颜集乡人。为西楚霸王项羽爱姬。据史料记载，虞姬是一个才貌双全的女子，不仅长得美丽，舞姿也是楚楚动人，还有她的剑，也同样舞得轻盈如水。

在安徽省的灵璧县城东有一座千年古墓，相传就是虞姬墓。虞姬墓历尽千年，时坏时修。墓侧曾建有虞姬庙，庙内塑有项羽、虞姬像，人物造型极为生动。虞姬柳眉杏眼，明眸皓齿；项羽气宇轩昂，刚强剽悍。塑像四周，诗词歌赋的石刻林立。在唐宋年间，灵璧作为京师通往东南地区的必经之道，文人墨客往往三五成群到虞姬墓前凭吊览胜，然后吟诗填词以发思古之幽情。

园内有陈列室，陈列室采用砖木结构，粉墙小窗，青灰色小瓦，内进雕梁画栋，结构巧妙。室内陈列着垓下和虞姬墓中出土的文物、有关的史料和诗词歌赋。园内还有一副对联，颇为伤感：

虞兮奈何，自古红颜多薄命；
姬耶安在，独留青冢向黄昏。

虞姬的身世传奇

公元前209年，项羽帮助叔父项梁起义反秦，虞子期是项羽军中的一名战将，虞子期的妹妹虞姬不仅貌美，而且好武。她十分爱慕年轻勇猛的项羽，愿嫁给他为妾，随项羽出征。后来项梁战死，项羽升为上将军，经过巨鹿一战，项羽声名远播。不久项羽便进入关中，自立为西楚霸王。在连年的征战

◆ 灵璧县虞姬墓

◆ 西楚霸王项羽像

中，虞姬始终与项羽形影不离。

虞姬常随项羽出征。楚汉相争后期，项羽趋于败局，于公元前202年，被汉军围困垓下，兵少粮尽，夜闻四面楚歌，哀大势已去，面对虞姬，在营帐中酌酒悲歌：“力拔山兮气盖世，时不利兮骓不逝，骓不逝兮可奈何，虞兮虞兮奈若何？”歌词苍凉悲壮，情思缱绻悱恻，史称《垓下歌》。

此际，这位叱咤风云的人物，竟也流露出儿女情长、英雄气短的哀叹。随侍在侧的虞姬，怆然拔剑起舞，并以歌和之：“汉兵已略地，四方楚歌声；大王意气尽，贱妾何聊生。”歌罢自刎，以断项羽后顾之私情，激项羽奋战之斗志，希冀胜利突围。这就是史上有名的“霸王别姬”。

相传，虞姬自刎后，项羽带着她的尸体，向南驰走，不料汉兵追至，项羽无可奈何地丢下了虞姬的尸体。后来这里出现的村庄就叫“霸离铺”，意指霸王别姬之处。项羽突围后，虞姬的尸体被来不及突围的楚兵移葬于“霸离铺”东2.5公里处，后来这里出现的村庄就叫“虞姬村”，两处自得名以来，至今沿袭不变。

相传苏轼曾经游历到此凭吊，闻孤坟残阳，微草星花，却不见当年霸王盛气，只独留美人孤魂，有感于怀，写下了：

《濠州七绝 • 虞姬墓》

帐下佳人拭泪痕，门前壮士气如云。

仓黄不负君王意，独有虞姬与郑君。

延伸阅读

“破釜沉舟”的典故

有一年，秦国的三十万人马包围了赵国的巨鹿，赵王连夜向楚怀王求救。楚怀王派宋义为上将军，项羽为次将，带领二十万人马去救赵国。谁知宋义听说秦军势力强大，走到半路就停了下来，不再前进。军中没有粮食，士兵用蔬菜和杂豆煮了当饭吃，他也不管，只顾自己举行宴会，大吃大喝。项羽气愤，杀了宋义，自己当了“假上将军”，带着部队去救赵国。他先派出一支部队，切断了秦军运粮的道路，并亲自率领主力过漳河，解救巨鹿。楚军全部渡过漳河以后，项羽让士兵们饱饱地吃了一顿饭，每人再带三天干粮，然后传下命令：把渡河的船凿穿沉入河里，把做饭用的锅砸个粉碎，把附近的房屋统统烧毁。这就叫破釜沉舟。项羽用这个办法来表示他有进无退、一定要夺取胜利的决心。

楚军士兵见主帅的决心这么大，就谁也不打算再活着回去。在项羽亲自指挥下，他们以一当十，以十当百，拼死地向秦军冲杀过去。经过连续九次冲锋，把秦军打得大败。秦军的几个主将，有的被杀，有的当了俘虏，有的投降了。

刘邦长陵之谜

长陵又名"长山"，是汉高祖刘邦与皇后吕雉（吕后）的陵墓。长陵，位于西安市中心以北约20公里、咸阳市以东约20公里的窑店镇三义村北。1988年，国务院将其列为全国重点文物保护单位。

公元前202年，刘邦建立汉朝，史称汉高祖。刘邦做皇帝的第二年就开始给自己修建陵墓。有人推测，长陵的工程设计和施工主持者可能是萧何与阳成延。公元前195年，刘邦病死于长乐宫，葬于长陵。

长陵的陵址，选在咸阳的最高点，即秦咸阳宫的旧址之上，远望就像是山峰兀立，气势雄伟。南与未央宫隔河相望，北倚九山，泾、渭二水横贯陵区。在此可俯瞰长安胜景，自古以来就是关中著名的枢纽要地。1970—1976年，陕西省文物管理委员会对长陵进行了全面的勘查，发现了大量的实物遗存。长陵是汉高祖刘邦和皇后吕雉的合葬陵墓，陵园遗址至今尚存。陵园的平面呈长方形，南北长1000米，东西宽900米，西墙的正中发现了一座宽23米的城门遗址。西城墙的地面上至今还保留着一条长600米、宽6米、高3米的夯土遗迹。陵冢位于陵园的南部，高祖陵在西，吕后陵在东，相距约250米左右。高祖的陵冢呈长方形覆斗状，高32米。在陵园的西北角、西南角、东南角和沿南墙一带有六处大型的寝殿遗址。关于长陵，始终有一些解不开的谜团。

◆ 长陵

哪一个才是刘邦陵

长陵东西并列着两座陵墓，应该是高祖和吕后的陵墓。不过两个高高的封土堆哪个是刘邦的呢？清代陕西巡抚毕沅曾为长陵树了两通碑石，把东边陵墓作为高祖的长陵，西边的那个陵墓作为吕后陵。然而刘宋时期的裴骃为《史记》作《集解》，在

《外戚世家》中引《关中记》说：“高祖陵在西，吕后陵在东。汉帝后同茔则为合葬，不合陵也。”《三辅黄图校证》也说：“吕后陵在高祖陵东。”1967年，在长陵以东的地方出土了一方玉印，其文为“皇后之玺”，可能是吕后之物。因此，很多专家认为毕沅是把两座陵墓弄颠倒了，长陵在吕后陵的西面。

◆ 汉高祖刘邦像

长陵的名称是怎样来的

有人认为，长陵因地域而得名。长陵又称“长山”“长陵山”。《水经注》记载成国故渠“东通长陵南，亦曰长山”。长陵所处的地方在古代称“长平”或“长平阪”，有可能是以地名为陵名的。不过有学者认为，长陵是取西汉都城长安的第一字而来的。因为长陵的陵园呈方形，是仿照西汉都城长安建造的，只是规模略小些。两种说法其实都是猜测，至于当年是怎样取名的，已成为千年之谜随刘邦一起埋入地下了。

北墙为何如此之厚

长陵陵园模仿了宫殿而建，《汉书》记载城周七里百八十步，折合成今天的长度为3150米。而考古实测长陵陵园平面呈方形，边长78米，周长约3120米。令人感到吃惊和费解的是陵园四面围墙的厚度，东、西、南三面墙厚在7～9米之间，而北墙厚约15米。为什么要建这么厚的围墙？是为了应付盗墓还是有其他的原因，今人已完全无法知道了。四面围墙的中间各开一门，估计当年门外还有对应的两座门，像一座小城堡一样。陵园的四角也有建筑，估计就与今天所见的角楼差不多。陵园内建有许多礼制建筑，主要有寝殿、便殿等。寝殿是陵园中的正殿，按当时的礼制，寝殿里陈设高祖生前用的衣物，有宫人按时铺床叠被，准备洗漱用水和每天四次进食，打扫卫生，像皇帝活着一样侍候。

延伸阅读

刘邦是怎样娶到吕后的

传说吕公和家乡的人结下冤仇后来到了沛县定居，沛县当时的县令和他是好友。很多人听说他和县令的关系便来上门拜访，拉拉关系。刘邦听说了也去凑热闹。当时主持接待客人的是在沛县担任县主簿的萧何，他宣布了一条规定：凡是贺礼钱不到一千钱的人，一律到堂下就座。刘邦根本不管这些，虽然他没有带一个钱去，却对负责传信的人说：“我出贺钱一万！”吕公听说了，赶忙出来亲自迎接他。一见刘邦气宇轩昂，与众不同，就非常喜欢，请入上席就座。这次刘邦不但白吃一顿饭，酒足饭饱之后，吕公又将他盛情留下，提出将自己的女儿嫁给他为妻。刘邦巴不得成这门亲事，征得父母同意之后，便和吕氏结了婚，这就是以后历史上有名的吕后。

蔡伦为什么有两座墓

蔡伦（63～121年）字敬仲，东汉桂阳郡耒阳人，造纸术的发明者。蔡伦这一发明，成为中国古代四大发明之一，也是中华民族对世界文明做出的一项十分宝贵的贡献，大大促进了世界科学文化的传播和交流，深刻地影响了世界历史的进程。

蔡伦，永平末年（75年）入宫为宦官。历任小黄门、中常侍兼尚方令、长乐太仆等职。元初元年（114年），安帝封其为龙亭侯（封地在今陕西省洋县龙亭铺镇），食邑三百户。蔡伦为人敦厚谨慎，关心国家利益，曾“数犯严颜”，匡弼时政。他勤奋好学，办事专心尽力。窦皇后随葬宝剑及其它物品，亦由其设计、监制，“莫不精工坚密，为后世法”。

◆ 蔡伦像

永元四年（92年），蔡伦任尚方令后，利用供职之便，常到乡间作坊察看，见蚕妇缫丝漂絮后，竹箪上尚留下一层短毛丝絮，揭下似缣帛，可以用来书写，从而得到启发，便收集树皮、废麻、破布、旧鱼网等原料，在宫廷作坊施以锉、煮、浸、捣、抄等法，试用植物纤维造纸，终于造出植物纤维纸。元兴元年（105年），他将造纸过程、方法写成奏章，连同造出来的植物纤维纸，呈报汉和帝。和帝大加赞赏，蔡伦造纸术很快传开。人们把这种纸称为“蔡侯纸”，全国“莫不从用焉”。

公元121年，东汉朝廷内部争权夺利的斗争牵扯到蔡伦，汉武帝命令他投案。蔡伦耻于受审，随即洗浴全身，换上最漂亮的衣服，服毒自尽。然而，令人奇怪的是，这位伟大的发明家在去世后，不知是谁为他立了两座墓。

第一座墓位于陕西省洋县城东8千米的龙亭镇龙亭村。墓祠分为南、北两部分，墓区居北，墓冢高约7米，长30米，宽17米。

◆ 洋县蔡伦墓

该是真的。

那么，耒阳的蔡伦墓就是假的吗？耒阳是蔡伦的故乡，会不会是他的亲属想方设法将蔡伦归葬回家乡了呢？如果说当时不可能，那么，会不会是依照某些古人的做法，比如曹植墓、杜甫墓等，死后再从洋县移到耒阳的呢？

墓园原占地25亩，现为6亩。园内有建筑设施13处。花木葱郁，古柏参天，碑石林立，青竹吐翠，丹桂飘香，殿宇古朴典雅，塑像彩画栩栩如生。其南为祠，祠的中轴线上由南而北依次为山门、拜殿、献殿，正殿大门上高悬有唐代德宗皇帝的御书“蔡侯祠”匾额。殿中有蔡伦塑像。右侧壁上绘有“蔡伦纸”制作工艺流程图，左侧壁上绘有蔡伦于公元114年封为龙亭侯的谢恩图壁画。在蔡伦祠中轴线两侧还有钟楼、鼓楼、厢房、戏楼等古建筑和近代书法名家于佑任为蔡伦墓祠所题草书真迹。

第二座墓位于湖南省耒阳县，这里是蔡伦的故里。耒阳墓修建于东汉时期，在近代战争中遭受过多次破坏。1953年，耒阳县人民政府对它进行了整修。1959年，郭沫若先生也为它亲笔题写了“蔡伦之墓”。

这两处古墓，到底哪一处才是真正的蔡伦墓呢？蔡伦死在封地，封地就是现在的陕西省洋县，按常理来说，他应该就近埋葬。再加上东汉时期交通不便，封地距离他的家乡耒阳数千里，归葬家乡似乎是一件不太可能的事情。如此说来，洋县的蔡伦墓应该是真的。

这两处墓地到底哪个是真的，目前没有任何可信的资料可以考证。关于蔡伦为什么会有两座墓的问题，也就此搁置了下来。

延伸阅读

蔡伦与造纸河

传说，有一天，蔡伦带着几名小太监出城游玩，来到了离城不远的缑氏县陈河谷，也就是凤凰谷。只见溪水清澈，景色宜人。赏景间，蔡伦忽见溪水中积聚了一簇枯枝，上面挂浮着一层薄薄的白色絮状物，扯扯挂挂，犹如丝绵。

他命小太监找来河旁农夫询问。农夫说：“这是涨河时冲下来的树皮、烂麻，扭一块儿了，又冲又泡，又沤又晒，就成了这烂絮！”

蔡伦受到启发，几天后，率领几名皇室作坊中的技工来到这里，利用丰富的水源和树木，开始了试制。剥树皮、捣碎、泡烂，再加入沤松的麻缕，制成稀浆，用竹篾捞出薄薄一层晾干，揭下，便造出了最初的纸。但一试用，发现容易破烂，于是又将破布、烂鱼网捣碎，将制丝时遗留的残絮掺进浆中，再制成的纸便不容易扯破了。

蔡伦挑选出规正的纸张，进献给和帝。和帝试用后龙颜大悦，并诏告天下，推广造纸技术，而造纸的地方自然也有了名气，人们便把这条河称作“造纸河”。

九岁女童的豪华墓葬——李静训墓

1957年，中国科学院考古研究所的考古工作者们，在西安城西的梁家庄附近发现了李静训墓，这是我国考古界目前发现的保存最完整的隋代墓葬。

李静训墓位于今西安市玉祥门外西大街南约50米处。该墓墓室为长方形竖井坑，就是从地面向下挖一个平面为长方形的土坑作为墓室，墓室深度可达2.9米。在墓室的南边有一斜坡型墓道，长6.85米。盛放墓主人的石棺就在此墓室中。

大概由于墓主人是女性的缘故，该墓中出土了大量贵重精美的首饰，如金手镯、金戒指、衣饰上的金花、银指甲套、玉钗、水晶头钗，以及琥珀、玛瑙、水晶、玉石等不同质地的饰品。除此之外，随葬品中还有波斯风格的金银杯和波斯萨珊王朝的银币等来自西方的物品。巧夺天工的精美仿宫殿式石棺，堪比王侯将相的奢华陪葬品，这座墓葬的主人究竟是谁？

由保存完好的记录墓主人生平的墓志可知：这个豪华墓葬的墓主人竟然是个年仅9岁的女孩！

这个女孩闺名叫做李静训，字小孩，陇西成纪人。她有着显赫的家世，她的曾祖父李贤是北周骠骑大将军、河西郡公；祖父李崇，是一代名将，年轻时随周武帝平齐，以后又与隋文帝杨坚一起打天下，官至上柱国，开皇三年（583年），在抗拒突厥侵犯的战争中，以身殉国，终年才48岁，追赠豫、申、永、浍、亳等六州诸军事、豫州刺史。

李崇之子李敏，就是李静训的父亲。隋文帝杨坚念李崇为国捐躯的赫赫战功，对李敏也倍加恩宠，自幼养于宫中。李敏多才多艺，《隋书》中说他“美姿仪，善骑射，歌舞管弦，无不通解”。开皇初，周宣帝宇文赟、皇后杨丽华（即隋文帝杨坚的长女）

◆ 隋文帝杨坚像

◆ 李静训墓出土的金项链

的独女宇文娥英亲自选婿，数百人中就选中了李敏，并封为上柱国，后官至光禄大夫。

李静训，这个9岁女孩，竟拥有两朝皇室血统，难怪她以垂髫之龄便拥有这样的奢华墓葬。墓志中记载李静训聪颖可爱，蕙质兰心，深受外祖母周太后喜爱。可想而知，她的病逝给皇室带来了怎样的哀痛。对此，皇室也只能用隆重厚葬的方式来寄托哀思。

李静训墓出土物中，最为令人瞩目的，莫过于那条精美无比、璀璨夺目、价值连城的金项链了，它实属罕见的精品。金项链出土时套在墓主的颈上，很可能是墓主生前日常佩用的心爱之物。这条金项链制作技艺之精湛，堪称举世无双，用“巧夺天工”四字赞誉毫不过分。项链由28个金质球形链珠组成，左右对称各14个，每个球形链珠均由12个小金环焊接而成，每个小环外又有小焊珠一圈和大焊珠5颗，其上再各嵌珍珠10颗，珠光闪闪，璀璨夺目。项链的下端是最具争芳斗艳的部分，居中为一个大圆金饰，上面镶嵌一块晶莹的鸡血石，在鸡血石四周嵌有24颗珍珠。整条项链鲜红的鸡血石、宝蓝的青金石交相辉映，再配以洁白的珍珠，在纯金的烘托下，显得格外鲜艳夺目，雍容华贵，富丽堂皇至极，堪称是举世无双、价值连城的艺术精品。

延伸阅读

李敏受官的故事

起初，李静训的父亲李敏因非嫡嗣，故而无官无职。有一次，杨坚召杨丽华一家侍宴，杨丽华想为自己的女婿李敏谋个官职。进官前，杨丽华对女婿李敏反复交待：“我把天下四海都给了圣上，我眼下只有你这一个女婿，要为你谋求一个一品的柱国之职；今天，若圣上赐你别的官，你千万不要领谢！”

如此，杨丽华带着女婿女儿进宫觐见杨坚时，提起女婿李敏眼下还是一介布衣，希望为朝廷效劳的话。杨坚先授了李敏一个仪同，李敏默然不语，也不领谢。杨坚看看女儿丽华的神情，知道是嫌官小，于是又改授李敏开府。李敏望了望岳母杨丽华，见岳母仍不抬眼，于是装聋作哑，又不领谢。杨坚明白是怎么回事了，不禁哈哈大笑说：“公主有大功于我，为公主的女婿不能不舍得赐官！今授你柱国。”柱国，乃一品之职，直到此时，李敏才伏地拜谢。

薄葬谎言——唐昭陵

昭陵是唐朝第二代皇帝李世民的陵墓，是我国帝王陵园中面积最大、陪葬墓最多的一座，也是唐代具有代表性的一座帝王陵墓。

唐朝的第二代皇帝李世民于贞观初年亲自选定了位于九嵕山的昭陵墓地，费时十三年，进行陵园修建。贞观十年(636年)，太宗的文德皇后长孙氏逝世，冬十一月首葬于此。十三年后，即贞观二十三年太宗逝世，当年八月与文德皇后合葬，后墓至此封固，营陵工程随后结束。

昭陵陵园周长60公里，占地面积200平方公里，共有陪葬墓180余座，被誉为“天下名陵”，是世界最大的皇家陵园。从唐贞观十年太宗文德皇后长孙氏首葬到开元二十九年，昭陵陵园建设持续了107年之久，地上地下遗存了大量的文物。它是初唐走向盛唐的实物见证，是我们了解、研究唐代乃至中国封建社会政治、经济、文化难得的文物宝库。

昭陵依九嵕山峰，凿山建陵，开创了唐代封建帝王依山为陵的先例。据说是因贞观十年文德皇后临死时跟唐太宗说要俭薄，“请因山而葬，不需起坟”。文德皇后死后葬于昭陵。关于以山为陵制度的原因，在同年十一月文德皇后葬后，唐太宗撰文刻石的

◆ 唐太宗昭陵

◆ 唐太宗像

碑上写着："王者以天下为家，何必物在陵中，乃为己有。今因九嵕山为陵，不藏金玉、人马、器皿，用土木形具而已，庶几好盗息心，存没无累。"这里所说因山为陵，不藏金玉，与其说是为了俭薄，不如说是为了"好盗息心"更恰当些；虞世南上书唐太宗时就说过："自古及今……未有不掘之墓。"因此，唐初以山为陵的目的，无非是为了利用山岳雄伟形势和防盗掘而已。

传说长孙皇后去世后，太宗经常想念皇后，不能自已，于是在宫苑之内修建一个多层塔楼，为的是便于自己经常登临，眺望昭陵。有一次，太宗引领魏征同登塔楼，让魏征看昭陵。魏征说："在哪里啊？我眼睛不好，看不到啊。"太宗就用手指示："那不就是昭陵吗？""啊？"魏征故意打马虎眼说，"啊，是昭陵啊，我还以为你要看献陵呢。要是看昭陵，我早就看到了。"魏征这话，含意很隐晦。昭陵是唐太宗的陵墓，皇后先死，所以先葬，后来太宗死后与皇后合葬于昭陵。献陵是唐高祖李渊的陵墓，他在贞观九年去世，埋葬于献陵。魏征的意思是：作为儿子，你不想念父亲，单单想念妻子，这让天下人知道了，可不是一个好榜样啊。毕竟，我们是以孝治天下啊。魏征的意思唐太宗何尝不懂？但是他太想念皇后了。在魏征面前，太宗大概也用不着掩饰，他再一次哭了起来。

这次痛哭之后，太宗下令拆毁这座塔楼。那座思念之楼虽然拆了，但在太宗的心中，思念之楼永远高耸。

延伸阅读

长孙皇后是唐太宗的贤内助

长乐公主是唐太宗与长孙皇后的掌上明珠，将要出嫁时，她要求所配嫁妆要比永嘉公主加倍。永嘉公主是唐太宗的姐姐，正逢唐初百业待兴之际出嫁，嫁妆因而比较简朴；长乐公主出嫁时已值贞观盛世，国力强盛，要求增添些嫁妆本不过份。但魏征听说了此事，上朝时谏道："长乐公主之礼若过于永嘉公主，于情于理皆不合，长幼有序，规制有定，还望陛下不要授人话柄！"唐太宗本来对这番话不以为然。回宫后，唐太宗随口把魏征的话告诉了长孙皇后，长孙皇后却对此十分重视，她称赞道："常闻陛下礼重魏征，殊未知其故；今闻其谏言，实乃引礼义抑人主之私情，乃知真社稷之臣也。妾与陛下结发为夫妇，情深意重，仍恐陛下高位，每言必先察陛下颜色，不敢轻易冒犯；魏征以人臣之疏远，能抗言如此，实为难得，陛下不可不从啊。"在长孙皇后的操持下，长乐公主带着不甚丰厚的嫁妆出嫁了。

夫妻皇帝合葬陵——唐乾陵

唐高宗李治与皇后武则天合葬乾陵，是唐陵的代表。也是中国乃至世界上独一无二的一座两朝帝王、一对夫妻皇帝合葬陵，是唐代帝王“因山为陵”葬制的典范。

唐乾陵位于乾县北梁山上。梁山分三峰：北峰居中为主，前方东、西两峰对峙而且形体相仿，犹如门阙。两峰之间依势而向上坡起的地段自然形成神道，乾陵地宫即在北峰，凿山为穴，辟隧道深入地下。隧道墓门用石条层层填塞，缝隙以熔铁汁浇涛锢闭，因此，迄今无损。

◆ 唐高宗与武则天合葬墓，在今陕西扶风县

乾陵是怎样选址的

关于乾陵的选址，有这样一个有趣的传说：唐高宗登基不久，就派自己的舅父长孙无忌和专管天文历法的太史令李淳风为自己选择陵寝之地。一日，二人寻视到梁山上，只见此山三峰高耸，主峰直插天际。东隔乌水与九嵕山相望，西有漆水与娄敬山、歧山相连。乌、漆二水在山前相合抱，形成水垣，围住地中龙气。梁山乃是世间少有的一块“龙脉圣地”。长孙无忌和李淳风选好陵址后，回京禀报高宗。

袁天罡听说后，极力反对。原来他曾为高祖选陵址到过梁山，深知此山风水的优劣之处。他对高宗说：“梁山从外表上看是一块风水宝地，但细看有许多不足之处：一是梁山虽东西两面环水，能围住龙气，但与太宗龙脉隔断，假如百姓选祖坟于此，是可以兴盛三代，但作为帝王之山陵址，恐三代后江山有危。二是梁山北峰居高，前有两峰似女乳状，整个山形远观似少妇平躺一般。陛下选陵于此，恐从此后为女人所控。三是梁山主峰直秀，属木格，南二峰圆利，属金格。三座山峰挺拔，但远看方平，为土相。金能克木，土能生金，整座山形龙气助金，地宫营主峰之下，主陛下必为金格之人所控。依臣愚见，若陵址定于此山，陛下日后必为女人所伤！”听了袁天罡一番宏论，高宗犹豫不决，遂退朝不议。早有武则天亲信告知武氏，武氏听了十分高兴，她暗自思忖：小时候听父亲说，袁天罡说我将来能做女皇帝，看来要应验了。晚上，就给高宗吹了一阵枕边风，自然是褒扬长孙无忌，贬低袁天罡了。

◆ 乾陵风景

第二天早朝时，高宗传出圣旨，定梁山为陵址。袁天罡一听，仰天叹曰：“代唐者，必武昭仪。”他怕将来受牵连，就辞官不做，出外云游去了。

乾陵的建筑特色

有关乾陵地上的情况大致是：主峰（陵体）四周为神墙，近方形平面，四面正中辟门，各设门狮一对。神墙四隅建角楼（角阙）。南神门内为献殿址，门外列石象，自南往北：华表、飞马、朱雀、石马（五对）、石人（十对）、碑，华表南即东、西乳峰，上置乳阙（相当于宋陵乳台）；阙南又有双阙为陵南端入口（相当于宋陵鹊台）。这种善于利用地形和运用前导空间与建筑物来陪衬主体的手法，正是明清宫殿、陵墓布局的渊源所自。

乾陵最著名的则是无字碑。武则天立无字碑究竟是何用意，我们不得而知。或许是想着“功过是非，后人评说。”武则天的无字碑与高宗的有字碑相对，千百年来，有字碑经过风吹雨淋，上面的字已看不清，相反，无字碑上却刻上了历代文人的评价。这或许也体现了武则天的高明。

延伸阅读

武则天传奇

据说武则天小时候就有异相。当时名闻天下的星相家袁天罡曾到武家赴宴。席间，武士彟请袁给家人相面。袁天罡看了夫人杨氏后，说：“夫人骨法非常，必生贵子！”看了武氏二子元庆、元爽后，说：“此二子官可至三品，但并不富贵终身！”这时，乳母抱着身穿男孩衣服的武则天走了出来。袁天罡上前审视了一会儿，说：“此小郎君神色奥爽，不易知晓，让他走走看。”于是，乳母把她放在地上。孩子走了几步，袁天罡又让她抬头看，大惊道：“此子龙睛凤颈，伏羲之相，必极显贵！”袁天罡又从侧面将孩子审视了一会儿，又惊奇又遗憾地说：“可惜是郎君，若是女，当为天下主！”

众说纷纭的明孝陵

明孝陵是明代开国皇帝朱元璋和皇后马氏的合葬陵墓，是南京最大的帝王陵墓，也是我国现存古代最大的皇家陵寝之一，至今已有600多年历史。

南京明孝陵在南京市东郊紫金山（钟山）南麓独龙阜玩珠峰下，茅山西侧。明朝开国皇帝朱元璋和皇后马氏合葬于此。作为中国明陵之首的明孝陵壮观宏伟，代表了明初建筑和石刻艺术的最高成就，直接影响了明、清两代五百多年帝王陵寝的形制。依历史进程分布于北京、湖北、辽宁、河北等地的明清帝王陵寝，都是按南京明孝陵的规制和模式营建的。明孝陵建于明洪武十四年（1381年），翌年马皇后去世，葬入此陵。因马皇后谥“孝慈”，故陵名称“孝陵”。洪武三十一年（1398年），朱元璋病逝，启用地宫与马皇后合葬。至明永乐十一年（1413年）建成“大明孝陵神功圣德碑”，整个孝陵建成，历时30余年。孝陵有四大谜团，至今尚未解开。

谜团之一：朱元璋是否葬在独龙阜

明孝陵是朱元璋的陵寝建筑，但其地宫的具体位置在哪里，一直众说纷纭，史无定论。相传明太祖朱元璋死后，为了防止后人盗墓，曾于同一天从南京13个城门同时出殡，而且车马仪仗完全相同，使人难辨真伪。因此朱元璋是否真的葬在明孝陵，成为数百年来人们心中挥之不去的谜团。

考古专家认为这里就是明孝陵地宫的中心位置，朱元璋就葬在独龙阜下数十米处，而且这座地下宫殿保存完好，排除了过去流传的地宫被盗之说。

谜团之二：墓道为什么是弯曲的

◆ 孝陵博物馆

明孝陵与历代帝王陵寝相比，有许多不同之处，其中之一就是墓道弯曲不直。通过探测，结果发现竟是两种不同岩石所致。明楼以北的山坡，地下由两种不同岩石组成，西侧是下中侏罗纪的砾岩，东侧是稍晚的长石石英砂岩。

由于西侧岩石硬度强，开挖困难，考古专家根据宝城内的地质特征，认为应不排除存在这样一种可能：当年明孝陵的建筑工程主持者已注意到本地岩石性差异，而修改原有的施工方案。

当然，这只是对明孝陵墓道偏于宝城一侧起因的一种推测。此外，还有两种说法：一是陵宫前对梅花山，这里是孙权陵墓所在，朱元璋曾说过要孙权这条好汉为他看大门，所以神道不得不改直行弯；二是朱元璋是农民出生的皇帝，做事不拘成法，勇于创新，在陵寝建筑上也别出心裁。

谜团之三：“龟趺驮碑”究竟何用

在四方城东南约100米的山谷里躺着一只石龟，它的头朝向山谷（东南方）的出口，似乎一直想爬出那幽深的帝陵区。人们在距龟趺30米处又发现了一通碑材横卧于地面。碑材两端有榫，其中一榫正好是插入龟趺背上之孔槽尺寸。这说明它们属配套的一件文物，即“龟趺驮碑”。这件文物位于明孝陵大金门内、孝陵神功圣德碑亭之东，两者处于东西同一直线上，时代相同，体量庞大，却碑上无文。它是干什么用的？文物专家至今没有解开这个谜。

谜团之四：明孝陵为何呈“北斗”布局

尽管孝陵建造时间绵延了30多年，但

◆ 明孝陵神道石刻文臣像

其规划设计应大体上是一次性完成的。考古专家在明孝陵考古调查中发现，从平面上观察，孝陵主体从大金门经神道直到宝城，其布局呈北斗星状。

考古专家们认为，朱元璋在他的陵寝规划设计上采用象征手法，以北斗作总体规划，既吸纳中国古代，尤其是元、明时代人死后“魂归北斗”的思想，又采取了天帝所居北斗并被“四灵”相绕的神秘布局。

延伸阅读

朱元璋与儿子的故事

对于朱元璋的滥杀，皇太子朱标深表反对，曾进谏说：“陛下诛戮过滥，恐伤和气。”当时朱元璋没有说话。第二天，他故意把长满刺的荆棘放在地上，命太子拣起。朱标怕刺手，没有立刻去拣，于是朱元璋说：“你怕刺不敢拣，我把这些刺去掉，再交给你，难道不好吗？现在我杀的都是对国家有危险的人，除去他们，你才能坐稳江山。”然而朱标却说：“有什么样的皇帝，就会有什么样的臣民。”朱元璋大怒，拿起椅子就扔向太子，朱标只好赶紧逃走。

成吉思汗陵到底在哪里

成吉思汗是中华民族发展史上一位杰出的人物，其本人及其子孙的军事征服活动，克服了当时东西方陆路交通的人为障碍，极大地促进了东西方文化交流，推动了人类文明的进步。

成吉思汗生于1162年，卒于1227年。1206年，进位蒙古帝国大汗（皇帝），统一蒙古各部落。在位期间，征服地域西达黑海海滨，东括几乎整个东亚，为世界历史上著名的横跨欧亚两洲的大帝国之一。

令人百思不得其解的是，700多年来一直没有人能找到成吉思汗陵。据说主要原因是元朝皇家实行的是密葬制度，即帝王陵墓的埋葬地点不立标志、不公布、不记录在案。对于成吉思汗墓地的具体位置，多年来大致形成了几种说法：

◆ 成吉思汗像

蒙古国肯特山

据说有一天，成吉思汗在肯特山上的一棵榆树下静坐长思，而后忽然起立，对手下随从说：“我死后就葬在这里。”南宋文人的笔记中也记载，成吉思汗当年在宁夏病逝后，其遗体被运往漠北肯特山下某处，在地表挖深坑密葬。其遗体存放在一个独木棺里。什么叫独木棺呢？就是砍下大树当中的一段，将中间掏空做成棺材。成吉思汗的独木棺下葬后，蒙古人又将墓土回填，然后赶来很多马匹在上面来回踏平，直到地表不露任何痕迹再离开。知道这件事的人，后来都被杀死灭口。

内蒙古鄂尔多斯市鄂托克旗境内

有人认为鄂尔多斯高原的鄂托克旗境内，是最有可能埋葬成吉思汗的地方。这里有阿尔寨石窟，石窟内有大量遗迹，如10号石窟门前竖有代表成吉思汗战无不胜的苏勒德神矛，门前石崖边上凿有两道竖壕，据说是为方便成吉思汗养伤时坐着射箭所凿。28号石窟有一幅壁画，疑似《成吉思汗安

◆ 内蒙古克伊克昭盟境内的成吉思汗陵

葬图》。阿尔寨石窟以东，是“百眼井”遗址，据考证，这里是成吉思汗第六次南征西夏时开凿的。传说中安葬他的起辇谷也在这里，起辇谷就是鄂托克旗西北部千里山中的千里沟。成吉思汗曾经在这里杀驼羔、坠马鞭……

新疆北部阿勒泰山

有考古专家在新疆北部阿勒泰山脉所在的清和县三道海附近发现了一座人工改造的大山，推测有可能是成吉思汗的葬身陵墓。佐证之一是马可·波罗在他所著的《马可·波罗游记》中写道：“可汗或汗的称号，等于我们语言中的皇帝。一切鞑靼人的大汗和成吉思汗——他们的第一个主人，死后照惯例应葬在一座名叫阿尔泰的山上，无论他们死在什么地方，甚至相距100天的路程，也要把他的灵柩运送到阿尔泰去。把君主的灵柩运到阿尔泰山的途中，护送的人要将遇到的一切人作为殉葬者。”按照这个说法，成吉思汗的陵墓应该是在阿尔泰山。那么，那座人工改造过的大山，有没有可能就是成吉思汗陵呢？

成吉思汗陵到底在什么地方？如果以上几处地方都不是，那么又会在哪里呢？这位盖世英雄给后人的不仅是一部征战史，还有一个让后人苦苦追寻的千古之谜。

延伸阅读

十三翼之战

十三翼之战是铁木真(成吉思汗)统一蒙古高原草原各部时的一次重要战役。公元十二世纪末，在铁木真的领导下，蒙古乞颜部迅速发展壮大，引起札答兰部首领札木合的不满。金明昌元年(1190年)，札木合借口部人劫掠铁木真马群被射杀，联合泰赤乌等十三部共三万人进攻铁木真。铁木真得到札木合部下亦乞列思人的报告后，集结部众三万人，组成十三翼(营)迎敌。铁木真和母诃额伦各分帅一翼军，其余各翼多由乞颜部贵族统领。双方大战于答兰版朱思(今蒙古温都尔罕西北)，铁木真失利，退避于斡难河(今鄂嫩河)上源狭地，札木合也领军还本部，但他却将俘虏分七十大锅煮杀，引起了各部的不满，纷纷归心于铁木真。此战铁木真败而得众，使其军力得以迅速恢复和壮大。

乾隆地宫的不解谜团——清裕陵

清裕陵工精料美，富丽堂皇，陵前神路上石像的数量超过了康熙的景陵。单是这座陵寝门前的小小玉带桥，其奢华与精美，在历代皇陵中就可谓独树一帜了。

清裕陵始建于乾隆八年（1743年），乾隆十七年告竣，耗银200多万两。裕陵地宫对外开放至今已经十几年了，仍然充满着神秘色彩，存在着许多不解之谜。

地宫之谜一：百年不腐的女尸

1928年7月，军阀孙殿英盗掘了裕陵、慈禧陵之后，寄居在天津的清废帝溥仪派遣臣载泽、耆龄、宝熙等人到东陵进行善后处理，将抛出的遗骨重新进行了简单殓葬。

当他们清理裕陵地宫时，在棺床西边的两棺之间发现了一具奇异的女尸：她身穿黄色龙袍，皮肉完好无损，丝毫没有腐烂。两腮和嘴下多皱纹，牙齿没有完全脱落，面目如生，笑容可掬，年龄约在50岁左右。

裕陵地宫共葬5位女姓，这具女尸是哪一位呢？据年龄推断，最有可能的就是孝仪皇后，她是嘉庆帝生母，死于乾隆四十年，卒年49岁。但是，为什么同葬一个地宫，有比她早葬的，有比她晚葬的，其他四具女尸都已腐烂，只有她的尸体不腐烂？

查找史料，在清代，皇家并不刻意追求地宫和棺椁的密封，也不注重尸体的防腐。皇帝、皇后的外椁虽然漆饰了49遍之多，在密封和防腐方面起到了一定作用，但主要的用意是表示死者的地位和尊贵。帝、后、妃死了，少则停灵数月，多则数年。那些先葬入皇帝陵的后、妃，即使葬入了地宫，石门也不关，墓道口也不封，以待皇帝入葬，所以有些帝后妃尸体在地宫封掩前就已经开始腐烂了。可是孝仪皇后死于乾隆四十年，直到乾隆帝死后才将地宫封掩。而在她死后153年后，居然尸体不烂，面目如

◆ 乾隆朝服像

生，实在是一个难解之谜。

地宫之谜二：浮起的棺椁

有记载称，1928年军阀孙殿英盗掘裕陵时，盗墓者顺利地打开了前三道石门，第四道石门却无论如何也打不开。他们无计可施，一怒之下，便用炸药炸坏了石门。他们进去后发现，原来是一口巨大的棺椁在后面顶住了第四道石门。经后来考证才知道，这口棺椁就是乾隆帝的棺椁。是什么力量移动了棺椁？

帝、后、妃的棺椁四角都用巨大的龙山石(卡棺石)固定，龙山石与石棺床之间用铆榫方式相连。龙山石的下棱压住椁的下横边，竖向凹槽卡住椁的竖棱。这样，棺椁十分稳固，丝毫不能动弹。再者棺内除尸体外装满奇珍异宝，异常沉重，加之有龙山石的固定，棺椁的移动显然没有可能。

有人说棺椁是被地宫渗水浮起来的，但是裕陵地宫中有六具棺椁，以乾隆帝的为最大、最沉。地宫里的水是静止的死水，不流动，为什么偏偏最大、最重的乾隆帝的棺椁浮起，漂到棺床下面，顶住了石门？至今还没有令人信服的解释，成为难解之谜。

地宫之谜三：地宫渗水

乾隆十七年，孝贤皇后于裕陵完工的当年就葬入了地宫。在入葬前，竟然发现地宫有渗水。乾隆帝命有关大臣采取紧急措施进行补救，很快就排除了渗水。一直到嘉庆四年，在长达47年的时间里，地宫里也未再出现渗水。这说明上次的排水措施很成功，行之有效。但当时到底是采用了什么补救方法，直到现在也未查找出来。

◆ 裕陵一隅

据说，孙殿英盗陵后，载泽等人到东陵处理善后事宜时，发现裕陵地宫里的积水有四五尺深。裕陵地宫清理后，从墙上的水痕看，水最深时竟达六七尺。那么，是从什么时候出现的渗水？同是一座地宫，为什么从乾隆七年以后47年里不出现渗水？至今也未找到答案。

知识小百科

乾隆的“十全武功”

“十全武功”指“平准噶尔为二，定回部为一，扫金川为二，靖台湾为一，降缅甸（清缅战争）、安南各一，即今二次受廓尔喀降，合为十”。

乾隆的“十全武功”，情况不同，性质各异：有镇压民变，有平息叛乱，有扬兵耀武，有小题大做，有得不偿失，有多管闲事，有维护正义，有反击侵略。但有一点可以肯定的是“十大武功”，决非是真的十全十美：平定大小金川，对少数民族的叛乱过分强调运用武力，轻视安抚，导致战争旷日持久，耗费大量钱粮，得不偿失；台湾林爽文起义，本身是由清朝台湾官员腐败造成的，官逼民反即便被镇压下去，也不是什么光彩的事。但是新疆用兵三次，廓尔喀用兵两次，这五次用兵对新疆、西藏统一的巩固具有重大的历史意义。

香妃香魂归何处

香妃墓坐落在喀什市东郊5千米的浩罕村，是新疆维吾尔自治区的重点文物保护单位。这是一座典型的伊斯兰古建筑群，也是伊斯兰教圣裔的陵墓。

在乾隆皇帝的40多个后妃中，有一位维吾尔族女子。相传由于她身上有一股常有的沙枣花香，所以人们称她为“香妃”。

在今喀什市东郊5千米的浩罕村坐落着一处陵墓，当地人称之为“香妃墓”。陵墓始建于1640年，据说墓内葬有同一家族的五代72人(实际只见大小58个墓穴)。第一代是伊斯兰著名传教士玉素甫霍加。他死后，其长子阿帕克霍加继承了父亲的传教事业，成了明末清初喀什伊斯兰教“依禅派”著名大师，并一度夺得了叶尔羌王朝的政权。他死于1693年，亦葬于此，由于其名望超过了他的父亲，所以后来人们便把这座陵墓称为“阿帕克霍加墓”。据说，埋葬在这里的霍加后裔中，有一个叫伊帕尔汗的女子，就是乾隆皇帝的宠妃——香妃。那么，传说中的香妃真的葬于此地吗？

◆ 香妃戎装像

香妃墓

相传，香妃出身于维吾尔族，原是小和卓霍集占的妃妾（一说为女儿）。乾隆三十五年（1770年），大将军兆惠领军十万跟天山南麓的小和卓霍集占决战，霍集占败逃。兆惠把香妃掳走，送给乾隆。

尽管乾隆对她百般讨好，为她兴建“宝月楼”，重建她的家乡风景，以解她思乡之苦，但香妃心怀“国破家亡，情愿一死”之志，仍然抵死不从乾隆，还一度想刺杀乾隆，为族人报仇，最终被满清的皇太后绞杀。香妃死后乾隆皇帝派六万六千六百六十六人的送葬队伍，抬着她的棺木返回故乡，棺木不准落地。当棺木送到喀什时，送葬队伍只剩下六

◆ 香妃墓

人。香妃并葬于阿帕克霍加墓内，因而人们又将这座陵墓称做“香妃墓”。

清东陵裕妃园寝

另一种说法是，香妃诞生在新疆维吾尔和卓族的一个家庭。乾隆二十五年，图尔都等五户助战有功的和卓，及霍集斯等三户在平乱中立功的南疆维吾尔上层人士应召陆续来到北京，拜见高宗皇帝。乾隆令他们在京居住，并派使者接他们的家眷来京，封图尔都等为一等台吉。图尔都27岁的妹妹也被选入宫，册封为和贵人（即香妃）。显然，这是乾隆皇帝统一新疆后，实行“因俗而制”的政治需要，即政治联姻。

由于和贵人入宫时带来了祥瑞（从南方移栽到宫内的荔枝树，竟结出了200多颗荔枝），很得皇上的青睐，也很受皇太后的喜爱。因此在和贵人入宫后的第三年，即乾隆二十七年五月十六日，皇太后降旨，册封和贵人为容嫔。

之后，香妃的俊俏和异域情调进一步赢得乾隆皇帝的垂爱和信任，乾隆二十三年六月，皇太后懿旨，将她由容嫔晋为容妃。由于乾隆三十一年乌喇那拉氏皇后亡故，乾隆声称不再立后；乾隆四十年，皇贵妃又病逝，因此，到这个时候，容妃在乾隆的众多后妃中已处于举足轻重的地位。乾隆四十六年正月十五日，皇帝在圆明园奉三无私殿设宴会餐，容妃已入主了西边头桌的首位，到同年十二月乾清宫大宴，容妃又升格到了东边坐桌的第二位。这时，容妃已48岁，到了她地位与殊荣的顶峰。乾隆五十三年四月十九日，容妃离世，享年55岁，死后葬于河北清东陵裕妃园寝内。

而有关容妃的官方记载里，为何没有只字片语提到她又名“香妃”，或是她“体有异香”的事实呢？历史上关于香妃的传说和故事流传甚多，而她到底身葬何处现在还未可知。这一切，恐怕得有待日后更强有力的证据出现，方能真相大白了。

延伸阅读

“宝月楼”的由来

传说宝月楼是乾隆皇帝为讨得香妃的欢心而建。香妃入宫后思念家乡，终日闷闷不乐，于是乾隆皇帝就建了宝月楼，还在楼对面建了回营和清真寺等回人生活的街市，使得香妃登楼就可见到家乡景色。后来皇太后得知此事，暗中缢死了香妃。这段传说虚构的成分居多，尽管如此，后人还是由此衍生出了一些动人的故事。

西宫娘娘为何葬于东边

慈禧陵在建筑材料的贵重、工艺的精湛、装饰的奢华等方面均居于清朝皇后陵寝的首位。即使是清朝皇陵，某些皇陵在相比下也要逊色很多。她的随葬品之奢华也令人瞠目结舌，叹为观止。

清代咸丰皇帝有两位皇后。在他殡天后，慈安皇太后世称“东太后”，慈禧皇太后世称“西太后”，两宫并尊，垂帘听政，创有清一代之独例。和她的名字一样，慈安皇太后生性柔弱，对野心勃勃的慈禧太后处处忍让，没多久就撒手西去了，而慈禧太后则活到1908年才停止祸国殃民。

两位皇太后的陵寝都建在河北省遵化县的清东陵，坐北朝南，东、西并列，中间只相隔一条马槽沟。两座太后陵都叫“定东陵”，慈安陵位于普祥峪，慈禧陵位于菩陀峪，为了以示区别，慈安陵称“普祥峪定东陵”，慈禧陵称“菩陀峪定东陵”。但是，令人迷惑不解的是，东太后葬在了西边，西太后却葬在了东边。这是怎么回事？对此，民间流传着几种传说。

对弈赌陵

传说，本来东宫太后应葬在东边，西宫太后葬在西边，因为东宫太后是由正宫皇后升为太后的，名正言顺，天经地义。而西太后是因为沾了儿子当皇上的光才由贵妃跃级升为太后，虽然也是皇太后，但在地位、资历上都比东太后略低一等，所以西太后的陵墓无论在规制上，还是在风水上都不如东太后的。利欲熏心、心毒手辣的西太后岂能甘居人下，咽下这口气？于是她精心玩弄了

◆ 定东陵

一场“对弈赌陵”的把戏，以下棋三局两胜来打赌，赢者挑选陵墓。慈禧蓄谋已久，有了充分准备，最终以三局两胜胜出。慈禧胜出后即提出换陵的要求，慈安不好反悔，只得答应。

强行占据

还有一种说法是，西太后是明占东太后的陵寝。一天她梦见自己死了，在东太后的安排下把自己埋进了西边的那座陵内，这场梦给了她很大的启示。她想，如果东太后死在自己的前面，那时自己一人垂帘，独揽朝纲，把慈安皇太后葬在哪边还不是完全听我的吗？于是设计害死了东太后，利用手中的权力，硬是把东太后葬在了西边，把东边那座陵墓留为己用。

然而，这些毕竟是民间的传说故事。事实上，慈禧太后并没有“霸占”慈安太后的寝陵。按照清朝的丧葬制度，慈安陵就应该在西边，慈禧陵就应该在东边。有三点理由可以证明：

理由之一，东、西太后的名称，不是由她们的陵墓方位决定的，而是由她们生前居住的方位决定的。慈安皇太后生前居住在紫禁城内的东六宫中的钟粹宫，所以称“东太后”；慈禧太后居住在西六宫中的储秀宫、长春宫，所以称“西太后”，与陵寝的方位毫无关系。

理由之二，按照丧葬制度，凡地位较高、至亲者，越应靠近中心的主位。康熙的景陵、乾隆的裕陵、道光的慕陵地宫中，都陪葬了多名后妃，凡原配皇后都在皇帝左侧，继皇后在次左或右侧，再继后在再次左

◆ 慈禧陵的宝顶

或次右，皇贵妃更次之。咸丰皇帝的定陵在西面，地位较高的东太后的陵自然要靠依定陵近些，而西太后陵要相对远些，这就形成了东太后陵在西、西太后陵在东的格局。

理由之三，清代帝后陵寝的神道都是以次接主、以低接高的。从神道上来看，慈禧陵的神道接到慈安陵的神道上，而慈安陵神道接到定陵的神道上，定陵神道接到孝陵(顺治帝)的神道上。由此可以证明慈安地位是高于慈禧的。

知识小百科

“老佛爷”称号的由来

我国历史上历代帝王除了有“庙号”“谥号”和“尊称”以外，有些帝王还有“特称”。如宋代皇帝的“特称”叫“官家”，明代皇帝的“特称”叫“老爷”，而清代皇帝的“特称”则叫“老佛爷”。在有些历史小说、电影、戏曲中，把慈禧太后称作“老佛爷”。实际上，“老佛爷”的称呼不是慈禧专用的，清朝各代皇帝的特称都叫“老佛爷”。清朝帝王之所以用“老佛爷”这个称呼，是因为满族的祖先——女真族首领最早称为“满柱”。“满柱”是佛号“曼殊”的转音，意为“佛爷”“吉祥”。后来，有的显赫家族、世袭首领，起名就叫“满柱”。清朝建国后，将“满柱”汉译为“佛爷”，并把它作为皇帝的特称。

第三讲

考古文物寻踪

《河图》《洛书》的由来之谜

《河图》与《洛书》是中国古代流传下来的两幅神秘图案，历来被认为是河洛文化的滥觞。《河图》《洛书》是中华文化、阴阳五行术数之源。最早记录在《尚书》之中，其次在《易传》之中，诸子百家多有记述。

《河图》《洛书》所表达的是一种数学思想。只要细加分析便知，数字性和对称性是“图书”最直接、最基本的特点，“和”或“差”的数理关系则是它的基本内涵。完全可以用数学方法证明或推导出《河图》《洛书》，并证明它们同出一源。

《河图》《洛书》最有名的出处来自《易传·系辞》中的“河出图，洛出书，圣人则之”这句话，并据此认为八卦就是根据这二幅图推演而来的，从而成为易学研究

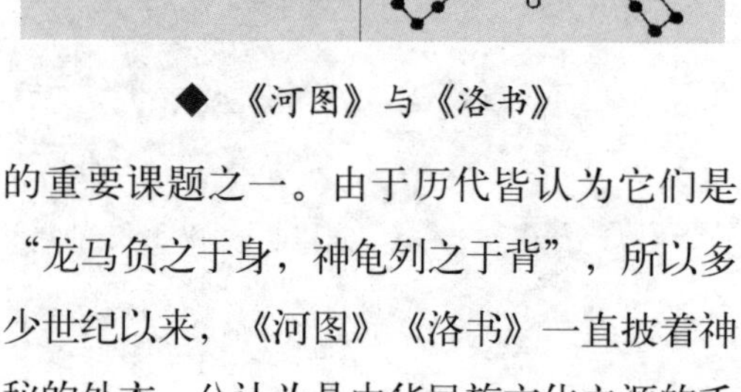

◆ 《河图》与《洛书》

的重要课题之一。由于历代皆认为它们是“龙马负之于身，神龟列之于背”，所以多少世纪以来，《河图》《洛书》一直披着神秘的外衣，公认为是中华民族文化之源的千古之谜。

关于《河图》《洛书》的由来，说法不一，见解各异。主要有以下几种说法：

传说之一：

相传在伏羲氏时，伏羲氏教授人民把绳子结成网来捕鱼，养蓄家畜，促进了生产的发展，改善了人们的生存生活条件。因此，祥瑞迭兴，天授神物。有一种龙背马身的神兽，长有一对翅膀，高八尺五寸，身批龙鳞，凌波踏水，如履平地，背负图点，由黄河进入图河，游弋于图河之中。人们称之为“龙马”。这就是后人常说的《龙马负图》。伏羲氏见后，依照龙马背上的图点，画出了图样。接着，又有神龟负书从洛水出现。伏羲氏得到这种天赐的用符号表示的图书，依据这个画成了八卦。这就是《易·系辞上篇》记载的，“河出图，洛出书，圣人则之”。即伏羲氏“作八卦，以通神明之德，以类万物之情”。

传说之二：

据传在黄帝时，黄帝体察民情，亲自劳动，受到人民的爱戴，同时也感动了天神，于是风调雨顺，五谷丰登，人民安居乐业。

◆ 黄帝像

一天，天神告诉黄帝说，洛水里有龙图龟书，你如果得到它，将会把天下治理得更好，于是黄帝便带领众头领，巡游于洛水之上。一日，时值大雾，隐约看见一条大鱼被困于河滩上，黄帝非常同情这条大鱼的遭遇，但又想不出什么好的解决方法，便命人杀五牲、祭天帝，并亲自跪下向天帝求助。天帝感动，连下大雨七天七夜，致使洛水暴涨，大鱼得以解救。大鱼走后，黄帝在洛水岸边得到了《河图》《洛书》，即《河图视萌篇》，上面用象形文字记载着人类所需的各种知识。这就是传说的“洛书鱼献”。据传，得书的地点在洛阳汉魏故城南，旧伊洛河汇流处。

传说之三：

唐尧时，尧带领众酋长东游于洛水。在太阳偏西时，偶然把一块玉璧沉入洛水，忽见洛水上光芒四起，有灵龟出而复隐。于是，尧便在洛水边修了一个祭坛，选择吉日良辰郑重其事地将玉璧沉入河底。稍倾，河底便光芒四射，接着又飞起一团云雾，在云雾中有喷气吐水之声。一阵大风过后，云开雾散，风平浪静，水上漂过一个大龟壳，广袤九尺，绿色赤文。壳上平坦处文理清晰，上有列星之分、七政之度，并记录着各代帝王兴亡之数。此后，易理文字便在人间传开。这就是传说的“灵龟”。

传说毕竟是传说，由于《河图》《洛书》距今的历史太过久远，已经无从考证其真正的由来。但《河图》排列成数阵的黑点和白点，蕴藏着无穷的奥秘；《洛书》上，纵、横、斜三条线上的三个数字，其和皆等于15，也十分奇妙。有一点可以肯定，它们是中国先民心灵思维的结晶，是中国古代文明的第一个里程碑。

延伸阅读

《河图》与《洛书》的关系

一般认为河图为体，洛书为用；河图主常，洛书主变；河图重合，洛书重分；方圆相藏，阴阳相抱，相互为用，不可分割。河图象天圆，其数为三，为奇；洛书象地方，其数为二，为偶。河图主象、洛书主数；河图主偶、洛书主奇；河图主静、洛书主动。河图外四圈分布四方，为方形，十包五在内，仍然圆中藏方，方中藏圆，阴中有阳，阳中有阴之妙也。而十五居中，即洛书纵横皆十五之数，是又河图包裹洛书之象。河图点皆平铺，无两折，洛书亦然。还有人认为河图重“合”，具有奇偶相配、阴阳互抱、生成相依的特点；洛书重“分”，具有奇偶分离，生成异位的特点，两者一分一合，体现对立统一、盛衰动静的辩证关系。

人面鱼纹盆的神秘象征

仰韶文化展现了中国母系氏族制度从繁荣至衰落的社会结构和文化成就，其中彩陶艺术成为了中国原始艺术创作的范例，人面鱼纹彩陶盆便是其中代表之作。

人面鱼纹彩陶盆是新石器时代的陶器珍品，由细泥红陶制成，敞口卷唇，盆内壁用黑彩绘出两组对称的人面鱼纹。人面概括成圆形，额的左半部涂成黑色，右半部为黑色半弧形，可能是当时的文面习俗。眼睛细而平直，鼻梁挺直，神态安详。嘴旁分置两个变形鱼纹，鱼头与人嘴外廓重合，和两耳旁相对的两条小鱼，构成形象奇特的人鱼合体，表现出丰富的想象力。

彩绘的形式大致分为两种，一种是图案，即几何图形和各种植物花纹；一种是写实，即各种自然现象和现实中的日常生活片段。人面鱼纹作为写实绘画，它可能正是当时渔猎经济情景的真实反映，体现了当时人与自然的关系，是先民们对生存环境的客观认识。但是，这仅是一种推测，关于人面鱼文饰蕴涵的真正意义，历来可谓众说纷纭，莫衷一是。主要有以下几种说法：

祖先崇拜说

有人认为人面鱼文饰是原始先民幻想中祖先形象的真实写照，人们按照自己的样子而描绘出了祖先的面貌，又绘上了具有明显特征的鱼类躯体，因而产生了“人面鱼身”这一图腾形象。把自己的祖先描绘成半人半鱼的形象，正说明他们认为自己就是人与鱼合婚后所繁衍的子孙后代。

◆ 人面鱼纹彩陶盆

但也有人持不同的看法，他们认为既然以鱼作为祖先来加以崇拜，那么照理祖先是不能被猎杀的，然而，事实是在半坡遗址出土了大量渔猎工具，这显然与先人们将鱼作为图腾崇拜是相矛盾的。

生殖崇拜说

原始社会人们经常以鱼为食，在长期的捕食过程中，他们发现鱼有惊人的生殖能力，因而产生了由衷的崇拜。中国社会科学院著名学者赵国华在《生殖崇拜文化论卜书》中指出："半坡先民精工特制了彩陶，绘上特别的鱼纹，用以举行特别的鱼祭，那些鱼纹仍然有特殊的含义。从表象观察，是半坡先民崇拜鱼类；从深层分析，则是他们将鱼作为女阴的象征，实行生殖崇拜，尤其是祈求人口繁盛。"而其他一些学者则认为，鱼纹是一种既具有象生纹样特点，又有几何纹样特点的纹样，作为象生纹样，它的意蕴主要反映了原始人类与鱼的一种特殊关系，但绝不仅限于此。作为几何纹样，也就是说鱼形被抽象变体，并被纳入一种几何纹样的图案中，这时，鱼纹的主要功能和意义是为了图案的美观和适宜，它的形式的含义超过了概念的意味。因此，认为赵国华的观点"是忽视研究对象本身特点的一种表现"。

图腾崇拜说

远古时代，图腾崇拜非常广泛，所以有人认为彩陶上的单体鱼纹和复体鱼纹、人面鱼纹和图案化的象征性鱼纹等，可能是一个氏族内各个家族为了相互区别，便以同一图腾动物的变体纹样作为标识。这样，从纹样上可以看出它属于哪一个氏族，同时也可以与其他部族相互区分。当代学者李泽厚认为，动物形象到几何图案的陶器文饰，具有氏族图腾的神圣含义，鱼纹就是半坡类型氏族的图腾。而另一些人则认为，在同一地区包含着无数个部落和部落联盟，即一种文化类型不可能只有一种图腾，而同一部落内也可能信奉不同的图腾。

当然，除了以上几种说法外，还有几种非主流说法，如权利象征说、面具说、外

◆ 舞蹈纹图 新石器时代马家窑文化彩绘陶盆

星人形象说等。总之，对于人面鱼文饰包含的精神指向，到目前也没有一个统一的被公认的答案，因而，人面鱼文饰的真实涵义也就成为了学术界的一大未解之谜。

延伸阅读

人面鱼纹盆与福娃

2004年北京奥组委向社会征集2008北京奥运会的吉祥物时，对半坡文明情有独钟的吴冠英教授递交了自己的设计方案"喜娃"，它们是五个不同颜色、形态各异、有着半坡彩陶风格的人面鱼纹小精灵。

因为喜娃代表着中国的"金木水火土"五行理念，又与奥运五环的颜色相契合。于是，凭借着独特的造型和深厚的文化底蕴，吴冠英的"喜娃"一路过关斩将入围了50强作品，并成为其中唯一由五个娃娃组成的吉祥物。但就在这个时候，"喜娃"头部的人面鱼纹造型却惹来了争议。

有关人士认为，人面鱼纹盆是上古时代的殉葬品，与奥运的氛围有冲突，所以"喜娃"的设计被暂时搁置。但在后来的评选过程中，"喜娃"所含的"五行"理念被重新采纳，只是头部的人面鱼纹设计被去掉，最终设计成了五个头戴着熊猫、鱼、燕子、火焰、藏羚羊形象帽子的可爱娃娃，也有了"中国福娃"这样一个名字。

"九鼎"下落之谜

据传，夏朝初年，大禹划天下为九州，州设州牧。后夏启令九州牧贡献青铜，铸造九鼎，以一鼎象征一州。

九鼎，据传是夏朝建立以后所铸，象征九州。商代时，对表示王室贵族身份的鼎，曾有严格的规定：士用一鼎或三鼎，大夫用五鼎，而天子、皇储才能用九鼎，祭祀天地祖先时行九鼎大礼。因此，鼎很自然地成为国家拥有政权的象征，进而成为国家的传国宝器。九鼎，几千年来一直被视为中华民族传世之国宝，是我国青铜器时代的集中代表。从铸造工艺技术上看，它们标志着中国的历史已结束了野蛮时代，进入了文明的

◆ 司母戊鼎

时代。令人遗憾的是，尽管有关九鼎的资料不绝于历代史册，但早在二千多年前它们就已不知下落。

九鼎沉没在彭城

夏王朝灭亡后，九鼎为商朝所得。600年后，商纣王时，周武王联合诸侯国伐商，推翻商朝，建立周朝。九鼎旋即成为周的镇国之宝。春秋时，诸侯国势力不断强大，周朝统治日渐衰落。齐、晋、秦、楚、宋五霸先后称雄，皆有意图九鼎以代周室。公元前606年，楚庄王北伐陆浑之戎，进军周室边界，观兵周郊，以显示武力。周定王派大夫王孙满前去劳军。楚庄王向王孙满询问九鼎之大小、轻重。王孙满知其心怀叵测，针锋相对地回答说："一个国家的兴亡在于有没有仁德和天命，不在于有没有九鼎和九鼎的大小轻重，周王室虽然衰微，但天命未改，九鼎的大小轻重是不能随便泄露的。"楚庄王又说："九鼎没有什么稀奇的，有足够的铜，谁都可以铸造，楚国在战场上所缴获的各种兵器就足够铸九个鼎了。"王孙满则正告楚庄王："九鼎是神圣的镇国之宝。夏桀暴虐，被商朝推翻，九鼎传给商汤；商纣王荒淫，被周所灭，九鼎传给周武王，现在必然还保存在周室。"楚庄王自讨没趣，悻悻而回。

◆ 淳化鼎

战国时期，诸侯各国莫不觊觎周王室的九鼎。秦国最有条件并吞六国统一中国，天下尽归，自然要占有国宝九鼎。公元前258年，秦国灭周，秦昭襄王就把九鼎迁到秦国国都咸阳去了。这标志着秦国完全取代了周王室的地位。相传迁鼎途中，船过泗水时，豫州鼎（即洛阳鼎）突然由船上飞起，化为巨龙没入水中，寻而未果。这样，秦始皇登位时鼎就只有八只了。九是数中之最，秦始皇希图自己的权力达致无以复加的程度，自然要极力寻回那只失落的鼎。秦始皇听到有人说九鼎沉没在泗水之下，当他出巡泗水彭城的时候，曾派人潜水打捞，结果徒劳无功。秦始皇没能寻回那只鼎，而另外的八鼎，秦以后也渐渐失传。九鼎的下落终成千古之谜。

九鼎被销毁铸成铜钱

到了清代，九鼎之下落更加难以考察寻觅。一个流行最广的说法是：东周王室在衰落的过程中，各个实力雄厚的诸侯国虎视眈眈，力图取周而代之。象征王权和“天命所归”的九鼎，自然成为各诸侯必欲夺之的稀世国宝；此时周王室财政困难，入不敷出，于是销毁九鼎以铸铜钱，对外则诡称九鼎已不知去向，甚至说其中一鼎已东飞沉入泗水之中，免得诸侯国兴兵前来问鼎，自找麻烦。这一说法虽似有理，但提不出任何一点史料加以证实。

纵观中国历代史籍，关于九鼎下落的材料虽多，但往往自相矛盾，提不出充分可靠的依据，不禁让人产生疑问：在地下埋藏的古物中，九鼎今天究竟是否还存在？在历史上，根据历代史书记载，九鼎确实曾作为夏、商、周三代的镇国之宝，相传了二千年，并且从未发现过古人关于九鼎已销毁的历史记载。因此，九鼎的下落，至今仍是一个谜。或许，今后会有揭破这个千载之谜的一天，那可能也是九鼎重见天日之时。

延伸阅读

九鼎是怎样铸造的

据《左传》中记载：夏朝初年，大禹划天下为九州，州设州牧。后夏启令九州牧贡献青铜，铸造九鼎。他事先派人把全国各州的名山大川、形胜之地、奇异之物画成图册，然后派精选出来的著名工匠，将这些画仿刻于九鼎之身，以一鼎象征一州。所刻图形亦反映该州山川名胜之状。九鼎象征九州，反映了全国的统一和王权的高度集中，显示夏王已成为天下之共主，是顺应“天命”的。正所谓：“普天之下，莫非王土，率土之滨，莫非王臣。”从此，九州成为中国的代名词，“定鼎”，成为全国政权建立的代名词了。

“金缕玉衣”之谜

金缕玉衣是汉代规格最高的丧葬殓服，大致出现在西汉文景时期。汉代帝王下葬都用“珠襦玉匣”，其形如铠甲，用金丝连接。这种玉匣就是人们日常说的金缕玉衣。当时人们迷信玉能够保持尸骨不朽，更把玉作为一种高贵的礼器和身份的象征。

希望长生不老、灵魂永存是古代皇帝们梦寐以求的事，他们千方百计地寻找长生不老药，喝甘露、吃炼丹丸等，并且还将求生的欲望寄托在死后的裹尸衣上，这就出现了汉代特有的玉衣。玉衣是什么样的呢？它是如何制成的？是否真的可以使尸体不腐呢？

汉朝时的“金缕玉衣”

玉衣是汉代皇帝、诸侯王和高级贵族死后专用的一种殓服，又称“玉匣”“玉柙”，但它的形状究竟是什么样的，从汉代以后就无人知晓了。1968年，考古工作者在河北省满城县的一座小山丘上，发现了西汉中山靖王刘胜和他妻子窦绾的墓。在棺内的尸体位置上，散落着许多小玉片。经过考古工作者的精心修整和研究，复原出了两套完整的玉衣，使我们第一次看到了玉衣的真面目，从而解开了这个千古之谜。

复原后的这两套玉衣的外观和人体形状一样，分为头部、上衣、裤筒、手套和鞋五大部分，各部分都由许多长方形、三角形、梯形、圆形等形状的玉片组成，玉片上有许多小的钻孔，玉片之间用纤细的金丝加以编缀，所以又称为“金缕玉衣”。刘胜穿的玉衣形体肥大，头部的脸盖上刻画出眼、鼻和嘴的形状，腹部和臀部突鼓，裤筒制成腿部的样子。窦绾的玉衣比较小，没有做出腹部和臀部的形状，可能是出于对女性形体

◆ 金缕玉衣

◆ 金缕玉罩

造型的避讳。刘胜玉衣全长1.88米，由2498片玉片组成，用于编缀的金丝约重1100克。

“金缕玉衣”的雏形

玉衣早期是什么样的呢？玉衣的起源，可以追溯到东周时的“缀玉面饰”。所谓“缀玉面饰”，就是将做成眉、眼、鼻、口形状的玉石片，按一定的形状排列，缀附在织物上，再覆盖在死者面部。这种缀玉面饰就是汉代玉衣的雏形。最早的缀玉面饰出现在河南三门峡市西周晚期的虢国墓地中。战国时期，缀玉面饰是一种颇为流行的丧葬礼俗。汉武帝以前的诸侯王墓中尚未发现完整的金缕玉衣，但出土有金缕玉面罩、玉帽、玉手套和玉鞋，这是缀玉面饰向玉衣的过渡形式。目前发现的汉代玉衣有20多套，除金缕玉衣外，还有银缕玉衣、铜缕玉衣和丝缕玉衣，编缀玉衣的材料不同，代表着死者身份的不同。史书记载，汉武帝的玉衣玉片上雕刻着蛟龙、鸾凤、龟麟等纹饰，被称为“蛟龙玉匣”。在玉衣片上雕刻花纹，想必除了加强装饰效果，让玉衣有华贵之感外，还要体现皇帝的高贵身份，但目前还没有考古发现的实物作为证据，汉代皇帝的玉衣对我们来说仍是一个未解之谜。

玉衣的用途

那么，为什么汉代人喜欢用玉衣做殓服呢？这与当时人的迷信思想有关。在汉代，人们深信玉能使尸体不朽，玉塞九窍，可以使人气长存。所谓九窍就是指两眼、两鼻孔、两耳孔、嘴、生殖器和肛门。出土的玉衣经常就搭配有用玉制成的眼盖、鼻塞、耳塞、口含、罩生殖器的小盒和肛门塞。

穷奢极欲的皇室贵族，迷信“玉能寒尸”。为使其尸体不朽，他们用昂贵的玉衣作殓服，且使用玉器塞其九窍，可谓费尽心机。但结果适得其反，由于玉衣价格昂贵，往往招来许多盗墓贼，以致“汉氏诸陵无不盗掘，乃至烧取玉匣金缕，骸骨并尽”。其实，即使那些盗墓贼没有光临，当考古工作者打开那神秘的洞室时，企求“金身不败”的墓主人也早已化作一捧泥土，剩下的也就是一具精美绝伦的玉衣了。

延伸阅读

“金缕玉衣”是如何制作的

精美的金缕玉衣，在2000多年前的西汉时代是如何制作出来的呢？这个问题让今天的人们疑惑不解。玉衣的制作是一个非常复杂的过程，所用的玉料要经过开料、锯片、磨光及钻孔等，每一片玉片的大小和形状都必须经过精心的设计和细致的加工。据测定，玉片上有些锯缝仅0.3毫米，钻孔直径仅1毫米，工艺流程之繁难、精密程度之高令人惊讶。整个玉衣制作过程所花费的人力和物力是相当惊人的。据推算，汉代制作1件玉衣，约需1名玉工至少10余年的努力。

神秘的岩画

岩画是一种石刻文化，在人类社会早期发展进程中，人类祖先以石器作为工具，用粗犷、古朴、自然的方法——石刻，来描绘、记录他们的生产方式和生活内容。它是人类社会的早期文化现象，是人类先民们给后人的珍贵文化遗产。

中国岩画分为南、北两个系统。南系除广西左江流域，还有四川、云南、贵州、福建等地。南系岩画大都以红色涂绘，颜料是以赤铁矿粉调合牛血等而成。制作年代在战国至东汉期间。北系以阴山、黑山、阿尔泰山等为主，绵延数千里，气势宏阔。北系岩画大都是刻制的，刻制又包括磨制、敲凿与线刻。制作时间的跨度很大，最早的可能在新石器时代，最晚的在元代。

我国考古工作者曾经在内蒙古狼山发现了一些远古时代的岩画。其中一幅画让人百思不得其解，上面画着两个桃子形状的东西，中间偏上方有两个圆圆的小洞，有点像人的两只眼睛，这幅画到底画的是什么呢？这是张人脸却又不见鼻子和嘴巴。奇怪的是，在这张“脸”的上方和周围画着很多球状体，星星点点，纷纷洒洒。有人说是宇宙中的星星，也有人说是从天而降的飞行器。很多人干脆把它称为“天神图”。

在韩乌拉山峰下东边沟口的岩画上，也曾发现过一些奇异的人头像。其中有一幅人头长着一张方嘴，两只圆眼睛，脑袋上还布满了线状物，有点“怒发冲冠”的意思。有人说是头发，有人说是天线，在画中还刻着“大唐”两个字。为什么写着这两个字呢？如果这指的是这些岩画的刻画年代的话，为什么没有关于佛道的画呢？因为在唐朝，宗教画是非常流行的。这到底画的是哪一家的神灵呢？

无独有偶，考古工作者在宁夏贺兰山东麓也发现了一批稀奇古怪的远古岩画，共约300幅。其中，最令人印象深刻的是北侧

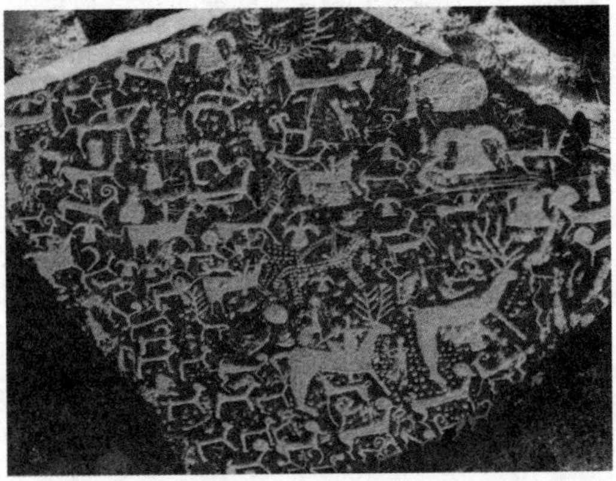

◆ 远古时代的岩画（一）

◆ 远古时代的岩画（二）

一块距离地面1.9米的岩壁上画的一幅写意人像画。这幅画高20厘米，宽16厘米，头朝向西南方向，人物戴着一个又大又圆的密封式头盔，头盔与紧身连体套装浑然一体。头盔中间有一个圆形孔洞，也许是观察窗。整个头部就像是现代戴着头盔的宇航员。而古代根本没有宇宙飞船，古人也不可能看见过今天的宇航员，那么，他们的作画灵感从何而来呢？

事实上，类似这样的岩画不止在中国，在世界范围内都屡有出现。在非洲撒哈拉大沙漠中，欧美一些国家的考古学家在恩阿哲尔高原的丁塔塞里夫特也发现了一些神秘的人头画像。这些画中的人戴着奇特的头盔，衣着也臃肿可笑。刚开始学者们为了猜测这些画的意思都煞费苦心。直到美国人造飞船上天，人们才恍然大悟。原来，撒哈拉沙漠岩画上人头上戴的奇特头盔正是现代宇航员的头盔！而这些画中人穿着非常臃肿的服装，也酷似现代宇航员的宇航服！我们不禁要问同样的问题，非洲的这些远古人类又是从哪里得来的艺术灵感呢？这究竟是人物写真呢，还是远古人类虚构出来的？如果是人物写真的话，这些撒哈拉沙漠居民真的见到过天外来客吗？

在古代交通不发达的条件下，世界中的许多民族和地区都不约而同地留下了如此怪诞的图案，这实在不是“实属巧合”这类话所能敷衍过去的。自古以来，全世界各个民族都有关于天神们开天辟地的神话传说，除了反映远古人类的艰难创业历程，是否也反映了人类祖先对于古代天外来客的原始记忆呢？也许，正是原始人类对这些具有高度文明的天外来客充满了崇拜，才把他们的形象画在了石壁上。但是，对于这些岩画的真实含义至今还没有确切的答案，还需要人们更深入地探究。

延伸阅读

将军崖岩画

江苏连云港将军崖的岩画，刻在锦屏山南面入口处凸出的巨石上，形似穹窿，灰蒙蒙的色彩给人造成如有神灵在天上飘然而立的感觉，令人肃穆。绘于河流转弯处峭壁上的花山岩画，由近两千个红色人形构成的巨大场面，造成随时有可能压迫过来的沉重感。岩画对面是开阔地，高耸的画壁同绿色植物形成强烈的对比，与江水的流动合成一种神秘而凝重的氛围，在阳光或月光下呈现出奇异的色彩。可以想象，祭祀中人们的歌声、水声、鼓噪声混合交织，响成一片，红色岩画也仿佛和人们一起跃动起来，定会产生难以言喻的庄严神秘效果。

仙字潭摩崖石刻之谜

仙字潭两山夹峙，溪流弯曲成潭，北岸峭壁林立，岩壁上散布着几组古怪苍老、似字又有别于传统观念上的文字，似画又过于抽象变形的文化符号，由于年代久远，深奥难懂，讹传为神仙所书，故名“仙字潭”。

福建省漳州市华安县苦田村，位于福建省漳州市北34公里，九龙江支流汰溪的北岸。在葱葱郁郁的山岭中，点缀着富有民族风格的圆形民居。蜿蜒在山脚下的汰溪之水十分清澈，在此处折而东流，形成一个较大的河湾。而被人们称呼为“仙字”的古刻，就镌刻在汰溪旁这些赭红色的山岩上。仙字潭摩崖石刻共有6处，自东往西长30多米。除一处汉字“营头至九龙山南安县界”外，其他5处共36个符号，最大的长0.74米、宽0.35米，最小的长0.13米、宽0.1米。既像图画，又像文字，有的如王者坐地，有的仿武士争斗，有的若舞女蹁跹，有的如兽面狰狞，有的像俘虏被执，有的似人首落地，千

◆ 福建省华安县仙字潭岩画

奇百怪，其意难以索解。

神奇的“舞人”

仙字潭的石刻中，最突出的也最多的就是“舞人”。在大约有180平方米的变质岩的悬崖上，舞人几乎分布在每一处。福建境内，反映人们生活的岩画较少，而仙字潭的石刻则是以人物为中心的。其中，第一组中的舞人是最为热烈、狂放的。第一组的石刻，位于整幅画面的最西侧，高0.8米，宽0.3米。画面上方的人物手臂，一只向上伸举、一只向下扬出，两腿呈弓步。这种舞蹈者的形体和舞姿，在很多岩画中都可以看到，是一种常见的舞蹈动作，图案化十分鲜明。

◆ 群舞图岩画

仙字潭石刻中的舞者形态各式各样：有双臂上举的，有一臂上举、一臂卡腰的，有一臂折肘下垂的，有双臂下扬作蹲步的，甚至有双手持棍棒的，千姿百态。他们往往戴着各种颈项饰品，通常以两个圆点表示。有的画面中，杂在舞者中间标志着一些数字，表示舞者的人数。尤其令人注目的是，在舞蹈的行列中，还有不少兽面和无头的人体，以及众多的圆形坑穴，有鲜明的祭祀意义。

有人说这是类似甲骨文或商周青铜器铭文的一些文字；也有些人认为，这是古代土著民族活动的记事岩画，内容大致为描写部落酋长庆功宴乐的场面，记录战绩，以示武勇。对于仙字潭石刻中的图案和符号究竟“是字，还是画”，学术界始终存有争议。这也把仙字潭的传奇推向了新的研究领域。

延伸阅读

仙字潭摩崖石刻的传说

华安岩刻，相比较它们所处的峭壁、悬崖，这些字刻显得那么平整。根据古书《漳州府志》中的记载，早在唐朝的时候，就有人将汰溪边这些仙字的拓本拿到了洛阳。当时唐朝的大儒学家韩愈是尚书郎，他看过这些拓本之后竟然说，他认识这些字，并且指称那是上苍关于祭祀神仙的诏令。可是后来漳州主修地方志的文官却始终不明白仙字潭的群舞图岩画到底是什么意思。为什么韩昌黎能够有这么大的本领，认出这些字的面目？他们在志书中也发出了疑问：“韩公何所据？” 对此，古文字学的学者也根据古代的文献书籍记录，作出了种种推断，但至今尚无定论。

禹王碑上写的究竟是什么

禹王碑，因最早发现于衡山岣嵝峰，又称“岣嵝碑”，位于岳麓山顶禹碑峰东，镌石崖壁。1935年建石亭护之，亭侧有清欧阳正焕书“大观”石刻，为湖南省重点文物保护单位。

相传，舜让禹治水，禹继承父业，开始头七年治水也没有取得成效。但他百折不挠，一方面与老百姓一起凿山挑土，一方面找治水良法。一天，他治水来到衡山，舜说黄帝把一部以金简为页、青玉为字的治水宝书藏在了衡山上，但具体在什么地方却无人知道。大禹治水心切，就杀了一匹白马，祷告天地，接着他便睡在山峰上几天不起。直到第七天晚上，他梦见一位长胡子仙人，自称“苍水使者”，授予他金简玉书藏地密图。禹醒来后按照密图寻找，果然找到了这部书。他抱着宝书日夜细心研读，求得开渠排水、疏通河道的办法。大禹按照书上指点，率领众百姓凿山开石，疏通壅塞，把危害百姓的洪水引进江河，归顺大海。大功告成后，大禹把金简玉书送回原来的地方，仍用磐石压盖起来，并在岣嵝峰上刻了一块碑。后来，人们就把那块石碑叫做“禹王碑”。东汉赵晔《吴越春秋》记载了这一传说。

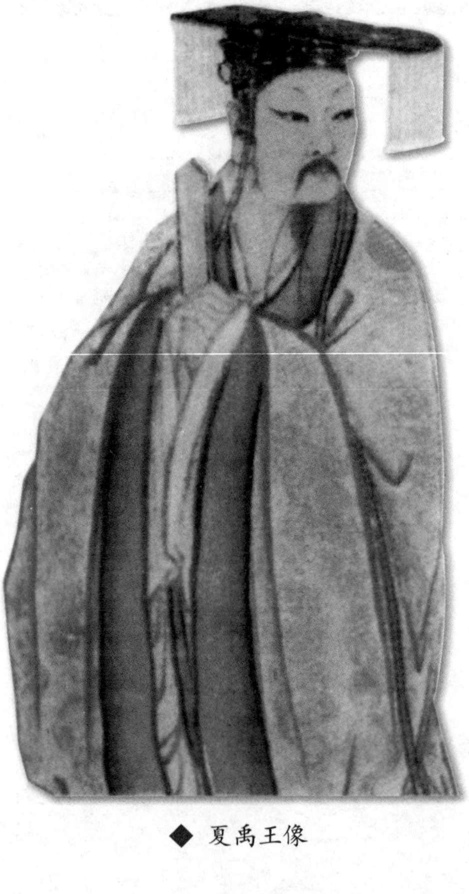

◆ 夏禹王像

奇怪的是，人们一直没有找到这块石碑。据记载，早在唐代德宗时期，著名文学家韩愈、刘禹锡等就听说过衡山有禹王碑的事。由此可见，最迟在唐代德宗以前，禹王碑就早已竖立在衡山上了。

直到南宋宁宗嘉定五年(1212年)，有一个名叫何致的人游览衡山，在樵夫的指引

◆ 禹王碑

下，终于找到了这块禹王碑。他照原样拓描下来，回到长沙，摹刻了一块碑竖立于岳麓山。从此，岣嵝峰的禹王碑名扬四海。据描述，碑面宽110厘米，高184厘米，共77字，每字径约17厘米。据学者研究，这篇碑文既不同于甲骨钟鼎文，也不同于籀文蝌蚪文，很难辨认，杨慎释文也只是一说，难做定论。

有些人根据神话传说猜测：禹王碑正面所刻77个奇字就是大禹记述的有关治水方略的内容。但传说毕竟是传说，要揭开石碑的真正面目还要依靠科学。据明代学者杨慎等对禹王碑的考译，全文77字，有两层意思，一是舜命禹去治水；二是禹治水历尽千辛万苦，累弯了腰，长年泡于水中，连汗毛也掉了，最后治平了九州洪水。还有其他学者考证过，结果大同小异。

许多学者认为，一个人有天大的本事，也不可能创造如此复杂的汉字。目前史学界、书法界普遍同意一种观点：汉字是远古时代的先民们在长期的生产、生活实践中，逐渐积累，几经约定俗成后，为人们共同认识、使用而创制的。但禹王碑上的字形为何如此奇怪，既不像大篆，更不像小篆，也没有一点甲骨文的痕迹，恐怕仅凭这些文字是考证不出其内容的。

禹王碑至今仍是一个无法彻底揭晓的谜，它涉及远古历史及古文字发展问题，只有等待哪一天像甲骨文一样被大量发现，才有可能通过相互对照来解读。

延伸阅读

三过家门而不入

大禹在治水的十三年中，曾经有三次路过自己的家门口，但都没有进去看一看。

第一次带人修渠路过自己的家门口，他的儿子刚刚出生，正在呱呱啼哭。他多么想进去看看妻子和刚出生不久的孩子啊！可又一想，前边还有许多事等着他去办，就转过身，头也不回地离开了。

大禹第二次路过家门时，妻子抱在怀里的儿子已经会说话了。妻子看到他一副疲惫的样子，心疼地让他回家休息休息，央求说："你只留半天行吗？你看，你的衣服也该补一补，草鞋也该换一双了。"大禹没有答应，用带有歉意的口吻说："洪水势大，我是不能留下的！"便又追赶队伍去了。

大禹第三次经过家门口的时候，已经十多岁的儿子使劲把他往家里拉，边拉边叫他母亲过来接父亲。大禹深情地摸摸儿子的头，叫儿子告诉母亲，治水的大业完成，一定回家来陪伴他们，又匆匆地离开了。

大禹三过家门而不入的事传遍了各地，感动了跟随他治水的民众，大家齐心协力，最终制服了水患。

长沙楚墓帛画谜团

1949年春天，湖南长沙市东南郊陈家大山楚墓出土了一幅帛画，它作于距今约2200—2300年，是目前世界上发现的年代最早的帛画之一。

长沙楚墓帛画高约28厘米，宽约20厘米，画面中部偏右下方绘一侧身伫立的妇女，侧立向左，头后挽有一垂髻，并顶有冠饰。身着卷云纹宽袖长袍，袍裾曳地，腰细而修长，两手合掌作祈祷状，神态虔敬，显得庄重肃穆。据考证，画中的仕女为墓主人形象，帛画无疑是葬仪中用以引导死者“灵魂升天”的铭旌。此画造型简洁生动，比例匀称。仅以墨线勾勒，用笔流畅，线条有力，顿挫曲折富于节奏的起伏变化。用色讲究，画面协调，用黑白组合，使画面具有一定的装饰趣味。在人物的唇和衣袖上，还可以看出施点过朱色的痕迹。

◆ 人物龙凤帛画　战国

在她的头部前方即画的中上部上方绘有一龙一凤，硕大的凤鸟头上昂，引颈张喙，双足一前一后，振翼奋爪，作腾踏迈进状，翅膀伸展，尾羽上翘至头部，动态似飞。形态夭矫，且富有极强的动势，似乎正向天空飞升。

画面左边自下而上绘着一只龙，足曲伸，体态扭曲向上升腾，势若扶摇直上。有人说这是一幅描绘墓中死者对得道升天的祝祷，更符合记载中楚人的丧葬习俗。在妇人之上绘的龙凤，寓示着死者随龙凤所引升天时的情形。腾空而起的龙、凤均有一种向上的动势，而下方的侧立人物则反映出一种跟随的特征。可以肯定这是一幅为死者祈天求佑的具有丰富含义的绘画作品。这幅帛画从

◆ 马王堆汉墓中的墓主画　西汉

用笔用线的描述、人物特征的描绘到图的构成，无不反映出我国古代绘画形、神独特的气质和丰富内涵。

早在20世纪50年代初，郭沫若就根据当时旧的人物龙凤图临摹版本进行过研究，先后在《人民文学》上发表过两篇文章，论述帛画在我国文化艺术史上的地位。由于长期埋葬在地下，帛画出土的时候显得比较灰暗，几乎难于辨认。左侧龙足处破损，只见右侧一足。郭老认为妇人左上方的一兽一禽为夔和凤，并把帛画定名为《人物夔凤帛画》。夔是古代传说中恶的象征物，故而将这幅画的含义释为善恶之争，恭立的妇女则是祈祷善灵的胜利。画中妇人的身份，郭老未作更明确的考证。

20世纪80年代以来，通过对原画的重新鉴定，加上另外一些年代相近的帛画相继出土，不少专家学者多次撰文对帛画的主题思想以及它的用途作出了迥异的研究结论。如《江汉论坛》1981年第一期发表的熊传新的《对照新旧摹本谈楚国人物龙凤帛画》一文，认为帛画的结构和布局有上、中、下三层，上层为天空，左上方的兽是我国古代神化了的龙，而不应该是夔。作者认为画中妇人即墓主人的画像。美术史家金维诺先生也支持这种看法，他在《从楚墓帛画看早期肖像的发展》中，认为这些画上的中心人物均为死者本人是可以肯定的，并认为此类帛画是我国肖像画的滥觞。

但是长沙楚墓帛画里的妇人究竟是谁？她的身份和地位究竟是什么？她的各种姿势确切的是要表达什么意思？这些还仍然是未解的谜，我们期待更进一步的考证和解读。

延伸阅读

马王堆汉墓的帛画

帛画是中国古代画种，因画在帛上而得名。帛是一种质地为白色的丝织品，在其上用笔墨和色彩描绘人物、走兽、飞鸟及神灵、异兽等形象的图画，约兴起于战国时期，至西汉发展到高峰。马王堆汉墓中就曾出土过几幅帛画，其中一幅长212厘米，宽94厘米，描绘了盛大的车马仪仗场面。左上方有两行人物，文武属吏簇拥着戴冠、着袍、佩剑的墓主向前行进，队列前有5层高台；左下方有100多人组成的方阵，阵中是正在鸣金击鼓的乐队；右上方有4列驷马车骑；右下方有14纵列共100余个骑从，画中所有的人物、车马都面向墓主人方向。有人认为描绘的是誓社、耕祠场面，也有人根据所绘的大都是武卒、车骑，认为描绘的是接受身为军事将领的墓主检阅的仪仗。

越王勾践剑为何在楚墓中出土

越王勾践剑是一把锋利无比的宝剑，这把青铜宝剑穿越了两千多年的历史长河，但剑身丝毫不见锈斑，而且光洁如新，被誉为“天下第一剑”。

举世闻名的越王勾践青铜剑，1965年12月在湖北省江陵望山的一座楚国贵族墓中出土，全长55.6厘米。越王勾践剑虽然已深埋地下2300多年，但至今仍光洁如新，寒气逼人，锋利无比，曾试之以纸，二十余层一划而破。然而，越王勾践剑如何到了楚墓中，这个谜底至今没有揭开。

◆ 越王勾践剑

一种说法是，这座楚墓的墓主人邵滑，是楚怀王时的大贵族，楚怀王曾派他离间越国内部，制造越国内部矛盾。邵滑到越，诱使越国内乱，而楚怀王乘乱之机亡越。邵滑是灭越的大功臣，楚怀王把从越国掠夺回来的越王勾践剑作为战利品赏赐给了他。邵滑死后，将这把弛名天下的宝剑殉葬，以显赫他生前的功绩。

还有一种观点认为，从墓中出土的竹简显示，墓主人很可能是楚怀王时的大贵族邵滑，而越王勾践剑是作为陪嫁品流入楚国的。根据相关史书记载，楚、越两国的关系自越王允常时期开始就很亲密，两国曾一度互为盟友，楚昭王还曾娶越王勾践的女儿为妃，生下了楚惠王。因此勾践这把珍贵的青铜剑有可能是作为女儿出嫁时的陪嫁品流入楚国的，楚王后来又把这柄剑赐给了邵滑。邵滑死后，这柄剑就殉葬于墓中。

对于越王勾践剑为何出现在一座楚墓中，史籍中未见任何记载。单就这把历千年而不锈的宝剑来说，其本身就是一个谜团。一般认为，越王勾践剑千年不锈的原因大概有以下三点：

◆ 越王勾践剑铭文

一是作为青铜剑的主要成分铜，是一种不活泼的金属，在日常条件下一般不容易发生锈蚀。二是墓葬深埋在数米的地下，一椁两棺，层层相套，椁室四周用一种质地细密的白色黏土（考古学界称之为“白膏泥”）填塞，其下部采用的还是经过人工淘洗过的白膏泥，致密性更好。加上墓坑上部经过夯实的填土等原因，使该墓的墓室几乎成了一个密闭的空间，这么多的密封层基本上隔绝了墓室与外界之间的空气交换。在完全隔绝氧气的条件下，即使在中性或微酸性的水中，钢铁都不会生锈。第三个原因是这座楚墓处在现代荆州附近的漳河二干渠上，地下水位较高。该墓的墓室曾经长期被地下水浸泡，地下水酸碱性不大，基本上为中性，这从该墓出土的大量精美的漆木器保存情况较好而得到证实。地下水浸泡后，墓室内空气的含量更少。

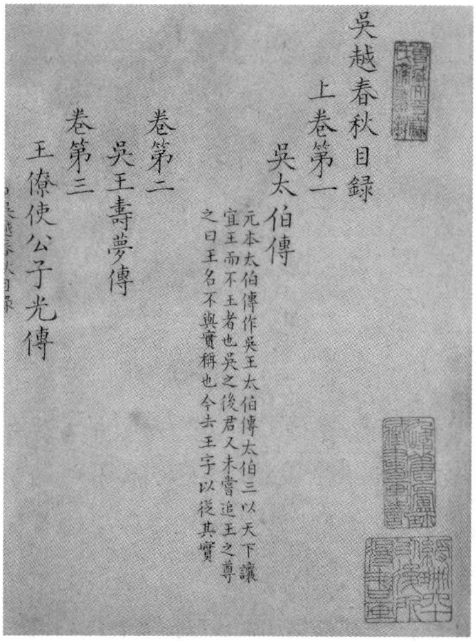
吳越春秋目録
上卷第一
吳太伯傳
元本太伯傳作吳王太伯傳太伯三以天下讓宜王而不王者也吳之後君又未嘗追王之尊之曰王名不與實稱也今去王字以從其實
卷第二
吳王壽夢傳
卷第三
王僚使公子光傳

◆ 《吴越春秋》书影

延伸阅读

“卧薪尝胆”的典故

吴王夫差率军大败越军后要求勾践去吴国做人质。勾践带着夫人到了吴国，夫差让他们夫妇俩住在阖闾的大坟旁边一间石屋里，叫勾践给他喂马，范蠡跟着做奴仆的工作。夫差每次坐车出去，勾践都给他拉马。这样过了两年，夫差认为勾践真心归顺了他，就放勾践回国了。

勾践回到越国后，立志报仇雪耻。他唯恐眼前的安逸消磨了志气，在吃饭的地方挂上一个苦胆，每逢吃饭的时候，就先尝一尝苦味，还问自己：“你忘了会稽的耻辱吗？”他还把席子撤去，用柴草当作褥子。这就是后来为人传诵的“卧薪尝胆”。

传国玉玺流落何方

“传国玉玺”是秦以后历代帝王相传之印玺，是奉秦始皇之命所镌。中国历代的统治者都十分重视玉玺的征信作用，将其作为国家的象征物和皇帝治理天下的凭证。

传国玉玺方圆四寸，上纽交五龙，正面刻有李斯所书“受命于天，既寿永昌”八个篆字，以作为“皇权神授、正统合法”之信物。秦以后，历代帝王皆以得此玺为符应，奉若奇珍，为国之重器。得之则象征其“受命于天”，失之则表现其“气数已尽”。凡登大位而无此玺者，则被讥为“白版皇帝”，显得底气不足而为世人所轻蔑。由此便促使欲谋大宝之辈你争我夺，致使传国玉玺屡易其主，辗转于神州赤县凡二千余年。然终于销声匿迹，至今杳无踪影，令人扼腕叹息。

“传国玉玺”传说原为“和氏之璧”。秦王政十九年（前228年），秦破赵，得和氏璧。旋天下一统，赵政称“始皇帝”，命李斯篆书“受命于天，既寿永昌”八字，咸阳玉工王孙寿将和氏之璧精研细磨，雕琢为玺。传国玉玺乃成。据传，秦王政二十八年，秦始皇乘龙舟过洞庭湖，风浪骤起，龙舟将倾，秦始皇慌忙将传国玉玺抛入湖中，祈求神灵镇浪。玉玺由此失落。八年后，有人又将此传国玺奉上。从此，其随江山易主凡不下十数次，尽尝坎坷流离之痛楚。

秦子婴元年冬，沛公刘邦军灞上，子婴跪捧玉玺献于咸阳道左，秦亡。传国玺得归刘汉。到了西汉末年，外戚王莽篡权，当时的皇帝刘婴才两岁，玉玺藏在长乐宫太后处。王莽遣其弟王舜来索，太后把玉玺摔在地上，摔掉一角。王莽令工匠以黄金补之。及莽兵败被杀，禁卫军校尉公宾得传国玉玺献于更始帝刘玄，后辗转得于汉光武帝刘秀之手。至东汉末年，宦官专权。灵帝熹平六年，袁绍入宫诛杀宦官，

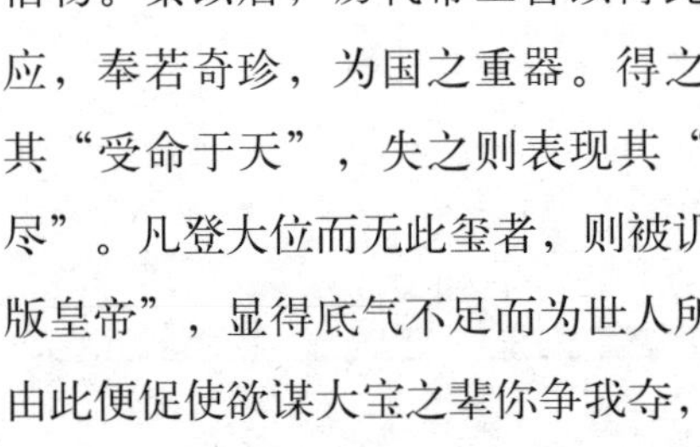

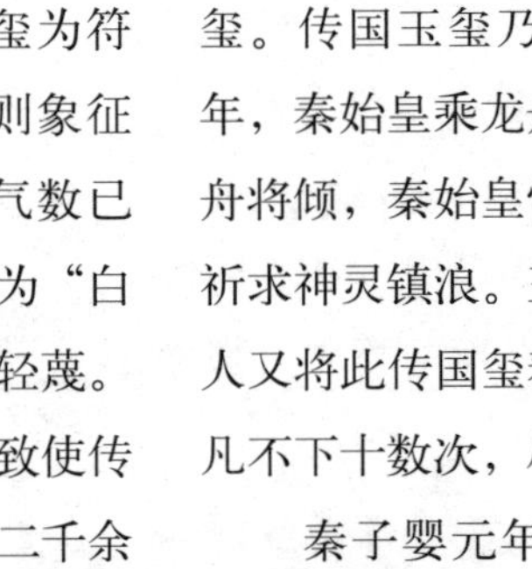

◆ 受命于天既寿永昌玺

◆ 闯王玉玺

段珪携帝出逃，玉玺失踪。

献帝时，孙坚讨伐董卓，在洛阳南甄官井中找到了这枚传国玉玺。后被袁术夺去。袁术死后，荆州刺史徐璆携玺至许昌，时曹操挟献帝而令诸侯，至此，传国玉玺得重归汉室。

从这以后一直到唐代，随着政局的动荡和少数民族的南下，传国玉玺不断易主。唐高祖李渊得到传国玉玺后，把“玺”改称为“宝”。

唐末，天下大乱，群雄四起。唐天佑四年（907年），朱全忠废唐哀帝，夺传国玺，建后梁。十六年后，李存勗灭后梁，建后唐，传国玺转归后唐。又十三年后，石敬塘引契丹军至洛阳，末帝李从珂怀抱传国玺登玄武楼自焚，传国玉玺就此失踪。

不过，有关发现传国玉玺的记载却不绝于书。如北宋绍圣三年（1096年），咸阳段义在河南乡挖地基盖房时，竟挖出一“背螭纽五盘”的玉印。经十多名翰林学士鉴定，为“真秦制传国玺”。清朝初期，据说宫中藏有一枚刻着“受命于天既寿永昌”的玉玺。可是，这枚被当时人称为传国玺的玉玺却遭到乾隆皇帝的冷落。皇帝都认为是假的，看来这枚所谓的传国玉玺也是伪造出来的，并不是真正的国宝。

由是，历经两千余年风风雨雨、扑朔迷离，“传国玉玺”数隐数现，最终湮没于历史的漫漫长河之中。那么，真正的传国玺流落何方呢?直到现在也没有发掘出来。

延伸阅读

真假玉玺

由于历代统治者极力宣扬获得传国玺是“天命所归”“祥瑞之兆”，自宋代起，真假传国玺屡经发现。如宋绍圣三年（1096年），咸阳人段义称修房舍时从地下掘得的“色绿如蓝，温润而泽”“背螭钮五盘”的玉印，经翰林学士蔡京等13名官员“考证”，认定是“真秦制传国玺”的玉印。然而，据后世人考证，这是蔡京等人为欺骗皇帝而玩的把戏。明弘治十三年（1500年），户县毛志学在泥河里得玉玺，由陕西巡抚熊羽中呈献孝宗皇帝。相传元末由元顺帝带入沙漠的传国玺，曾被后金太宗皇太极访得，皇太极因而改国号“金”为“清”。但清初故宫藏玉玺39方，其中被称为传国玺者，却被乾隆皇帝看作赝品，可见传国玺的真真假假实难确定。

法门寺佛骨舍利之谜

佛陀舍利是指佛陀火化后的遗物，其骨舍利，其色白；发舍利，其色黑；肉舍利，其色赤。因为遗教不灭，并具有灵验性，佛陀舍利就成为佛门传世的圣物。

法门寺位于陕西省宝鸡市扶风县城北10公里处的法门镇，始建于东汉末年桓灵年间，距今约有1700多年历史，有“关中塔庙始祖”之称。史籍中记载着法门寺塔下有地宫，里面埋有释迦牟尼指骨舍利和无数珍宝，但千年来，这个记载更像一个传说，让后人无从断定真伪。1987年，随着法门寺地宫大门的轰然洞开，佛真骨露出了隐秘千年的真容，虚无缥缈的神话一下子变成了现实。

◆ 法门寺地宫发掘现场

1981年8月，陕西关中突降暴雨。法门寺塔西南半部在暴雨中轰然倒塌，但另一半塔仍屹然耸立，成为一大奇观。1987年，当人们为了重修佛塔而发掘地宫时，沉睡了千年的一件件唐代珍宝终于重见天日。其中最令人惊叹的，就是数位大唐皇帝六次迎请，随后在地宫中密藏了1113年的佛祖释迦牟尼真身舍利。

那么究竟是什么人、在什么时候，从遥远的印度把佛指舍利迎请到中国的？又为什么要藏在法门寺？数千年来，史料典籍对此并无明确的记载。这一直是个千古之谜。

大唐皇帝姓李，自称是道教祖师老子的后人，所以一开始，唐朝皇帝对佛教并不推崇。到唐太宗时期，太宗皇帝顺应民间逐渐升温的尊佛，以一种对外来文化吸收的态度，“示存异方之教”。而唐太宗与法门寺的渊源，开始于他在贞观五年（631年）

◆ 佛指舍利

“敕令开示佛舍利”。这是大唐皇帝第一次将法门寺所藏的佛舍利示人。

随后，唐高宗李治在显庆四年（659年）首次以皇帝身份开启地宫迎请佛指骨舍利到长安、洛阳供养长达两年。等到送舍利回地宫时，皇后武则天出主意，以天子之仪的九重金棺银椁瘗藏，可谓尊崇至极，无以复加。武则天即位后，改国号为“周”，自称“圣神皇帝”。公元704年，82岁的武则天再次迎奉佛指骨舍利供奉。

可是，第二年，武则天就死了。唐中宗李显复位后，公元708年，他割下自己以及皇后、子弟等7人的头发“下发入塔”，供养舍利。要知道，自古“身体发肤受之父母，不可稍有损伤”，下发供养就是以身供养。唐皇室尊奉佛指骨舍利愈演愈烈。

其后，除了唐玄宗李隆基对道教情有独钟，“满三十年未启塔迎奉”外，唐肃宗李亨、唐德宗李适、唐宪宗李纯、唐懿宗李漼在一百多年间，又四次迎奉佛指骨舍利。咸通十五年（874年），唐僖宗李儇送佛指骨舍利回法门寺地宫。佛指骨舍利由此密藏于地下1113年。

1987年佛指舍利重见天日。法门寺共出土了四枚佛指舍利，其中有一枚佛骨呈乳黄色，白色霖点附在佛骨之上，并有一细细的裂纹。这一枚为佛的真身“灵骨”，其余三枚为玉质，为佛的“影骨”。

法门寺佛骨舍利的出土解开了历史上的一个谜团，使虚无缥缈的神话一下子变为现实。但佛真身舍利是如何传到中国的，又是因为什么原因落足法门寺，这些还都是待解之谜。

延伸阅读

唐代把对舍利的崇拜推向极致

把中国佛教的舍利崇拜推向极致的是唐代的诸位皇帝。唐王朝从高祖李渊起共历22代，其中真正临朝执政者，除武宗李炎排斥佛教，多为崇信佛教之君。唐代诸位皇帝曾七迎佛骨，仪式隆重，场面宏大，供奉珍宝数量众多，都是空前绝后的，这就是为什么法门寺除出土佛真身舍利外，还出土了大量珍贵的文物，那些都是历代皇帝虔诚地供奉给佛祖的礼物。唐宪宗时期，当时任刑部侍郎的大文学家韩愈看到人们狂热的崇佛行为，认为那是铺张浪费、伤风败俗，留下了千古名篇《谏迎佛骨表》。

银雀山汉简的主人是谁

1972年在山东临沂银雀山西汉一号墓和二号墓中，发掘出土了以《孙子兵法》和《孙膑兵法》竹简书为主要内容的先秦古籍，震动国内外，被誉为“中国当代十大考古发现”之一。

山东省东南部的临沂市历史悠久，文化灿烂。市区东南有两座山岗，相传古代两地均遍布一种灌木。此木春夏之交鲜花盛开，花形似云雀，东岗为黄色，西岗为白色，故得名为“金雀山”和“银雀山”。现两岗已被定为省级重点文物保护单位。自1970年以来先后发掘墓葬百余座，出土了大批珍贵文物，在银雀山西南麓建成了我国第一座汉墓竹简博物馆。

银雀山汉简数量之多、保存之好令人惊奇，不禁让人产生疑问：墓主人是什么身份？为何藏下这么一大批并不容易存放的竹简？

◆ 银雀山汉墓

有人说，墓主人一定是个将军。因为发现的竹简都是兵书，其中还有失传已久的、人们不断争论是否曾有过的《孙膑兵法》。秦始皇焚书，使得先秦文献付之一炬，后世人们只能不断寻求散落在民间的文献，每一次发现都激动人心。《孙膑兵法》在其他文献中都有相关介绍，可是却一直没有找到原文，人们都开始怀疑其真实性，直到1972年，现代人方有幸看到这部书。特别是《孙子兵法》和《孙膑兵法》同墓出土，失传了近两千年的《孙膑兵法》重见天日，解决了历史上关于孙武与孙膑其人其书的千古论争。由于《孙膑兵法》的失传，致使孙武与孙膑、《孙子兵法》与《孙膑兵法》的关系混淆不清。后人或说《孙子兵法》源出于孙武，完成于传人；或说《孙子兵法》是孙武和孙膑两人所为；再者认为孙武即孙膑，两者是一个人。竹简兵书的出土，证实了孙武仕于吴，孙膑仕于齐，分别是春秋和战国人，孙膑乃孙武之后世子孙，二人各有兵法传世。

银雀山汉简兵书的内容，除了鼎鼎大

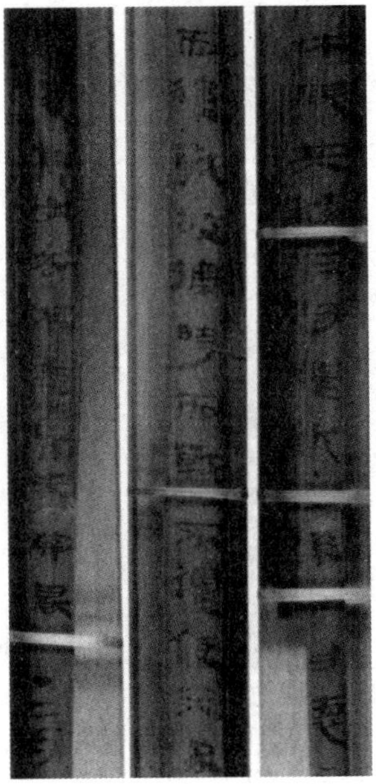

◆ 《孙膑兵法》竹简

名的《孙子兵法》《孙膑兵法》外，还有《为国之过》《务过》《地典》《善者》《五名五恭》《起师》《奇正》《将义》《六韬》《尉缭子》《守法守令》等篇；论兵的篇章有《将败》《将失》《十问》《略甲》《兵之恒失》《观法》《程兵》《将德》《将过》《曲将之法》《五度九夺》《积疏》《选卒》《十阵》等，可以说就是个古代军事文献博物馆，如果其墓主人不是从军的将军，又如何会专门收集如此多的兵书？其次，有能力收藏如此多的文献，这个人肯定具有比较高的地位，有财力去收藏，所以猜测墓主是个将军是有道理的。

另一种说法认为墓主可能只是个普通人而已。墓地留下的材料除了一批珍贵的古书外，实在太少了，我们几乎看不到作为将军应有的富丽、奢侈的随葬品，而且连兵器等随葬物品也没有发现。所以，有人就认为，墓主人是个藏书家。从汉简上书写的字体可以推断，藏书时间可能是汉初，而且说是秦末也未尝不可。这段时间社会动乱，民生凋敝，几乎没有人会去特意藏书。从随葬品看，汉墓主人又没有什么显赫的身份，与大批藏书不符。那为何墓主又有众多书简呢，有可能是其祖上传下的，为免于被战火烧毁，于是埋入地下。据考，竹简可能比墓主更早就放置墓中了。

银雀山是我国先秦典籍的博物馆，虽然保存这份珍贵材料的人不知是谁，但我们仍然感谢他的馈赠。

延伸阅读

《孙子兵法》对中国及世界的影响

《孙子兵法》是中国古典军事文化遗产中的璀璨瑰宝，是中国优秀文化传统的重要组成部分，其内容博大精深，思想、逻辑缜密严谨。它大约成书于春秋末年，作者为春秋时期伟大军事家孙武。该书自问世以来，对中国古代军事学的发展产生了巨大而深远的影响，被人们尊奉为“兵经”“百世谈兵之祖”。历代兵学家、军事家无不从中汲取养料，用于指导战争实践和发展军事理论。三国时著名的政治家、军事家曹操第一个为《孙子兵法》作了系统的注解，为后人研究运用《孙子兵法》打开了方便之门。《孙子兵法》不仅是中国的谋略宝库，在世界上也久负盛名。8世纪传入日本，18世纪传入欧洲。现已被翻译成29种文字，在世界上广为流传。英国著名军事理论家利德尔向人透露，他的军事著作中所阐述的观点，其实在2500年前的《孙子兵法》中就可以找到。他也确实对孙武及其著作深感兴趣，不仅为《孙子兵法》英译本作序，还在自己的得意之作《战略论》前面大段引述孙武的格言。

汉委奴国王印是真的吗

中、日两国作为一衣带水的邻邦，何时往来至今尚无定论，一颗“汉委奴国王”金印的出土曾经引起日本轰动，人们据此认为在汉代的时候，中国与日本即有交往。

1784年的一天，在日本北九州地区博多湾志贺岛，两位佃农在耕地时发现了一枚刻有“汉委奴国王”五个字的金印。金印为纯金铸成，长宽各2.3厘米，印台高约0.9厘米，台上附蛇形纽，通体高约2.2厘米。金印出土以后辗转百年，直至1979年一个家族的后人把它捐献给了福冈市博物馆。这一发现震惊中日两国，因为如果是真的，它将证明中日远在汉代就有密切交流。而这对日本的意义更大，因为当时日本是相当落后的荒蛮之地，社会还处于奴隶制早期，他们的历史还没有专门的史官记录，几乎不可考。这次发现可以说明他们在很早的时候就有能力出海到达大汉国。

◆ 汉委奴国王印

因为在《后汉书•光武帝本纪》和《后汉书•东夷传》中，记有汉光武帝“建武中元二年（公元57年）倭奴国奉贡朝贺，使人自称大夫，光武赐以印绶”，这一枚金印作为中日两国最早交往的证明，成了日本国宝。但是，一直以来日本的中国史专家对此存有疑惑。他们首先怀疑的是这枚金印的真伪。在金印发现的那个时代，已经有伪造这一枚小小金印的技术，因此，金印到底是不是中国之物让人怀疑，或者这印章本就是时人为了某种目的而故意伪造的。

也有人认为此印应为东汉光武帝所赐之印，即真印说。史书记载有此事应该不假。在1956年，云南一座滇王墓中出土的一枚金印“滇王之印”让“汉委奴国王”有了一名“兄弟”，仿佛佐证了这枚金印的真实性。

西汉时，夜郎古国及滇国均为西南夷中的强国，汉武帝为打通通向西域的商路，派使臣去滇国。滇王臣服汉室，汉武帝赐其“滇王之印”。这个金印亦为纯金铸成，印体方形，长宽各2.3厘米，高2.2厘米，蛇纽，阴刻篆体字。除上刻“滇王之印”四字与日本出土的“汉委奴国王”不同外，其它无论从外观、尺寸、字体形状以及质地等均同于日本的那一枚。

◆ 玉印　西汉

对于这枚“汉委奴国王”印，有人认为是日本人自己所刻，即假印说；还有人认为是日本人仿刻，即伪印说。这些看法，起始之因就在金印上所刻的是“委”而不是“倭”字。据《三国志·魏志·倭人传》对倭奴国的记载：“旧百余国，汉朝有朝见者，今使译所通30国。”这就是说，日本有100余个部落国，到三国时，已逐步合并为三十国，由邪马台国女王卑弥呼统治。据日本学者考证，这个“倭奴国”应读为“倭”的“奴国”，它就是《魏志·倭人传》所述女王治下约三十国之一的“奴国”，位于今九州福冈市附近。那么，为何印章上却是“委”字？而且要说明当时日本使者是否来过中国还要有更多的证据，不能仅凭史书上的一句话和一枚难辨真伪的印章。

目前，由这枚金印引起的争论仍在继续。

延伸阅读

广陵王玺

“文革”期间，江苏扬州市的汉墓附近又出土了一颗金印，这就是“广陵王玺”。“广陵王玺”与“汉委奴国王”金印形制相似，字体以及文字的雕刻法与“汉委奴国王”金印几乎同出一辙。稍微有点不同的是“汉委奴国王”印是蛇纽，而广陵王玺是龟纽，不过，两印的高度、边长和重量都差不多。因为玄武神就是一条蛇缠绕着龟，人们推测这两颗金印有亲戚关系。

两枚金印的出土大大增加了“汉委奴国王”印的真实度。因为经专家考证，汉制赐给太子及诸侯王的金印，一般是龟纽，赐给臣服国国王的印纽则多用蛇、骆驼等造型。

乾陵石像为何没有脑袋

乾陵是唐王朝第三代皇帝高宗李治和中国历史上唯一的女皇帝武则天的合葬陵，位于咸阳市区向西北方五十公里处的一座石山。陵前的石雕群像是现存唐代陵墓中规模最大的石刻群，组合形制自乾陵始为唐陵石刻定制。

乾陵的陵园南向，分内城和外城，石刻群有内城四门石狮各一对、北门立马六对（今存一对）。“神路”排列的石刻计：华表一对、翼马一对、鸵鸟一对、石马和马夫五对、石人十对、无字碑与述圣记碑各一、六十一宾王像，均采用形体浑厚、庄重，轮廓方整的形式，运用圆雕、浮雕、线雕的综合技法制作，以突出其纪念意义。翼马继承了南朝石刻辟邪的特点；蹲狮侧面轮廓线呈三角形，突出雄伟的气势；持剑石人像头戴皮弁，身穿宽袖长袍，直立的形体相似而面部特征各异，应是宿卫宫殿的直合将军；六十一宾王像表现的是参加唐高宗葬礼的六十一个国家和地区的使者，也是形象记录唐代中外友好往来的珍贵史料。

◆ 乾陵石像

陵园内城朱雀门外司马道两侧沿主轴线列置了许多精美绝伦的大型石刻群，东边有石像29尊，西边有32尊，每尊石像都与真人一样大小，看打扮好像是来自异域他邦的外国使臣，成为盛唐社会蓬勃发展的真

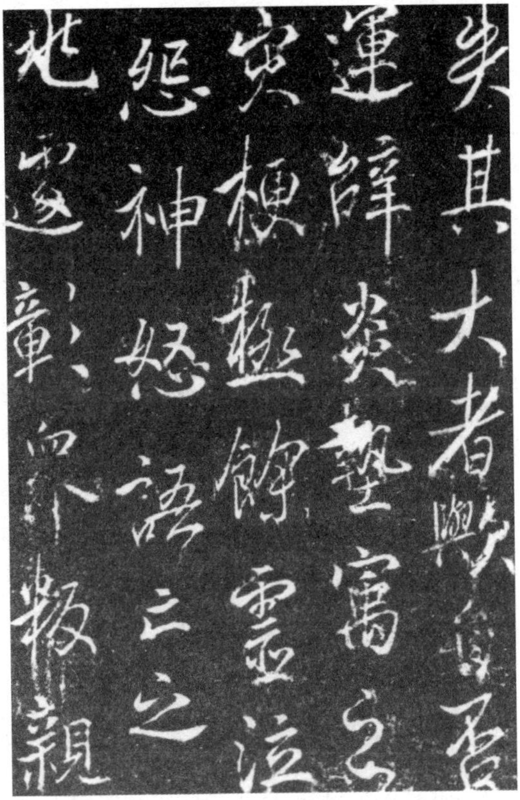

◆ 唐高宗书《大唐记功颂》

实写照，让人感受到它所体现的盛唐时代精神。可令人百思不得其解的是，这些石像的头颅全部不翼而飞。那么，为什么石像上的头部神秘失踪了呢？对于这个谜题，人们是仁者见仁，智者见智。

有的人认为，这是八国联军所为。他们看见这么多外国使臣竟然这么恭恭敬敬地守立在中国皇帝面前，感到是奇耻大辱，于是把石像头部都砸了个稀巴烂。可是史书上并没有提到过八国联军来过这里。

还有人根据文献记载，认为在明朝末年，乾县大面积流行一种可怕的瘟疫，死者不计其数。老百姓中普遍有一种看法，认为是乾陵中的这些外国使臣和洋人在作怪，只有让他们的脑袋搬家，才能拯救整个县。于是大家就商量着把所有石像的头都敲碎了。

在明朝人李梦阳笔下还有这样一个故事，说乾陵的石人在太阳落山后都纷纷变成妖怪为害人间，在村里践田地，吃猪牛，无恶不作。老百姓气不过，抡起锄头把石像头都给砸了。

当然，传说并不足信。可是，乾陵石像为何好端端地都没有了头？那些石像的头到底哪里去了？这个谜底至今也未揭开。

延伸阅读

武则天与牡丹花的故事

作为女皇的武则天，是一个铁腕人物，给人留下了女中须眉的印象。然而作为女人，她也有情意缠绵、柔情若水的一面。武则天曾做过一首《腊日宣诏幸上苑》，诗云：

明朝游上苑，火急报春知。
花须连夜发，莫待晓风吹。

这首诗后来流传为一个故事，说武则天于某年冬游上苑，令花神催开百花，花神奉旨，百花齐放，唯牡丹傲骨，独不奉诏。武氏大怒，贬之洛阳，“故今言牡丹者，以西洛为冠首”。此诗写于691年，是武则天建立“武周”的第二年，《全唐诗》于此诗题解云：“天授二年，腊，卿相欲诈称花发，请幸上苑，有所谋也，许之。寻疑有异图，乃遣使宣诏云云。于是，凌晨名花布苑。群臣咸服其异。后托术以移唐祚。此皆妖妄，不足信也。”所谓令花神催开百花，乃出于政治宣传的需要，实是事先有所布置。

武则天无字碑之谜

乾陵是唐高宗李治和武则天的合葬陵，陵前并立着两块巨大的石碑，西侧的一块叫“述圣碑”，东侧的就是武则天的无字碑。

据有关史书记载，唐高宗死后，乾陵的选址、设计以及营建，都是在武则天直接指导下进行的。作为乾陵地面的主要大型石雕——无字碑也很有可能是当时树立的。又从无字碑与述圣纪碑相互对应来看，很可能两碑是同时树起的。由此看来，无字碑无疑是武则天树立的。这块武则天精心设计并树立的无字碑，在整个乾陵陵园的石雕中，不仅因处于显著位置而引入注目，而且以其精湛的雕刻艺术，独特的丰姿韵味，以及种种富于传奇色彩的传说故事而倍受青睐，名播八方。

有人说这块“无字碑”是武则天预先为自己准备的“功德碑”。奇怪的是，这块碑上竟未刻一字。“无字碑”为何无字，也就成为多年来人们猜测、探究却莫衷一是的“千古之谜”。

夸耀自己

武则天从公元655年做皇后时开始参政，到705年被迫退位，前后参与和掌握最高权力达五十年之久。如果从唐高宗死时开始算起，掌权也有二十一年之久。她是中国历史上唯一的、杰出的女皇帝。武则天是一个富有政治才干和理想的人，在她统治期间做过许多对百姓有利的事，稳固和发展了“贞观之治”，将历史推进一大步，并对后来“开元之治”起到了承前启后的作用。因此，有人认为武则天立“无字碑”是用以夸耀自己，表示功高德大非文字所能表达。

自知罪孽深重

还有人说武则天立“无字碑”是因为自知罪孽重大，认为不写碑文为好。武则天

◆ 无字碑

先以阿谀奉迎的手段从地位较低的“才人”，爬到掌握大权的皇后，最后窃居皇位。后又培养党羽、建立宫廷奸党集团，并打着李唐“朝廷”的旗号，消灭异己，并任用酷吏，实行告密和滥刑的恐怖政策。唐初社会经济发展呈马鞍形，而武则天当政时处于最低处。在其当政期间，曾失掉了安西四镇，危害了国家的统一。因此，武则天无法为自己立传，而只能以“无字碑”来为后世定基调。

◆ 无字碑的介绍文字

让后人评说

也有人认为，武则天很有自知之明，立“无字碑”是聪明之举，功过是非让后人去评论，这是最好的办法。武则天有可以肯定的地方，也有应该否定的地方。在她执政期间，贞观以来经济发展的趋势，仍在继续；在处理唐高宗去世前后的复杂局面中，她表现出了不凡的政治才能；就“纳谏”和“用人”这两点，就让许多具有封建正统思想的人士赞叹不已。但是，武则天的消极面也十分突出。为了巩固个人的地位，她任用“酷吏”，曾滥杀无辜，崇信佛教，奢侈浪费。特别是统治后期，朝廷政治日趋腐败，形成一批为武则天所纵容支持的新的特权贵族。她知道对自己的一生，人们会有各种各样的评价，碑文写好写坏都是难事，因此决定立“无字碑”，由后人去评价。

还有一种可能，就是已经刻上了文字，但又被唐玄宗令人磨去，目的是为了彻底消除武周给李唐带来的耻辱。

但这些说法都是人们的猜测而已，并没有事实依据。事实究竟如何，已经无从考证了。

延伸阅读

“武曌”“武则天”名字的由来

武氏名称“曌”，起于她称帝前夕，并非原名。这个字是她的堂外甥，凤阁侍郎宗秦客所献的12个新字中的第一个字。这个“曌”字，尽管意思与“照”字相同，但结构特殊，能使人联想到日月当空、光芒万丈这一磅礴景象，这也可能是武则天独钟情于它，并选做自己名字的主要原因。“则天”二字是后世对她的称谓。既因武则天当年是在则天门上宣布改唐为周的，又因“则天”二字有“效法于天帝法则”的含义。到唐开元九年(721年)，在编撰《则天实录》一书时，特用“则天”二字，来称呼这位既是皇后又当过皇帝的非凡女性。这是武则天这个特殊名字最早的出现。而“武则天”这一名称，则是在后世之人对她的评价逐渐升高以后才随之流行的。

丹丹乌里克千年古画传奇

丹丹乌里克位于新疆维吾尔自治区和田东北部塔克拉玛干沙漠深处，玉龙喀什河畔。其遗址散落在低矮的沙丘之间，一群群古老的建筑物在沙漠中半露半掩着，残垣断壁随处可见，呜咽的风沙似乎在向人们诉说着昔日的辉煌。

在丹丹乌里克的寺庙中有一处汉僧寺院——护国寺。寺庙装饰着与大乘佛教有关的雕塑与壁画，人物造形主要有佛、菩萨等，还有其他表示佛教故事的壁画。

唐代高僧玄奘在《大唐西域记》中曾记下了自己去天竺取经途中的所见所闻，其中的奇闻轶事给我们留下了非常深刻的印象。不要认为这些故事是玄奘胡编乱造的，近代考古者已经发现了这些神话传说的实物证明，这就是沉寂了1000多年之久的丹丹乌里克的千年画图。

丹丹乌里克在唐代称“梁榭城”，属于当时的于阗国，是当时一个非常重要的佛教文化中心，印度文化源源不断地从外面注入，与当地文化和大唐文化相互融合，形成了自己的文化风格。

据《大唐西域记》记载：于阗国都城西郊有一座鼠壤坟，传说里面的老鼠个个大如刺猬，领头的是一浑身金银色的硕鼠。有一次，匈奴数十万大军进犯于阗，恰巧就驻扎在了鼠壤坟旁。于阗国只有数万兵力，哪里抵挡得住！于阗国王实在走投无路，想起了传说中的神鼠，于是抱着侥幸心理摆出供品，向神鼠祭拜了一番。晚上，国王果真梦见一巨鼠，建议他第二日出兵，并许诺说必助其一臂之力。第二天交战时，匈奴军的弓弦、马鞍、军服之类不知什么时候都被老鼠咬断了，这样一来就丧失了战斗力。于阗军队大获全胜。为了感谢神鼠，国王下令建造了神祠来供奉它。而木板画《神鼠图》就画

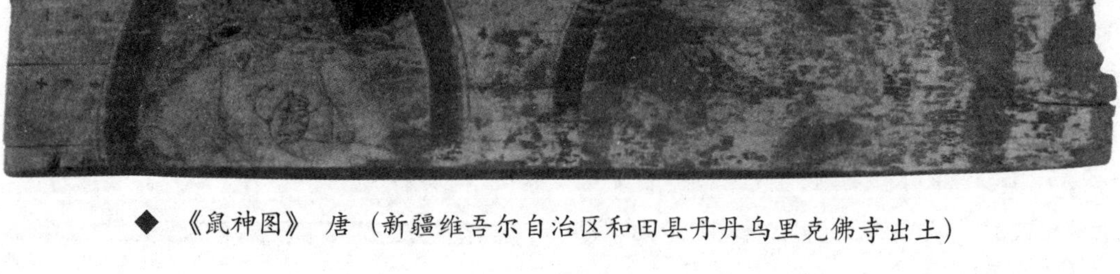

◆ 《鼠神图》 唐（新疆维吾尔自治区和田县丹丹乌里克佛寺出土）

◆《骑乘人物图》 北朝（新疆维吾尔自治区和田县丹丹乌里克出土）

着一个头戴王冠的鼠头人身像，在其身后还放射着椭圆形光环，威风凛凛地坐在两个侍从中间。这也许就是传说中的鼠王吧！

《大唐西域记》里有一则《龙女索夫》的记载。传说在于阗城东南有一条大河，原本浩浩荡荡，奔流不息，哺育着于阗国无数的农田。可不知怎么回事，河水有一次竟然断流了，这可把百姓们害苦了。听说这与河里的龙有关，国王于是在河边建了一座祠庙来祭祀，果真出现了一龙女，说她丈夫死了，以致如今无依无靠。要是国王能送她一个丈夫，水流就可以恢复。国王同意了，选了一个臣子，穿着白衣骑着白马跃入河中。从此，河里的水真的就再也没断流过。再来欣赏这幅被称为古代东方绘画艺术杰作的壁画《龙女图》，壁画的正中画着一名发髻梳得很高的裸女，佩戴着项圈、臂钏、手镯，身段婀娜多姿，亭亭玉立地站在莲花池中。左手抚乳右手置腹，欣喜而又羞涩地俯视着脚下的一个男童。这个男童则赤身裸体地用双手抱着裸女的腿，并仰视着她。根据古代佛教绘画神大人小的表达方法，可以看出，裸女应该就是龙女，而男童则是她的新夫。

实物和史料获得了惊人的统一，但也有学者提出异议。他们认为，绘画内容的解释应该从佛教故事中寻求，不能仅从世俗生活中搜寻。那么，在丹丹乌里克古画的内容究竟是不是《大唐西域记》中记载的内容呢？目前还没有学者能够说清。

知识小百科

什么是民间木版画

从历史看，民间木版画是相对于宫廷的、文人的和宗教的木版画而言的；从现实看，民间木版画则主要是区别于专业、专门木刻家的创作。当然，“民间”一词的内涵向来不十分确切，其外延也散乱不定。而木版画之“民间”的和“非民间”的，更是交糅在一起，有的简直难以分辨。这样，就需要视其艺术的倾向，看其主要的方面而定。如果从中国版画史的角度加以观察，便不难发现在研究上的偏倾；一提起古代的木刻，就是小说戏曲的“绣像”“全图”和文人所用的“笺纸”；一提起民间的木刻，就是“年画”。半个世纪以来，研究民间木刻者多以“年画”概称一切。当然，这都是中国木版画成就的一部分，不容忽视；然而在另一方面，却把大量的民间木版画乃至更为丰富的样式排除在研究之外。也只有对民间木版画作全面考察，才能看出中国木版画发展的全貌。

太平天国窖藏的珠宝在哪里

太平天国运动是一次反帝反封建的农民运动，是中国历史上规模最大、人数最多、时间最长的一次农民战争，是中国几千年来农民战争的最高水平。它沉重打击了中外反动势力，并对亚非人民的反殖民斗争起到了巨大的鼓舞作用，体现了时代新特点。

太平天国（1851—1864年）是中国清朝后期，由洪秀全所建立的政权，前身为1843年创立之“拜上帝会”。1851年成立太平天国，1853年建都天京（今江苏省南京市），曾占领长江中下游地区，至1864年天京陷落，存在了14年。太平军在全盛时期的兵力超过一百万人（包括女兵十余万人）。

◆ 洪秀全塑像

据说太平天国的天王府窖藏了大量的珠宝。1864年7月天京陷落时，湘军从天京的各个城门蜂拥而入，对整座天京城进行了三天三夜的搜查，其中天王府被湘军将领曾国荃和萧孚泗率先洗劫，府衙甚至民宅内的一切财物，连同几万名女俘，被一并掠去。但是，历来“洪逆之富，金银如海，百货充盈”的传闻，使他们远不以此为满足，他们认为一定还有更多的财宝被藏在某个未知的地方。

据说曾国荃抓到李秀成后，一直逼问他天京窖藏珠宝的下落，但最终还是一无所获。然而太平天国在天京藏有窖金却确有其事。虽然湘军纪律严明，规定“凡发掘贼馆窖金者，报官充公，违者治罪”，但天京被攻破后，仍有少量窖金被兵丁发现后私吞。在《能静居士日记》及《淞沪随笔》手抄本里都有相关的记载。然而，关于大宗窖金的下落则鲜有著述提及，给后人留下了一个疑团。

据一些当时流传的文本记载，南京从前有个叫蒋园的富丽堂皇的大花园，园主姓蒋，绰号“蒋驴子”。据说他本来只是一个

◆ 太平天国圣宝钱币

靠毛驴贩运货物的商贩，因为一次偶然的机会，得到太平天国忠王李秀成的赏识，得了个“驴马车三行总管”的官衔。天京被围后，“宫中顷有急信至，诸王妃等亦聚金银数千箱令载，为了埋藏其物”。《红羊佚闻·蒋驴子轶事》的记载则说“有金银数千箱，命驴往，埋于石头山某所”。蒋氏后来成为近代金陵巨富就是凭此起家的。但这显然也只是传说，蒋园并不是靠太平天国的金银建成的。

但也有人相信这个传闻，在南京解放的时候，曾有人放干了蒋园中的湖水，但丝毫不见洪秀全窖金的踪影。一般来说，农民领袖由于阶级本性的原因，出于一种小农心态，是很爱金银财宝的。他们绝不肯轻易将财物送给他人，而是将它们保存起来，这样，窖藏就成了首选。传说翼王石达开在部队被困大渡河时，曾将大批宝物窖藏；阶王谭体元10万将士大败于广州嘉州城南铜鼓嶂、大田等地时，也曾将一批宝物深埋地下，这些都引起了后人对天京窖藏的极大兴趣。

那么，太平天国窖藏的珠宝到底在哪里呢？一种可能如曾国藩向皇帝所奏报的，确实没有窖金；另一种可能是确有窖金，但被湘军掠夺殆尽。但如果天京窖金的数量真如传闻所说之巨，它是不可能被湘军全部挖走的，因此极有可能还有更多的窖金因埋藏巧妙而至今没有被人发现。

延伸阅读

孙中山对太平天国的评价

可能是出于反满的需要，孙中山等革命党人是洪秀全等人的崇拜者。湖南的辛亥革命党人常称要洗尽湖南人曾国藩给他们带来的羞耻。不过孙中山也只赞赏太平天国反清的“民族主义”，却直指太平天国“只知有民族，不知有民权；只知有君主，不知有民主。即使成功了，也不过是历史上的又一个封建王朝而已”，根本不值得效法。他在《民权主义》第三讲中说：“中国的革命思潮是发源于欧美，平等自由的学说是由欧美传进来的。”他认为太平天国并不是我们学习的榜样，因为他们的领袖还有皇帝，实行的是封建专制。“大家若是有了想做皇帝的心理，一来同志就要打同志，二来本国人更要打本国人，全国长年相争相打，人民的祸害便没有止境。”

辛亥革命及其后一个时期的革命党人大都推崇太平天国争取民族解放的勇气与成就，总体来说对太平天国评价很高，国民政府更就禁止污蔑太平天国一事下达过专案。

麻浩佛像之谜

麻浩崖墓，东西长约200米、上下宽约25米，有编号的崖墓544座，层层叠叠，墓门披连，密如蜂房，极为壮观。该汉代崖墓群于1988年经国务院公布为全国重点文物保护单位。

麻浩崖墓位于凌云、乌尤两山之间的溢洪河道东岸，麻浩是其地名，崖墓，是古代流行于乐山的一种仿生人住宅，是凿山为墓的一种墓葬形式。这种墓葬因流行于1800多年前的东汉至南北朝时期，故称“东汉崖墓”。

麻浩崖墓现已成为四川省乐山汉崖墓博物馆。该馆以麻浩崖墓为主体，辅之以南、北两个展厅展出汉墓出土文物，展示了乐山汉代崖墓的概况。

麻浩崖墓，早年就以内涵丰富、雕饰精美而被誉为“南安（乐山古称）名墓之首”。墓中保存着许多汉代建筑、车马伎乐、鸟兽虫鱼图形，且有不少历史题材的神话故事，以及画像石棺、书法题刻。同时，还有中国乃至世界遗留最早的佛教石刻造像。它是汉文化与印度早期佛教文化交融的具体反映。

麻浩崖墓宽11米，高3米，深达29米。这里的图像雕刻精美，出土文物内容丰富，是研究古代社会政治、经济、文化、历史的重要实物资料。在墓道门枋上，有一尊浮雕佛像，佛像宽30厘米，高40厘米，结趺坐，高肉髻，佩顶光，线条流畅，造型古拙。经鉴定，属于原雕，大概雕刻于距今已有1800多年的东汉时期。佛像貌不惊人，但其久远的历史，却包含着一个难解的谜：乐山地区的早期佛教究竟来自何方？

◆ 乐山麻浩崖墓墓口

佛教传入中国，一般公认是东汉明帝永平年间(58—75年)，称为“释教之源”的洛阳白马寺就建造于那个时期。我国开始有佛教造像，是在汉献帝初平年间(190—193

◆ 乐山麻浩崖墓

在大夏(今阿富汗境内）见到了蜀布和邛竹杖，得知是从身毒(古印度)买来的，又得知身毒在大夏东南数千里，在邛西2000里。为此，公元前122年，汉武帝派出十余批人去寻求通往身毒之路，但都因洱海附近的昆明部族的阻拦而失败。

年)，这比麻浩崖墓的佛像起码要晚了近30年。我国著名的佛教造像，均晚于麻浩佛像：云冈石窟晚了300年，龙门石窟晚了300多年。一般公认佛教是沿着“丝绸之路”自西向东传入中原的，可是位于“丝绸之路”必经之地的敦煌莫高窟也比麻浩佛像晚了200年。那么麻浩佛像何以起始得这样早呢?

乐山地处四川西南，在秦汉时期属于边陲地带。然而恰恰在这里发现了中国早期的佛教造像，并且不只一尊(据说在众多的东汉崖墓中，已发现了六七尊)，这不能不使人们从另外的途径来探寻乐山地区佛教的传入渠道。

据历史记载，东汉光武帝刘秀的儿子楚王刘英崇奉浮屠，因此有人推测佛教传入中国可能还另有一条途径，即从古印度经海路传到中国的吴楚。巴蜀和楚地与长江一水相连，巴蜀文化受楚影响很大，那么，乐山地区早期的佛教是不是从这条渠道传入的呢?

还有人根据张骞出使西域的历史记载，推测远古时期有一条从印度经我国云南直通蜀地的“身毒道”。张骞从西域归来，

据说，现在已有人论证了远古身毒道的存在，它比著名的“丝绸之路”还要早100多年。那么乐山地区早期的佛教是不是从这条渠道传入的呢?这些问题还有待于考古学的进一步研究和探索。

知识小百科

佛经的由来

据东初长老编著的《阿含概说》记载：佛陀入灭后，第一个夏季，在阿阇世王绝对保护下，五百阿罗汉会聚于王舍城七叶岩，以大迦叶为首，举行第一次结集。这时的法，即是经，由阿难诵出，律由优波离诵出。阿含经的渊源，即导源于此时。律与经为同一渊源，故其取材诸多相同。佛灭百年顷，因东印度吠舍离比丘提倡新佛教，遭保守派反对，于吠舍离城，会集七百僧众，以耶舍为上首，举行第二次结集。这次结集以讨论律为中心。佛灭后二百三十年顷，于波咤利弗城，依阿育王命，以目犍连子帝须为上首，举行第三次结集，于是三藏教法始行完成。

第四讲

史事考古寻踪

秦始皇身世之谜

公元前221年，秦始皇统一韩、赵、魏、楚、燕、齐六国，终于建立了中国历史上第一个大一统、多民族、中央集权的专制主义国家——秦朝。

秦始皇在位之时，吞并六国，并发兵南征北讨，史载“百越之地，尽皆俯首”“北扩千里”“秦王扫六合”。按战国地图看，领土几乎比战国七雄控制范围扩大了一倍。而且秦始皇“设置郡县”，对征服后的土地注重统治和制度建设，不似其他同时代的征服者如马其顿的亚力山大，或罗马的恺撒只重征服，不重制度建设，他使统一的土地统治稳固，这才为中国现在的版图奠定了基础。后人认为“功莫大过秦皇汉武”，意指秦始皇在功绩方面，排在汉武帝之前，历史上无出其右。

秦始皇是继秦庄襄王(子楚)之位，以太子身份登上王位的。秦始皇之母赵姬，据说曾是吕不韦的爱

◆ 秦始皇寿字（虫鸟篆书）

姬，后被献予子楚，封为王后。所以，关于秦始皇的生父到底是谁，一直都是后人争议不休的话题。这主要是缘于司马迁在《史记》中对于同一件事情有着不同的记载。

首先，在《秦始皇本纪》的记载中有这样一段：“秦始皇者，庄襄王子也。庄襄王为质子于赵，见吕不韦姬，悦而取之，生始皇。以秦昭王四十八年正月生于邯郸”。这段记事简洁明了，将秦始皇的身世交代得很清楚，说他是庄襄王的儿子，并没有对他的出生质疑。

◆ 秦阳陵铜虎符（此符是秦始皇调动军队的凭证）

而在《吕不韦列传》的记载中有“吕不韦取邯郸诸姬绝好善舞者与居，知有身。子楚从不韦饮，见而说之，因起为寿，请之。吕不韦怒，念业已破家为子楚，欲以钓奇，乃遂献其姬。姬自匿有身，至大期时，生子政。子楚遂立姬为夫人”。根据这段记事，秦始皇的母亲赵姬本是吕不韦的情人，她与吕不韦同居有身孕以后，才由吕不韦送予子楚，成为子楚的夫人。赵姬隐匿身孕嫁给子楚以后，“至大期时”生下的儿子嬴政，实际上是吕不韦的儿子。

但后人大都认同第一种观点。因为，其一，吕不韦并未策划过秦始皇由出生到登基的一连串阴谋。其二，如果说赵姬是吕不韦献给子楚的，那么她在宫中子楚身边，过门之后孩子是不及期而生的，子楚又怎么能不知晓呢？可见，秦始皇的生父应该是子楚，而不是吕不韦。但这也仅仅是后人的推断和猜测而已。

秦始皇到底是谁的儿子，这段个人隐私，竟成了千古之谜，无人能解！

延伸阅读

秦是怎样灭赵的

公元前229年，秦利用赵国发生大地震和大灾荒的机会，派王翦领兵攻赵。赵国派李牧、司马尚率兵抵御，双方相持了一年。在紧要关头，秦国使出杀手锏——离间计。王翦用重金收买了赵王的宠臣郭开，要他散布李牧、司马尚企图谋反的流言。赵王轻信谣言，派人替代李牧。李牧在大敌当前的形势下据不让出兵权，赵王竟暗地派人逮捕李牧并处死了他，同时还杀掉了司马尚。杀死李牧，无疑为秦军亡赵扫清了道路。此后，秦军如入无人之境，攻城略地，痛击赵军。公元前228年（秦王政十九年），秦军攻破邯郸，这座名城落入秦国之手。不久，出逃的赵王被迫献出赵国的地图降秦。赵国实际上灭亡了。但是公子嘉却带着一伙人逃到代郡（今河北省蔚县），自立为王。后秦军在公元前222年灭燕国之后将其俘虏。至此，秦统一了北方。

秦始皇为什么不立皇后

秦始皇是中国历史上第一个大一统王朝——秦王朝的开国皇帝。他是中国历史上第一个使用“皇帝”称号的君主，对中国和世界的历史均产生了深远而重大的影响，被誉为“千古一帝”。

公元前247年，秦王政13岁时即王位，因年幼，朝政由太后和相邦吕不韦及嫪毐掌管。公元前238年，秦始皇22岁时，在故都雍城举行了国君成人加冕仪式，开始“亲理朝政”，除掉吕不韦、嫪毐等人，重用李斯、尉缭。自公元前230年至前221年，先后灭韩、赵、魏、楚、燕、齐六国，39岁时完成了统一中国大业，建立起一个以汉族为主体、多民族统一的中央集权的强大国家——秦朝，定都咸阳。公元前210年，秦始皇东巡途中驾崩于沙丘。秦始皇认为自己的功劳胜过之前的三皇五帝，将大臣议定的尊号改为“皇帝”。

◆ 秦始皇像

秦人在秦孝公(前4世纪)以后对于立后和立太子之事已制度化，秦国在发展壮大过程中，国家的各种制度也已基本完善，秦统一中国后更全面建立了各种制度，并定出了皇帝的正妻为皇后、母亲为皇太后的制度。秦始皇13岁即位到22岁亲政，中间有9年的太平天子时间，也正是古代男子要娶妻的时间，但在这9年时间里，他并没有立后。22岁到39岁的17年是其自己掌权、统一六国的时间，如果说因为国事繁忙没有立后也可以理解。但从39岁到50岁时，秦始皇多在巡游的路上，这说明他有足够的时间思考立后的事情。秦朝虽短，但秦始皇有充足的时间立皇后，可是他并没有这么做。也许并不是他来不及立皇后，也不是他的母亲不操心，更不是大臣不尽职，实际上是他自己不愿意立后。秦始皇为什么没有设立皇后，这成为令人费解的千古之谜。对此，史学界有以下几种说法。

为求长生延迟立皇后

秦始皇在有机会立皇后的时间内未立皇后有许多原因，除性格多疑恐皇后掣肘外，还跟秦始皇追求长生不老和后宫美女过多有关。

传说秦始皇完成了他一统天下和建造长城的伟业，便开始憧憬不老不死。于是徐芾在公元前219年来到宫廷，声称《山海经》上面记载的蓬莱、方丈、瀛洲三座仙岛就在东方海中，他愿意为秦始皇去那里取来不死之药。第一次东渡，徐芾并没有带回长生之药，他告诉始皇，东方的确有神药，但是神仙要三千童男童女和各种人间礼物，同时，海上航行有鲸鱼拦路，他要强弓劲弩射退大鱼。秦始皇全盘答应条件，助他再次东渡。结果，徐芾一去不复返，在东方“平原广泽之地”自立为王，再也不回来复命了。

这种对长生不老梦想的浓厚兴趣和孜孜追求，在一定程度上也抑制了秦始皇对其他事情的兴趣，结果之一便是导致了立后这一大事被置之脑后。

由怨母而仇视女人

据资料记载，秦始皇的母亲赵姬原为大臣吕不韦的爱姬，后来由吕不韦送给秦始皇的父亲庄襄王，生下了秦始皇。秦始皇即位后，赵姬和吕不韦情丝不断，时有来往。吕不韦害怕事情败露，便又向赵姬(当时已是太后)推荐了假宦官嫪毐和她鬼混，赵姬还跟嫪毐生了两个儿子。这使秦始皇在思想上受害甚深，可谓终生难忘的伤痛。为此，他把母亲赶出了首都咸阳，后来虽有悔过，但至死未让她再住咸阳。秦始皇由怨母而仇视女人，虽然他的后宫有众多女人，那也仅仅是为满足他的生理需要。由母亲的行为而形成的心理障碍，也是秦始皇迟迟未立后的重要因素之一。

秦始皇在长达三十七年的统治时期一直没有立皇后，其中的原因应该是多方面的，但究竟是什么决定性的原因使得他坚持不立后，史料中并未记载，我们今天也只能够凭借当时的点滴资料和想象进行猜测了。

延伸阅读

秦始皇是“妇女守节”的倡导者

秦始皇统一六国后对收入后宫的六国佳丽非常鄙视，痛恨她们忘记亡国之辱而媚悦新主的行径，但对守贞重节的女子却倍加赞赏。传说，秦始皇统一六国后曾到各地巡游。当他路过巴蜀的时候听说当地有一个世代富豪之家，资产巨万。家里的男主人死后，由寡妇独自支撑家业，她数年如一日遵守妇节，没有再改嫁。秦始皇对她这种行为大加赞赏，曾赐令她“旁座”，与自己平起平坐，而秦时就连当朝丞相在皇帝面前也只能站着，少有赐座之事。秦始皇还为这名寡妇修筑了一座“怀清台”，以彰扬其事迹。至今蜀中还有一山名贞女山，相传便是该寡妇曾经寡居的地方。

中国历史上的第一个"白痴"皇帝

晋惠帝司马衷（259—306年），晋武帝第二子，西晋第二代皇帝，290—306年在位。在他的统治期间发生了八王之乱，西晋走向灭亡。

太熙元年（290年）晋武帝司马炎死后，儿子司马衷即位，是为晋惠帝。晋惠帝是中国历史上典型的昏庸无能的皇帝。他从小就不爱读书，整天只懂吃喝玩乐，不务正业。司马炎对此很发愁，担心司马衷会丢了祖宗开创的基业。

◆ 西晋开国皇帝——晋武帝司马炎

有一次，司马炎为了测验一下司马衷的思维能力，特意出了几道题考他，并限他三天之内交卷。司马衷拿到题目以后，不懂作答。他的妻子贾南风是个很聪明的人，有见及此，便立刻请来几位有学问的老先生为司马衷解答难题。司马炎看了答卷后，以为儿子的思维还是很清楚的，也就放心了。可是司马炎一死，司马衷即位，遇事要他自己定策，就闹出了不少笑话。

司马衷的白痴行为

有一年夏天，司马衷在皇宫的御花园游玩。当他走到一个池塘边时，听见里面传出咕咕的青蛙叫声。他觉得很奇怪，于是便问随从这些咕呱乱叫的东西，是为官家叫还是为私家叫的？随从早就知道太子是白痴，觉得这个问题很可笑，但又不好不回答，于是糊弄到："在官家里叫的，就是官家的；若在私家里叫的，就是私人的。"司马衷听后，认为侍从言之有理，还赏了银子给侍从。

又有一年闹灾荒，老百姓没饭吃，到处都有饿死的人。晋武帝正在朝堂之上与大臣们商议如何救助身处饥荒中的灾民，司马衷走了进来，听了一会儿，“嗤嗤”地笑起来：“父皇，百姓怎么这么笨，居然被饿死了。大水淹了庄稼，没有馒头吃，那他们为什么不吃肉粥呢？这些人怎么会饿死呢？”司马衷的这番话令朝堂上一片哑然，大臣们哭笑不得，灾民们连饭都吃不上，哪里来的肉粥呢？司马炎也只好挥挥手，让人把他这个傻太子带走。由此可见晋惠帝是如何的愚蠢糊涂。

司马衷为什么被立为太子

司马衷于267年被立为太子，他的母亲是晋武帝的皇后杨氏。作为次子，他被立为太子是因为他的哥哥司马轨很早就死了，也有说晋武帝是为了将来传位给他宠爱的聪明孙子司马遹。晋惠帝一般被评价为“甚愚”或“白痴”，主要是因为晋惠帝无法解决他统治时期的政治困难，造成了八王之乱，他本人成为他人的傀儡。

晋武帝司马炎亲身经历了曹魏的兴衰，因而对皇朝继承人的能力和成长非常关心。在《晋书》中记载，武帝也曾多次对晋惠帝的能力表示怀疑并多次对他的能力进行考验，而惠帝则在太子妃贾南风及谋臣的献策下通过了这些考验。

司马衷之死

在光熙元年（306年）十一月十七日寒冷的夜里，晋朝皇帝司马衷在长安显阳殿，嘴里衔着一块吃了一半的大饼，突然暴亡，终年48岁，被安葬于太阳陵。他的弟弟晋怀帝司马炽（284—313年）即位，改元永嘉。

有人说，司马衷是被东海王司马越毒杀的；也有人说，是上天垂怜天下百姓的痛楚才让他无疾而终。司马衷的死因至今仍是个未解之谜，但无论如何，他的死如果能给天下百姓带来福祉的话，真是天下之幸，黎民之幸！

◆ 西晋惠帝司马衷之妻——贾南风

延伸阅读

聪明的司马遹

司马衷虽然傻，但是他却有个非常聪慧的儿子。有一次宫中失火，司马炎登楼观看，突然感觉有人在拉他的衣襟。他低头一看，竟然是孙子司马遹。司马炎很惊讶地问：“你为什么跑到这来呀？”年仅5岁的司马遹回答道：“夜间发生突然事故，皇爷爷贵体，应该有所防范才是，还是回房吧，不要让火光照见仁君。”司马炎先惊后喜，惊是司马遹小小的年纪竟有如此见识，喜的是儿子虽然呆傻，但孙子聪明伶俐，江山社稷有望了。也许正是因为司马遹的聪慧才让司马炎决心将皇位传给司马衷。

北魏建国皇帝有精神分裂症吗

在战乱频繁的十六国时期，人口奇少、极不开化的鲜卑族拓跋部落首领拓跋珪消灭群雄，统一北方，建立了庞大的北魏王朝，开启了一个胡汉分治南北的新时代——南北朝时期。

北魏开国皇帝拓跋珪戎马一生，英明神武，为历史做出了卓越贡献。然而，这位盖世英雄却在建国后短短的10年时间里变成了另一副模样：他变得焦虑不安，经常数日不食或整夜不睡觉；同时，他也变得多疑起来，认为身边的人都不可信，终日自言自语，滥杀无辜……一个有着显赫战功的英雄为什么会在短短时间内变成一个不可理喻的怪人呢？有人斥责他生性残暴；有人骂他凶相毕露；也有人认为他是患上了严重的精神分裂症。而研究证明，拓跋珪的种种怪异行为都说明，他确实患上了精神分裂症。

◆ 北魏铜鎏金礼佛

这个传奇式的英雄人物为什么会患上精神分裂症？对此，人们也是众说纷纭。精神病理学家的临床研究表明，精神分裂症往往是在各种精神因素和躯体因素影响下起病的。

药物中毒

在躯体致病因素中，以有毒物质作用于人体而引起脑功能紊乱的患者居多。《魏书·太祖纪》在罗列拓跋珪诸多异常行为之前，还有这样一句话——“初，帝服寒食散，自太医阴羌死后，药物动发，至此愈甚。”服食寒食散，本是魏晋以来汉族名士

◆ 鎏金透雕人龙纹铺首 北魏

文人中间流传的一种风尚，不知赳赳武夫拓跋珪何以要附庸风雅。由于寒食散的配剂主要是由紫石英、白石英、赤石脂、钟乳石和硫磺五种矿石组成，故又叫“五石散”。服药后，人身发热其势难当，需要散发，并只能冷食。寒食散含有对人体有害的铅、汞、锰、硫、砷等元素，长期服食的人，容易造成药物中毒，引起精神障碍。不少魏晋名士因此发狂耍癫、精神变态，甚至断送了性命。由此可见，拓跋珪发病不能排除服食寒食散中毒的原因。

精神因素

拓跋珪患病与外部因素也有很大关系。拓跋鲜卑在入主中原之初，远不如其他胡族受汉文化影响之深，因而保留了大量氏族社会传统。强大的传统包袱和浓厚的氏族旧制，把希望有所作为的拓跋珪逼到窒息的地步。拓跋珪根本无法充分伸展自己的权威，反而行动处处受人规范，甚至连皇位也不断受到威胁。拓跋珪感到旧贵族是强化皇权的严重障碍，但又不能与他们决裂，还必须尽量满足他们的各种要求，甚至对他们的罪行也一度容忍。他连续饶恕了几个企图发动政变的主谋，但部落贵族谋夺皇位的事件仍然不断发生，最后连他最亲信的族弟拓跋仪与早年救护过他的近臣穆崇也背叛了。拓跋珪无计可施，陷入了极度矛盾之中。焦虑不安与过度紧张，使他精神变态，最终导致了精神分裂症的发生。

拓跋珪短短39年的一生，前后竟判若两人。但是否因精神分裂症导致他变成这样，恐怕也只能成为一宗疑案了。

延伸阅读

拓跋珪的历史政绩

拓跋珪在位期间，对外遏制了柔然等族的袭扰，稳固了北魏的边疆；对内迁都“平城”，称帝建国，仿中原封建制度营建宫室，制定各类典章制度、礼仪等。重视文化事业的发展，把文化水平作为选拔官吏的重要条件之一。对拓跋鲜卑建立在血缘基础上的部族制度进行改革，“离散诸部，分土定居”，使各个民族都成为北魏的编民，加强了中央集权，使拓跋鲜卑在新的环境、新的条件下很快地适应了社会发展的客观要求。经济方面，在继续注重发展畜牧业的同时，“务农息民”“劝课农桑”“计口授田”，在黄河以北、五原、云中、代郡等地大兴农业，开立屯田，而且亲自参加农业劳动，稳固了北魏的经济基础，加速了拓跋鲜卑封建化的进程。其更为重要的意义则在于使拓跋鲜卑成为了第一个统一北方地区并建立政权的北方游牧民族。

北魏孝文帝的爱情悲剧

北魏孝文帝拓跋宏（467—499年）是一位卓越的少数民族政治家、军事家和改革家。他崇尚中国文化，实行汉化，禁胡服、胡语，改变度量衡，推广教育，改变姓氏并禁止归葬，提高了鲜卑人的文化水准，是西北方各民族陆续进入中原后民族融合的一次总结。

人们只知道孝文帝亲政后改鲜卑姓为汉姓，改革服饰，迁都洛阳，对鲜卑族落后的社会习俗大张挞伐。然而，孝文帝在爱情生活上颇为坎坷，与事业的辉煌根本无法相比。

孝文帝与林姑娘之恋

早年，孝文帝与一位姓林的姑娘产生了爱情。这位林姑娘容色美丽，温柔可人，深受孝文帝喜爱，后生皇子恂，被立为太子。按照旧制，林氏得被赐死，但孝文帝仁恕，不想沿袭前制，却遭到太后的反对，他只能眼睁睁地看着自己心爱的女人死去。

◆ 孝文帝陵

钟情于冯氏

林姑娘死后，孝文帝又钟情于冯氏。冯氏长得妩媚动人，又善于察言观色，深受孝文帝的宠爱。两个人花前月下，卿卿我我，非常投缘。不料，冯氏得了慢性病，冯太后怕影响孝文帝的健康，就把她送回家作尼姑。两人分离时非常痛苦，但孝文帝不敢违抗冯太后的旨意。送走冯氏后，他常常派人去暗访。冯太后去世后，孝文帝坚持守了3年丧礼。后来，他听说冯氏恢复了健康，就派遣宦官慰问，并将她迎回洛阳。从此，孝文帝对冯氏恩爱逾初，立她为皇后，其他嫔妃很少被临幸。

冯氏是水性杨花的女人

孝文帝没有想到，他所依恋的冯氏竟是一个轻浮的女子。在家养病时，她不甘寂寞，和家里的侍从发生了关系。冯氏看到宦官迎接自己回宫，感到很突然。她对情人依依不舍，但想起宫内的豪华生活和气派，还是选择了宫廷生活。在冯氏被立为皇后的几

◆ 北魏孝文帝皇后冯润

年里，孝文帝是在紧张的战争中渡过的，多次带兵南征，在宫中的时间不多。冯氏耐不住寂寞，老毛病复发。当时宫中有一位宦官叫高菩萨，雄壮有力，仪表堂堂，是靠欺骗手段混进宫中的，仍是个没净身的真男子。冯氏爱他的雄健有力，高菩萨爱冯氏的妩媚，不久二人便勾搭在一起。高菩萨很有些笼络人的本领，他手下有一批人甘心为他卖命，充当爪牙。冯氏也培植了一批私党，互相勾结，表里为奸。彭城公主知道此事后就偷偷地带着十余名家婢侍童，赶到前线去见孝文帝。孝文帝听说皇后冯氏淫乱，不禁惊呆了，他不敢相信自己那么热爱而且对自己百般体贴的冯氏会做出这种事情。他叮嘱公主不要泄露此事，等回宫后慢慢查来。

孝文帝之死

回到洛阳后，孝文帝马上逮捕了高菩萨等人。在孝文帝面前，高菩萨一一招认。此时，孝文帝心如刀绞，多少天来的疑问证实了，回想起冯氏的柔情，他不禁肝肠寸断，加上旅途的劳累，一下子就病倒了。当天晚上，冯氏请求孝文帝摒退左右，独自招供。听着冯氏的招供，孝文帝的脸色变得铁青，他的心在剧烈地颤栗着。

经过这次刺激后，孝文帝的身体每况愈下，最后终于病死在南伐中。临死前，他对心腹臣子说："皇后失德已久，如果不除掉她，恐怕以后没有人能够制服她。我死后，你们可用我的遗令将她赐死，然后按照皇后的礼节安葬她，千万不要坏了冯家的名声。"孝文帝不明白自己在婚姻上为什么会如此不幸，自己钟爱的林氏不得不被赐死，自己喜欢的冯氏竟然对自己不贞。带着这种深深的遗憾，孝文帝匆匆离开了人世。

延伸阅读

孝文帝的悲惨童年

北魏拓跋家一直引用汉武帝的老办法，"立其子杀其母"，就是在立儿子做太子的同时，杀掉太子的母亲，以此来防止吕后那样的悲剧重演。拓跋宏的生母也是这样被杀死的。年幼的拓跋宏只能由祖母冯太后抚养。

冯太后对拓跋宏一直存有戒心，拓跋宏聪慧早熟，冯太后担心他长大后会对自己不利，所以并不喜欢他。有一次，她听信谗言，杖罚了幼小的拓跋宏。又有一次，冯太后在大冷天里，把穿着单衣的小皇帝关在一间空屋子之中，三天不给饭吃，还打算废掉他。后来因为大臣穆泰的劝阻，拓跋宏才保住了皇位。拓跋宏生性孝顺，因为从小就跟着冯太后，所以，虽然冯太后对他并不很疼爱，但他却真可以算是冯太后的肖孙了，即使被责罚也毫无怨言。

玄武门之变是蓄谋已久还是被逼无奈

唐高祖武德九年六月初四庚申日（626年7月2日），秦王（李渊的次子李世民）在唐帝国的首都长安城大内皇宫的北宫门玄武门附近发动了一次政变。李世民杀死了自己的长兄（皇太子李建成）和四弟（齐王李元吉），得立为新任皇太子，并继承皇帝位，是为唐太宗，年号“贞观”。

617年，李渊在李世民支持下在太原起兵反隋并很快占领长安。618年，隋炀帝被杀之后，李渊建立唐朝，并立世子李建成为太子。据说太原起兵是李世民的谋略，李渊曾答应他事成之后立他为太子。但天下平定后，李世民功名日盛，李渊却犹豫不决。李建成随即联合李元吉，排挤李世民。李渊的优柔寡断，也使朝中政令相互冲突，加速了诸子的兵戎相见。是年，李建成向李渊建议由李元吉做统帅出征突厥，借此要把握住秦王的兵马，然后趁机除掉李世民。李世民在危急时刻决定背水一战，先发制人。

◆ 唐太宗像

武德九年六月四日（626年7月2日），李世民向李渊告发了李建成和李元吉的阴谋，李渊决定次日询问二人。李建成获知阴谋败露，决定先入皇宫，逼李渊表态。在宫城北门玄武门执行禁卫的总领常何本是太子亲信，却被李世民策反。六月四日（庚申），秦王亲自带100多人埋伏在玄武门内。李建成和李元吉一同入朝，待走到临湖殿，发觉情形不对，急忙策马往回跑。李世民带领伏兵从后面喊杀而来。李元吉情急之下向李世民连射三箭，无一射中。李世民一箭射死李建成，尉迟恭也射死李元吉。东宫的部将得到消息前来报仇，和秦王的部队在玄武门外发生激烈战斗，尉迟恭将二人的头割下示众，李建成的兵马才不得已散去。之后，李世民跪见父亲，将事情经过上奏。

◆ 唐代铠甲式样

3天后（癸亥），李世民被立为皇太子。2个月后李渊退位，李世民登基。

“玄武门之变”引发了种种争议。有人说李世民这么做是被逼的，也有人认为，蓄谋太子已久是事实，意外之下突然发动政变是被逼。究竟哪一种说法更贴近事实呢？

蓄谋已久

有人说，李世民兵权在握，野心极大，早就预谋杀兄夺位。他平时广交朋友，培植了很多亲信，搜罗了大批勇将，为发动兵变做好了全面的准备工作。“玄武门之变”早就在他的计划之中，他只不过是在等待最好的时机。

被逼无奈

还有一种说法是李渊早就想废除太子李建成，却又担心会引起天下大乱，所以一直没有动作。李建成与李元吉几次劝他杀掉李世民，都被李渊拒绝了。李建成因此对李世民非常不放心。他与李元吉结成同党，拉拢李渊宠爱的妃子们，让她们在李渊面前说李世民的坏话，使李渊逐渐疏远了李世民。他们还不罢休，想进一步谋害李世民。一天，李建成请李世民去太子宫喝酒。谁知他在酒里下了毒，李世民刚喝了一小口，正好有只小鸟飞过把粪便掉到了李世民的杯子里和衣服上，于是李世民就回家换衣服去了。没想到刚到家就开始腹痛吐血，差一点就死掉。

李世民察觉到兄弟的杀机，就抢先下了手，这一步暗合李渊的计划，所以在“玄武门之变”后不久，李渊就将皇位让给了李世民。

“玄武门之变”的孰是孰非已经无法分清，但不管怎样，它都是一场兄弟之间的搏杀，一次政权之间的争斗，更是一幕疑云重重的惨剧。

延伸阅读

唐太宗吞蝗虫的故事

贞观二年，京师大旱，蝗虫四起，唐太宗进入园子看粮食的损失情况，看到有蝗虫在禾苗上面，捡了几枚蝗虫卵念念有辞道：“粮食是百姓的身家性命，而你吃了它，是害了百姓，百姓有罪，那些罪过全部在我(古时认为蝗虫有灵异，修有奶奶庙，因为“蝗”“皇”音同，百姓不敢捕杀，而在古代一旦发生大灾都认为是上天降的惩罚)，你如果真的有灵的话，你就吃我的心吧(不要再降罪百姓了)！”正要吞下去，周围的人谏道：“不能吃啊！吃了要生病的！”太宗说道：“我正希望它把给百姓的灾难移给我一个人！又怎么会因为害怕生病而逃避？”说完就吞了下去。

武则天究竟生于何处

武则天，中国历史上唯一的女皇帝，唐高宗时为皇后，唐中宗和唐睿宗时为皇太后，后自立为武周皇帝，改国号“唐”为“周”，定都洛阳，并号其为“神都”。史称“武周”，705年退位。武则天也是一位女诗人和政治家。

武氏为唐开国功臣武士彟之次女，母亲杨氏。武则天14岁入后宫为才人，唐太宗赐名“媚”，人称“武媚娘”。太宗死后，武则天入感业寺为尼。唐高宗即位，复召入宫封存为昭仪，进号“宸妃”，与王皇后、萧淑妃多次周旋于后宫，年纪26岁。武则天善谋心计，心狠手辣，兼涉文史，富有才气。27岁产下长女，王皇后前来看望，不料王皇后走后她的女儿就死了。高宗大怒，于是把王皇后贬为庶人。永徽六年（655年）高宗立武氏为皇后。上元元年（674年），与高宗并称“天皇”“天后”。弘道元年（683年）高宗去世，中宗李显即位，武氏为皇太后，临朝称制后改名“曌”。嗣圣元年（684年），废中宗为庐陵王，立睿宗李旦，继续临朝称制。载初元年，废睿宗，自称“圣神皇帝”，改国号为“周”，定东都洛阳为神都，史称“武周”，上尊号“圣神皇帝”。

据“两唐书”载，武则天的籍贯在并州文水，对此人们颇有异词。那么，这位历史上赫赫有名的女皇帝的出生地究竟在哪里呢？一般有两种看法：

◆ 武则天像

四川广元

传说，有一天武都督的夫人杨氏去潭边玩，忽然潭中跃出一条金龙，和她交欢，杨氏因此有孕而生下武则天。唐朝李商隐《利州江潭作》的诗题下，有作者自注：“感孕金轮所。”《太平御览》卷一八四曰："顺圣皇后庙，在州西告成门外。旧碑云：'其母感溉龙而生后，庙号则天金轮皇帝。'"明代胡震亨《唐音癸签》卷二十三《李商隐》条引《蜀志》曰："则天父士彟为利州都督，泊舟江潭，后母感龙交，娠后。"从李商隐的自注来看，距离武则天之死仅一百多年，他是肯定武则天生于利州（今四川省广元市）的。

1955年修宝成铁路时，发掘出《利州都督府皇泽寺唐则天皇后武氏新庙记碑》，立于五代十国时的后蜀广政二十二年（959年），为孟昶所撰。碑文中提及武则天的身世，云："贞观时，父士彟为都督于是□□□后焉。"所残三字似可补作"州，始生"，这样就为武则天生于利州找到了更加充分的根据。

考察四川广元境内至今留存的武则天遗迹，又可使人自然联想到武则天与广元有特殊的关系。如广元有以武则天名字作地名的"则天坝"、武则天孩提时的梳妆楼、武则天常去朝香拜佛的"千佛崖"、嘉陵江畔皇泽寺内五代时刻成的武则天圆雕石像等。当地妇女还要在传说的武则天生日（农历正月二十三日）游河湾，以示纪念。

京城长安说

也有人认为李商隐的诗及注，源自一个民间传说，虽然颇为神奇，说来也娓娓动听，但若作为信史来看，就有些荒诞了。广元地区有关武则天的传说和遗迹不少，至多只能说明武则天随父到过此地，而不能说明武则天就出生在利州。持"广元说"者据己意补入《武氏新庙记碑》三个残缺字，然后依此进行主观推论，其可靠性是令人怀疑的。

据史书记载，武则天大约生于高祖武德七年（624年），那时其父武士彟应在工部尚书任上。也就是说，他和夫人杨氏一起住在长安。武士彟任利州都督，是在太宗贞观初年。所以，武则天不可能先于其父任职利州时生在利州，她的出生地点，最大可能性应是在长安，而不大可能在四川广元，或其他什么地方。

上述两说各执一词，孰是孰非，需要继续研究。

延伸阅读

武则天的执政过失

武则天执政后多疑臣民不忠于己，遂任用索元礼、周兴及来俊臣等酷吏，广事罗织，严酷逼供，奖励告密，虽然消灭了一些政敌，但也滥杀无辜，使不少污吏横行一时。他们刑讯逼供，滥杀无辜，诬陷于人，使不少文臣武将蒙受不白之冤。到武周政权正式建立以后，斗争趋向缓和，此风才有所收敛。虽然对武周政权的巩固起过一些作用，但是，统治集团内部矛盾激化，人人自危，必然影响国家的治理和生产的发展。武则天放手选官，使官僚集团急剧增大，官僚机构膨胀，必然要加重人民的负担。

武则天的两位男宠死因之谜

张易之和张昌宗是武则天一生中最为喜爱的两位男宠。他们兄弟二人自入宫起，便一直尽心尽力地伺候武则天安享晚年，最后因"谋反"罪而被诛杀。

根据"两唐书"和《资治通鉴》等史书的记载，张易之和张昌宗兄弟是因为"谋反"而在神龙元年(705年)爆发的宫廷政变中被张柬之、敬晖等人率领的羽林军所杀。但是事实上，二张"谋反"之说并没有任何确凿的证据，而早在清代，著名的考据学家赵翼就在《廿二史札记》中对这一问题提出过疑义。有鉴于此，现在的一些学者对这一问题展开了研究和讨论，他们认为历史上对二张的"谋反"一说，并不成立。

◆《武后步辇图》 唐 张萱

张易之兄弟因长得标致而深受武则天的宠爱。但是武则天召他们入宫只是为了寻求生活乐趣，并非让他们干预朝政。二张当然也明白武则天的用意，所以他们并不奢求政治上的飞黄腾达，而是竭尽全力讨武则天欢心，以此谋得自身的荣华富贵。之所以说二张谋反一说不成立，主要是由以下两个原因推测：

"二张"没有政权与军权

"二张"虽然在政治上野心不大，但是他们在生活方面的放纵却造成了非常恶劣的影响。这遭到了很多大臣的非议甚至是敌视。朝中的韦安石等人多次在武则天面前说二张的不是，并在一次宫廷宴会上当着女皇的面把张易之所请来的贵宾宋霸子一行人驱逐出宴会。有一次，二张因为收受赃款而被御史台弹劾入狱，后被赦免。

以上这些事例都说明两人在朝廷中的权力是很有限的。除此之外，军权也是篡位的必备条件之一。而二张在这方面就更是孤立无援了。在神龙元年(705年)的政变过程中，左、右羽林军几乎都受张柬之的控制，袁恕己又预备了从相王李旦统帅的南衙兵以防万一。尽管当时武周旗下的北衙兵没有参加政变，但是他们也不是二张能调遣的。可以看出二张不具备谋反的条件。

没有能说明二张谋反的证据

二张从入宫到被杀只有八年的时间。在他们短暂的政治生涯中，很难找到强有力的证据证明他们有谋反的企图。而史书中有关二张想要谋反的材料主要集中在两件事情上。

据记载，张昌宗曾经在长安四年请术士李弘泰占相，李弘泰认为张昌宗有天子之相，并且为了能“天下归心”，劝他在定州造佛寺。有学者对这段史料分析后认为：张昌宗请李弘泰占卜是在他被杀的前一年，因此他的这一举动完全是在坐卧不安、大难临头的情况下寻求的精神解脱，根本不能证明他有谋反的意识。而李弘泰说张昌宗有天子相则纯属献媚之词，无非是想求得一些赏赐而已。而且后来占卜之事被告发之后，武则天曾经亲自调查和审问，弄清了事情的原委，所以一些亲唐派大臣想借谋反罪除掉二张的计谋才没有得逞。

长安末年，武则天已经到了风烛残年，她重病在身，不能亲自管理朝政。此时，作为贴身男宠的二张日夜照料武则天，而其他宰臣们很少能见到武则天。按说这也是很正常的。但自从武则天的健康状况不断恶化以来，那些团聚在太子李显周围的大臣们就已经开始策划恢复李唐政权。所以，得宠于武则天的二张也就成了太子集团打击的首要对象。二张自然也感觉到了这一点，他们暗地“引用朋党”也是为了自保，并非谋

◆ 辟雍砚　唐

反。况且，对于武周政权来讲，只有谋害武则天、企图篡夺王位才是谋反。假如二张有这样的野心，凭借他们日夜侍奉女皇的得天独厚的条件，杀死老态龙钟的武则天可谓易如反掌，但是他们并没有这么做，可见说他们谋反，理由并不充分。

至于张易之和张昌宗究竟为什么被杀，也只能是仁者见仁、智者见智了。

延伸阅读

张易之和张昌宗是政治斗争的牺牲品

据史书的记载，太子集团的人在杀掉了“二张”之后，又派侍卫包围了武则天所住的宫殿。武则天惊起问道：“是谁在作乱？”政变者答到：“张易之、张昌宗谋反，臣等奉太子之命，已经将他们杀了。”武则天听后，白了太子一眼，说到：“原来是你！现在他们既然已经被杀了，那你也回去吧。”政变者则步步紧逼：“愿陛下传位给太子！”学者们认为，从这段史料中也不难看出：“二张”谋反的罪名仅仅是太子集团的栽赃嫁祸，他们这么做只是为了证明神龙元年（705年）那场宫廷政变的正义性。

杨贵妃为何没有被立为皇后

杨贵妃，本名“杨玉环”，唐代宫廷音乐家、歌舞家，其音乐才华在历代后妃中鲜见。杨贵妃天生丽质，加上优越的教育环境，使她具备一定的文化修养。她性格婉顺，精通音律，擅歌舞，并善弹琵琶，是中国历史上“四大美女”之一。

公元736年，唐玄宗宠爱的武惠妃去世，他伤心欲绝。虽然后宫美女众多，却没有一个讨唐玄宗喜欢。一天，唐玄宗听说寿王的妃子杨玉环美貌无双，且通晓音律，于是就派人请她来为自己表演歌舞。这个杨玉环果然名不虚传，不仅相貌出众，而且能歌善舞，唐玄宗见了非常喜欢，决定将她夺过来当自己的妃子。此后，唐玄宗对杨玉环倍加宠爱，不仅封她为贵妃，还重重提拔了其亲戚家人，其叔父杨玄、兄长杨国忠等都被任命了重要的官职，她的三位姐姐分别被封为韩国夫人、虢国夫人和秦国夫人，由朝廷供应俸禄，可谓家族显赫。

◆ 唐玄宗像

杨贵妃每次乘马，都有大宦官高力士亲自执鞭，贵妃的织绣工就有七百人，更有争献珍玩者。岭南经略史张九章、广陵长史王翼，因所献物品精美，深受贵妃喜爱，二人均被升官。于是，百官争相仿效。杨贵妃喜爱岭南荔枝，就有人千方百计急运新鲜荔枝到长安，有诗云“一骑红尘妃子笑，无人知是荔枝来”，所以荔枝又称“妃子笑”。

然而，唐玄宗既然这么宠爱杨贵妃，又为什么没有册封她为皇后呢？对于这个问题，史书上并没有确切的记载。据有关学者推测，有以下几种原因。

杨玉环曾是自己的儿媳

唐玄宗看上杨玉环时，她已是寿王李瑁的王妃。唐朝虽然比较开放，估计也并没有人向玄宗谏劝“这违反人伦之理”，但这毕竟不是一件光彩的事。为了给天下人一个交代，唐玄宗还是做了一些台面上的工作。譬如先是打着孝顺的旗号，下诏令让杨玉环

◆《贵妃出浴图》

出家做了五年的道士，说是要为自己的母亲窦太后荐福，并赐道号“太真”，让杨玉环搬出寿王府，住太真宫。这样做也是为避人耳目，方便他们偷情。好不容易熬过五年，玄宗为了安抚儿子寿王，为寿王李瑁娶韦昭训的女儿为妃，紧接着就迫不及待地将杨玉环接到宫里，并正式册封为贵妃。可见，纵然唐玄宗百般宠爱杨贵妃，但还是有些忌惮她“曾经的儿媳”这个身份的。在这样的情形下，要立杨贵妃为后，显然不太现实。

杨贵妃没有子嗣

之所以没有册封杨玉环为皇后，还有一个重要的原因，这就是杨贵妃跟随唐玄宗后一直没有子嗣。至于杨贵妃为什么没有为唐玄宗生下一男半女，我们无从得知，但没有儿子肯定是唐玄宗没有封她为皇后的重要因素。古代册立皇后是件非常重要的大事，不但要君臣参与，诏示天下，册立的皇后还必须是懿德懿容，能起到垂范万众、母仪天下的作用。其所生的儿子也将被立为太子，日后继承大统。因此皇后与太子一般应当是母以子显或是子以母显的。但当时太子已立多年，而且成长正常，杨贵妃又迟迟没能为玄宗生个儿子出来，所以就更没有理由封她为皇后了。如果强弓硬上马，立杨贵妃为皇后，就有可能引起不必要的麻烦。首先是太子和寿王李瑁的反对，甚至朝廷大臣也会对玄宗不满。如果因此而发生宫廷政变，那样就得不偿失了，唐玄宗断然不会去冒这个险。

至于杨贵妃为何没有被封为皇后，目前还没有确切的答案。但她所受到的一切待遇却都是皇后级别的。杨贵妃虽无皇后之名，但得皇后之实，而且比一般的皇后更受尊宠。杨贵妃也比较聪明，没有反复请求唐玄宗立自己为皇后。既然已经达到了一个女人所达到的极致，得到了天子的万千宠爱，何必还去在乎皇后的名号呢？

延伸阅读

杨贵妃与唐玄宗

杨贵妃进宫后，唐玄宗没日没夜地吃喝玩乐，一刻也离不开她。有一天早晨，杨贵妃因事触犯了玄宗，玄宗一气之下，叫人把她送到了她哥哥家里。可是这一来，玄宗立刻显得六神无主，丢魂失魄，吃不下饭，也没心思玩了。想把杨贵妃接回宫来，又不好意思。大宦官高力士摸透了玄宗的心思，提出把贵妃院里储存的东西，统统装车送到杨贵妃哥哥家里去，给杨贵妃使用。玄宗一听，正好下台阶，就欣然同意，并且亲自把自己吃的“御膳”分出一部分，派人一起送给贵妃吃，表示和好。到了晚上，索性把杨贵妃接回宫里。从此以后，唐玄宗对杨贵妃更是百般顺从和宠爱。他的皇后、妃子一大群，宫中美女几千人，他都一概不理，心中只有一个杨贵妃，真是“后宫佳丽三千人，三千宠爱在一身”啊！

杨贵妃生死之谜

杨贵妃是中国家喻户晓的一位绝代佳人。她那传奇的一生曾触发无数骚客文人的才情，为之吟诗作赋。天宝十五年(756年)六月，洛阳沦陷，潼关失守，盛唐天子唐玄宗狼狈地与众臣逃跑，其爱妾杨贵妃死于马嵬坡。

公元755年，一场声势浩大的“安史之乱”促使大唐王朝由盛转衰。叛军攻入长安时唐玄宗连夜出逃。第二天，逃亡队伍到达陕西境内的马嵬坡时，随行将士突然起义，当朝宰相杨国忠瞬间死于乱军之中。随后，起义将士把矛头指向杨国忠的姐姐——杨贵妃。一代绝世美人杨贵妃香消玉殒于马嵬坡。

◆ 杨贵妃骊山避暑图

据史料记载，玄宗皇帝回长安后，秘密令宦官改葬贵妃。奇怪的是，去改葬的人回来说不见了贵妃的遗体，只带回了贵妃生前携带的香囊。这究竟是怎么一回事呢？

杨贵妃流落民间

有人认为，杨贵妃并未死于马嵬坡，而是流落于民间。俞平伯先生在《论诗词曲杂著》中对白居易的《长恨歌》和陈鸿的《长恨歌传》作了考证。他认为白居易的《长恨歌》、陈鸿的《长恨歌传》之本意，盖另有所指。如果以“长恨”为篇名，写至马嵬坡已足够了，何必还要在后面假设临邛道士和玉妃太真呢？以此判断，俞先生认为，杨贵妃并未死于马嵬坡。当时六军哗变，贵妃被劫，钗钿委地，诗中明言唐玄宗“救不得”，所以正史所载的赐死之诏旨，当时决不会有。陈鸿的《长恨歌传》所言“使人牵之而去”，是说杨贵妃被使者牵去藏匿远地了。白居易《长恨歌》说唐玄宗回銮后要为杨贵妃改葬，结果是“马嵬坡下泥土中，不见玉颜空死处”，连尸骨都找不到，这就更证实贵妃未死于马嵬坡。值得注意的是，陈鸿作《长恨歌传》时，唯恐后人不明，特为点出：“世所知者有《玄宗本纪》在。”而“世所不闻”者，今传有《长恨歌》，这分明暗示杨贵妃并未死。

逃亡日本

还有一种说法认为，杨贵妃最后逃亡到日本。1984年出版的《文化译丛》第五期，张廉译自日本《中国传来的故事》一文说，当时马嵬坡被缢死的，乃是个侍女。禁军将领陈玄礼为贵妃美色所吸引，不忍杀之，遂与高力士谋，以侍女代死。杨贵妃则由陈玄礼的亲信护送南逃，大约在今上海附近扬帆出海，经海上漂泊，辗转来到日本久谷町久，最终在日本安度晚年。

日本山口县“杨贵妃之乡”建有杨贵妃墓。1963年有一位日本姑娘向电视观众展示了自己的一本家谱，说她就是杨贵妃的后人。日本著名影星山口百惠，也自称是“杨贵妃的后裔”。

必死无疑

由上述可见，随着时间的推移，关于杨贵妃之死的传说愈来愈生动，有一种论点是，这些传说离史实也愈来愈远。这种论点认定，杨贵妃在马嵬坡必死无疑。《高力士外传》认为，杨贵妃的死，是由于“一时连坐”的缘故。换言之，六军将士憎恨杨国忠，也把杨贵妃牵连进去了。这是高力士的观点。因为《外传》是根据他的口述而编写的，从马嵬坡事变的形势来看，杨贵妃是非死不可的。缢杀之后，尸体由佛堂运至驿

◆ 《长恨歌》描写杨贵妃的灵魂飞到了蓬莱山上

站，置于庭院。唐玄宗还召陈玄礼等将士进来验看。杨贵妃确实死在马嵬坡，旧、新《唐书》与《通鉴》等史籍记载明确，唐人笔记杂史如《高力士外传》《唐国史补》《明皇杂录》《安禄山事迹》等也是如此。但其生死情况究竟如何，至今仍令人难解。

延伸阅读

杨贵妃为什么能博得人们的同情

民间传说杨贵妃死而复生，这反映了人们对她的同情与怀念。“六军”将士们以“祸本尚在”的理由，要求处死杨贵妃。如果人们继续坚持这种观点，那么，杨贵妃就会被当作褒姒或者妲己一类的坏女人，除了世人痛骂之外，是不可能有任何赞扬的。即使她是人间绝色或者盛唐女性美的代表者，也不会令人们在潜在意识中产生怜悯与宽恕。全部的问题在于：杨贵妃事实上不是安史之乱的本源。高力士曾言“贵妃诚无罪”，这话虽不无片面，但贵妃不是罪魁祸首，那是毫无疑问的。安史之乱风雨过后，人们开始反思，总结天宝之乱的历史经验，终于认识到历史的真相。民间传说自有公正的评判，对历史人物的褒贬往往比较客观。杨贵妃之死，既有其自取其咎的一面，更有作为牺牲品的一面。于是，人们幻想确实已死了的杨贵妃能重新复活，寄以无限的追念。

宋太祖赵匡胤的死因是什么

赵匡胤是一位推动历史发展的杰出人物。他对待权臣刚柔并济，怀柔安抚，很好地解决了天下统一后的军权问题，是历史上一位杰出的英雄。

公元976年，宋代开国之君赵匡胤一夜之间猝然离世，正史中没有他患病的记载，野史中的记载又说法不一。他的死因，成了历史上一宗离奇的悬案。据推测，赵匡胤是被他的弟弟赵光义所杀，尽管官修《宋史》对宋太祖的猝死原因做了各种各样的遮掩和粉饰，但仍通过形形色色的破绽证明：赵匡胤是被赵光义谋杀的。其推断理由如下：

一、据《湘山野录》记载：开宝九年（976年）十月二十日晚上，赵匡胤到湖边观看天象，开始天气晴朗，突然间阴云四合，狂风大作，居然下起雪雹来。赵匡胤心中不悦，召来弟弟光义，在万岁殿对酌。酒过三巡，太祖瞪着两眼，似乎有什么话要说，光义就叫宦官、宫女尽行避去，守候在外面的人只是远远看见屏风之上烛光摇曳，人影散乱，光义时时离席，好像喝醉了酒的样子。这时已是三更，纷飞的雪花已在地面积了数寸，猛然间听到了斧声，好像是赵匡胤在用斧头斫雪，一边斫着，一边高声叫道："好做！好做！"后来就睡了，鼾声如雷。赵光义也睡在里面，将近五更，周遭寂无声息，光义突然说：皇帝死了。于是光义接受了遗诏，在灵柩前即了帝位。

◆ 宋太祖赵匡胤像

二、据《涑水纪闻》里说：宋太祖去世时已是四鼓。皇后叫内侍王继恩把皇子赵德芳叫来。王继恩考虑到太祖早就打算传位于晋王光义，就找来了赵光义。进宫后，皇后问："德芳来了吗？"王继恩回答："晋王来了。"宋皇后惊诧莫名，后来突然醒悟，哭着对赵光义说："吾母子之性命，皆托官家。"

◆ 宋太宗赵光义像

王继恩有何胆量，敢违背皇后的旨意，本该传赵德芳，却传来赵光义？倘若事败，不是杀身之祸吗？这种说法，只不过把篡位的罪过加在一个太监身上而已，同时掩盖了杀兄的罪行。

三、另外，据说赵光义以弟弟的身份继承兄长的帝位，是他母亲杜太后的意见。说是杜太后临终时，曾对赵匡胤说："如果后周是一个年长的皇帝继位，你怎么可能有今天呢？你和光义都是我儿子，你将来把帝位传予他，国有长君，才是社稷之福啊！"赵匡胤表示同意，于是叫宰相赵普当面写成誓词，封存于金匮里，这就是所谓的"金匮预盟"，也就是赵光义"兄终弟及"的合法根据。但是"金匮预盟"在初版的《太祖实录》却未见记载，在第二次编修的新录中才被提及，因而是否确有其事，仍疑点重重。

杜太后去世时，赵匡胤只有34岁，正值壮年，他的儿子已经14岁。即使赵匡胤几年后去世，也不会出现后周柴世宗遗下7岁孤儿群龙无首的局面。杜太后一生贤明，怎能出此下策？况且，"金匮之盟"是赵光义登基5年后才列举证人、公布出来的。为什么不在赵匡胤死时，堂堂正正公布出来呢？

一切的疑点都证明，赵匡胤极有可能是被赵光义谋杀的。但是赵匡胤究竟是怎么死的，至今还没有一个确切的答案。

延伸阅读

赵匡胤器量宽宏

一次，赵匡胤设宴招待群臣。其中有一个翰林学士，名叫王著，原是后周的臣子，这时喝醉了酒，思念故主，当众喧哗起来。群臣大惊，都为他捏一把汗。太祖却毫不怪罪，命人将他扶出去休息。王著不肯出去，掩在屏风后面大声痛哭，好容易才被左右搀扶出去。第二天，有人上奏说王著当众大哭，思念周世宗，应当严惩。太祖说："他喝醉了。在世宗时，我和他同朝为臣，熟悉他的脾气。他一个书生，哭哭故主，也不会出什么大问题，让他去吧。"

还有一次，赵匡胤乘驾出宫。经过大溪桥时，突然飞来一支冷箭，射中黄龙旗。禁卫军都大惊失色，太祖却拍着胸膛说："谢谢他教我箭法。"不准禁卫去搜捕射箭者。以后果然也就没事了。

“狸猫换太子”真假之谜

宋仁宗赵祯，真宗之子。乾兴元年（1022年）即位，由刘太后垂帘听政，明道二年（1033年）太后死，才开始亲政。宋仁宗在位42年，是两宋时期在位时间最长的皇帝。

关于宋仁宗的身世，有一种至今流传的说法，就是“狸猫换太子”的故事。主人公的传奇经历几乎家喻户晓，妇孺皆知。但故事并不能代表历史，历史对此有另一种说法。

◆ 宋真宗陵前的石像

传说故事

传说包拯巡行到地方，路上在经过一处破窑时，被一个双目失明的老妇拦住了。这位老妇自称是当今圣上宋仁宗的生母李娘娘。原来，当年没有生育的刘德妃因为嫉妒李娘娘怀上了“龙种”，于是就买通接生婆，用一只剥了皮的狸猫换去了刚刚出生的宋仁宗。宋真宗见了这个血淋淋的怪物，一怒之下就把李娘娘打入冷宫。后来刘德妃升为皇后，就对李娘娘起了灭口之心。李娘娘在一位宫女的帮助下逃出了深宫，从此就躲到了一处破窑里，隐姓埋名、孤苦伶仃地生活了20年。故事最后，包拯洗雪了李娘娘的冤仇，想方设法让仁宗认了真母。

可是这毕竟只是传说，正史里并没有记载这件事。

正史记载

《宋史》上说，李宸妃确有其人。李宸妃是刘德妃的侍女，在怀上龙子时，刘德妃就已被立为皇后。于是刘德妃请宋真宗把李宸妃生下的儿子赵祯立为己子。

真宗去世后，11岁的赵祯即位（宋仁

◆ 宋仁宗皇后像

宗），刘皇后也被尊为刘太后，辅政掌权。谁都不敢冒着杀头的危险来挑明这个真相。明道元年（1032年）李宸妃去世，刘太后想到仁宗现在虽然并不知道自己的生母是李宸妃，但自己死后一定会有人向仁宗禀告实情。如果仁宗因此怪罪太后家人，那就不是谁可以控制的了，所以应当以一品礼安葬李宸妃，那时即便谁要说什么坏话，仁宗也不会拿刘家怎么样的。李宸妃的丧礼因此举行得极为隆重。

刘太后去世后，果然就有人告诉了宋仁宗他的生母其实是李宸妃。仁宗十分悲痛，他号啕大哭，甚至下了哀痛诏自责。他十分愤怒自己身为天子却不能保护自己的母亲，不能孝敬自己的母亲，还让母亲含恨而死，至死母子不能相认。他认为这一切都是刘太后的错，于是下令包围了刘太后娘家的府第。这时宰相吕夷简急忙觐见，劝说仁宗，太后虽然不义，可是以皇后礼仪厚葬宸妃，就表明她已有自悔之心；虽然刘太后不是陛下的生母，可是对陛下仍有抚育之情，这种恩情陛下又怎能忘呢？

这一番话使仁宗冷静下来，他命李宸妃的弟弟李用和检查了李宸妃的下葬，一看生母没有被鸩杀、残害或者虐待的迹象，还穿了皇后服下葬，这才下令解除对刘姓亲属的包围。仁宗下旨尊李宸妃为皇太后，谥号“章懿”，亲临殡仪地方祭告。并且为了弥补他对生母的愧疚之情，他还把李太后的弟弟李用和一再擢升，并把福康公主下嫁给李用和的儿子李玮。

由此可见，包公与“狸猫换太子”这件事毫无关系，李宸妃也并没有流落民间。至于刘德妃当时究竟用了什么方法把宋仁宗变成自己的儿子，至今无法揭晓。

延伸阅读

澶渊之盟

公元1004年秋，辽国出兵攻打宋，宋真宗赵恒问计于群臣。副宰相王钦若、陈尧叟主张逃跑，宰相寇准说，如果放弃汴京南逃，敌人会乘虚而入，国家就难以保全了；如果皇上亲自出征，士气必定大振，就一定能打退敌兵。赵恒同意御驾亲征，由寇准随同指挥，进入澶州城。远近各路宋军见到皇上的黄龙大旗，士气大振。宋军出击，个个奋勇冲杀，消灭了辽军数千，射死了辽军主将萧达兰。萧太后见辽军陷入被动，要求议和。经过寇准的坚持和使者曹利用到辽营一再讨价还价，于12月正式议定，由宋送给辽以岁币银10万两，绢20万匹，换得辽军撤走。这就是历史上的“澶渊之盟”。

明成祖朱棣生母之谜

明成祖朱棣（1360—1424年）是明朝第三代皇帝，明太祖朱元璋第四子，受封为燕王。后发动靖难之变，起事攻打侄儿建文帝，夺位登基。

明太祖朱元璋去世后，继位的建文帝朱允炆实行削藩。燕王朱棣在建文元年七月发动靖难之役，四年六月攻入南京，夺取了皇位。他统治期间社会安定，国家富强，后世称这一时期为“永乐盛世”。明成祖可谓功绩累累的一代明主。

◆ 明成祖朱棣雕像

然而朱棣的生母是谁？自永乐时期以来，各种官方史书和野史上都对成祖生母问题有所记载和猜测。对此，史学界主要有以下几种说法：

马皇后说

明成祖朱棣自称是孝慈高皇后（即马皇后）所生。《太祖实录》和《太宗实录》都说朱棣为马皇后所生，后来的史籍如《明史》等正史多因循这种说法。

朱棣在夺取皇位后，马上让人编了一部叫《奉天靖难记》的书，为自己篡夺皇位辩解。该书开卷就标榜自己是马皇后的嫡子：“今上皇帝（指成祖朱棣），太祖高皇帝第四子。母孝慈高皇后生五子：长懿文太子，次秦王，次晋王，次今上皇帝，次周王也。”

有人说明成祖为了抹杀自己即位前的真实事实，曾两次改修《太祖实录》，所以《太宗实录》中自然也有粉饰的成分，并不可全信。

妃说

成祖为马皇后所生的说法到了明中后期就受到了质疑，而“妃说”浮出水面。有人认为这个“妃”是高丽人，也有人称她是元顺帝的妃子，抑或是高丽人而成了元顺帝妃子，不得而知。《太常寺志》对孝陵（即明太祖朱元璋的陵寝）神位的记载如下：左一位，淑妃李氏，生懿文太子、秦愍王、晋恭王。右一位妃，生成祖文皇帝。太常寺是皇家机构，这样严肃的问题不应该胡乱记载，可惜这本书没有流传下来。明代文人对这种资料将信将疑，但还是觉得有合理的地方，万历时期的文人何乔远就持这种观点，“臣于南京见《太常寺志》，云帝（明成祖）为妃所生，而玉牒则为高后第四子。玉牒出当时史臣所纂，既无可疑。南（京）太常职掌相沿，又未知其据。臣谨备载之，以俟后人博考。”

明末清初的钱谦益和李清见到这样的记载也无法判断孰是孰非。钱谦益当时是南明弘光朝的礼部尚书，李清曾任大理寺左丞，二人利用职务之便，于弘光元年元旦利用祭祀孝陵的时机，悄然打开孝陵寝殿，“入视果然，乃信”。

元主妃洪吉喇氏说

社会上更加流行的却是另外一种说法，即成祖生母是蒙古人洪吉喇氏。洪吉喇氏是元顺帝的第三福晋，是太师洪吉喇特托克托的女儿。朱元璋入大都（今北京市）后，见洪吉喇氏貌美，就留在身边。然而她入明宫时就已经怀孕，所生的就是明成祖朱棣，所以朱棣即元顺帝的遗腹子。其实这只是民间的传说而已。徐达攻陷大都是至正二十八年（1368年），而朱棣生于至正二十年（1360年），两者相差达8年之久。这个传说可能由于朱元璋刑罚过严、朱棣杀戮过重，从而导致民情激愤，因而编造谣言以发泄胸中的不满情绪，以致以讹传讹。

◆ 明十三陵之一的甬道口

以上说法都不足以令人信服，至于明成祖的生母究竟是谁，至今学术界未有定论。

延伸阅读

朱棣师道尊严的学习氛围

在朱元璋为皇子们请的师傅中，有一个叫李希颜的，原是个隐士，因名气高，朱元璋写了亲笔信把他征召入京，让他当皇子们的老师。在古代，私塾的老师手里都有个戒尺，学生不听话就要挨打。他大概已经习惯了这一套，对皇子们依然很严厉。有一次，一个皇子不听话，让他打在脑袋上，肿起个包。朱元璋见了很心疼，一时大怒，准备治李希颜的罪。马皇后在旁劝解道：“师傅教我们的儿子以圣人之道，哪里还能对师傅发怒呢？”朱元璋这才消了气，不久还让李希颜升了官。史书中没记载挨打的是不是朱棣，但他肯定是在这样严肃的气氛中进行学习的。

孝庄皇后身后谜团

孝庄皇后是清朝历史上一位举足轻重、颇受关注的人物。在后金的一步步成功中，她卷入了一场又一场政治斗争的漩涡，并展示出了卓越的政治才华，逐步确立了稳固的地位并成为清初政坛上的一个重要人物。

孝庄皇后一生经历清初三朝，正是由乱到治的关键历史时期。她全力辅佐皇帝，对调和清宫内部矛盾和斗争，稳定清初社会秩序，促进国家的统一作出了重大贡献，后世称之为“清代国母”。然而，孝庄在为后人所称道的同时，也给我们留下了种种谜团。

她是满蒙第一美女吗？

据说，历史上的孝庄确实非常美丽，但并不是满蒙第一美女，她的姐姐海兰珠就比她漂亮。据史书记载，孝庄在十二三岁左右嫁给皇太极，数年之后她的姐姐海兰珠也被娶入宫中。皇太极对她姐姐非常宠幸，其程度超过了孝庄。

但据《清宫十三朝秘史》《清史演义》等野史中的记载，孝庄年轻的时候被称为“玉妃”，也就是说她皮肤如玉，貌美如花。虽然野史的记载不完全可信，但孝庄美丽的说法广泛存在。

◆ 孝庄文皇后像

为何与姑姐同侍一夫？

清代帝王选择皇后时考虑更多的是政治利益。孝庄嫁给皇太极，主要是因为当时努尔哈赤想拉拢蒙古族的科尔沁部。当时满族八旗和科尔沁部的通婚相当普遍，皇太极后来的“崇德五宫”全部都是蒙古族人，而科尔沁部就占了三宫，分别是孝庄和她的姑

◆ 康熙为孝庄皇太后御书的“福”字

姑、姐姐。

清朝入关之前，这样的婚姻方式对满族来说是合理的，因为在当时的社会中女人地位很低下。孝庄的姑姑在嫁给皇太极后久未生育，如果没有生育，科尔沁部和满族的结盟就不算稳固。于是皇太极就娶了孝庄，怎奈孝庄也没有给他生儿子，皇太极就又娶了她姐姐海兰珠。海兰珠生了一个儿子，却在一岁左右夭折，直到后来孝庄生下了福临（后来的顺治帝），皇太极才终偿所愿。

是否下嫁多尔衮？

满族历史上确实有“收继婚”这种说法。也就是说，父亲死后，儿子可以娶后母为妻；兄死后，弟弟可以娶嫂子为妻。但有人认为，孝庄与多尔衮成亲，甚至有暧昧关系都是不太可能的。孝庄是两朝皇太后，已经是史学上的定论，如果孝庄后来曾下嫁多尔衮，她就变成了王妃，就不再是皇太后的身份了，无权辅佐顺治和康熙两朝皇帝。在清初皇位的争夺中，孝庄和多尔衮从某种意义上来说是政敌，不大可能出现暧昧关系，说他们年轻的时候就认识，或者是后来相互倾心，现在都缺乏充足的史料依据，无法成立。但相信随着清史研究的深入开展，这些谜团都会一一破解。

延伸阅读

孝庄与康熙祖孙情深

玄烨即位后由祖母孝庄太皇太后照看他，祖孙二人感情十分融洽。孝庄不但关心他的起居，而且对他的言语举动，都立下规矩，严格要求，稍有逾越，则严厉批评。玄烨在祖母的教导下健康成长，一个未来杰出帝王的特质和才气，在少年时代打下了根基。鳌拜集团铲除后，孝庄放手让玄烨理政，让他在实践中得到锻炼，又一再提醒他要谨慎用人、安勿忘危、勤修武备等。对于祖母的教诲玄烨非常尊重，重大事情都要问过才执行。在他们的携手努力下，清王朝从动乱走向稳定，经济从萧条走向繁荣，为平定三藩、统一台湾和边疆用兵等大规模战争奠定了物质基础。清王朝在康熙朝形成第一个黄金时代，其中包含了孝庄的一份功劳和心血。

顺治离位之谜

顺治是清世祖皇帝的年号，一般是指清世祖，即爱新觉罗·福临。顺治帝是清太宗爱新觉罗·皇太极的第九子，是清兵入关后的第一位皇帝。

崇德八年（1643年）八月，太宗皇帝在端坐中突然无疾而终！经过一番兵戎相持的较量，太宗皇太极第九子福临，在叔父摄政睿亲王多尔衮辅佐下即了帝位，改元顺治，并于顺治元年（1644年）九月由沈阳进京，在太和门举行了登极大典。

福临登上王位后，多尔衮摄政。清廷在以武力统一全国的过程中，发兵追剿李自成、张献忠的农民起义军和南明抗清势力，推行剃发易服、圈地等民族高压政策。多尔衮病逝后，顺治开始摆脱傀儡地位。为加强皇权，他废除了诸王贝勒管理各部事务的旧例，又采取了停止圈地、放宽逃人法等一系列缓和民族矛盾的措施。然而，尽管顺治很想有所作为，也深受中原文化的吸引，但终因他周围没有形成一支以他为主导的强有力的政治势力，致使他在与朝中反对汉化的勋旧大臣的较量中败下阵来。

◆ 顺治朝服像

顺治在位18年，然而关于顺治皇帝到底是怎么离位的历来说法不一。

因染上天花而病死

有人说世祖皇帝福临在顺治十八年因病而死。因为爱妃董鄂氏及其爱子（即董鄂妃的儿子）相继病亡，福临受到了巨大的精神打击，身体每况愈下，后又染上了天花，心情非常郁闷。在顺治十八年正月初三，顺治传召翰林院掌院学士王熙到养心殿。顺治和王熙秘密谈了一番话，后来王熙闭口不谈此事，似有难言之隐。到正月初六子时，忽然传召王熙到养心殿，顺治说，我得了天花了，病势很严重，可能好不了，你听我口授，回去赶紧撰写遗诏。王熙就到了乾清门西侧围屏内，就地起草诏书，起草一条就上奏一条，批回来改，再起草再上奏，三次上奏，得到钦定。初七，傍晚的时候遗诏撰写和修改刚完，顺治崩于紫禁城内的养心殿，年仅24岁。

因看破红尘而出家

另一种民间传说就是政治上的失意，使顺治帝沉湎于与董鄂妃的爱情之中。随着与佛教高僧木陈忞等人的交往，他产生了遁入空门的思想。当他挚爱的皇贵妃董鄂氏死后，他的精神支柱完全崩溃。于是看破红尘，在五台山出家当了和尚。而之所以选择五台山，据说也是因为梦到了董鄂妃在那里。

据说，康熙皇帝曾经数次前往五台觐见父亲，但都没有得到顺治的相认，所以康熙才会写出“文殊色相在，唯愿鬼神知”的诗篇。这种说法的有关记录，主要存在于《顺治演义》《顺治与康熙》等野史和文学作品中。

遭到炮击而死

最近历史学家又提出了第三种说法，即炮击致死说。据说，1661年2月清军攻打厦门的战役结束后，有人密报郑成功，说顺治皇帝是在厦门思明港被炮轰而死，大将军达素不敢公布这一消息，京城中查不到顺治的下落，召达素回京，达素畏罪自杀。后太子即位，宣布顺治驾崩，这是朝廷掩盖的手段。郑成功说：“我也意识到了这点，但当时觉得恍恍惚惚，不敢相信。”还有人说，

◆ 五世达赖喇嘛觐见顺治帝

顺治死后，辅臣苏克萨哈与降清的郑成功之父郑芝龙有仇，向太子建议：“郑成功可以用炮击死我们的先皇，皇上难道就不能处死他的父亲吗？”太子采纳了他的意见，即位不久后，郑芝龙就被处死。

延伸阅读

满族人为什么忌食狗肉

传说，满族英雄努尔哈赤年轻时逃亡在外，昏迷时被大火围住。随行的大黄狗急忙跳到水里蘸湿了全身的毛，然后用湿漉漉的身体压倒周围茅草，用自己的生命救出了努尔哈赤，也救出了大清朝的开国君主。称王后的努尔哈赤为了报答“义犬救主”之恩，特下诏令：满族人从此不准穿狗皮、吃狗肉。但这也仅仅是一个传说，并没有确切的史料记载。

雍正嗣位之谜

雍正即清世宗爱新觉罗·胤禛，清圣祖玄烨（康熙）第四子，是清朝入关后第三位皇帝，1722—1735年在位，年号“雍正”，死后葬于清西陵之泰陵，庙号“世宗”。

雍正年轻时跟从顾八代、徐元梦等学习经史，又与禅僧接近，稍懂佛学。曾随圣祖巡幸江南，朝佛五台山、秋狝热河(今河北省承德市)，并奉命往祭曲阜孔庙、盛京(今辽宁省沈阳市)祖陵。清圣祖亲征噶尔丹，从征掌正红旗大营。康熙末年，雍正同其他皇子争为储君。圣祖驾崩后，他在十三皇子胤祥的帮助下继承帝位。又传他在隆科多的帮助下夺了抚远大将军胤禵的帝位。

◆ 雍正帝朝服像

至于雍正帝究竟是怎样嗣位的，至今仍是一个谜。对此，一般有以下两种说法。

康熙传位

官书中记载，康熙六十一年(1722年)十一月冬至(初九)前，胤禛奉命代祀南郊。当时，康熙患病住在畅春园疗养，“静摄”政权。胤禛求侍奉左右，但康熙认为祭天是件大事，便让胤禛在斋所虔诚斋戒，不得离开。到了十一月十三日，康熙的病情突然恶化，这时才不得不破例把胤禛召到畅春园来。皇三子、七子、八子、九子、十子、十二子、十三子以及步兵统领隆科多等人到了御榻旁，听取了康熙的遗诏：“皇四子胤禛人品极好，令人敬重，与朕很相似，因此他肯定能够继承大统，继承皇位。”据说，当胤禛来到康熙面前时，康熙还能够说话，但是到了夜里戌时，康熙就归天了。隆科多即向雍正宣布“遗诏”。胤禛听后昏扑于地，痛不欲生，而胤祉等其他兄弟则向胤禛

◆ 雍正帝银马鞍

叩头，并劝他节哀顺变，因此雍正就履行新皇帝的职权，主持康熙的丧葬之事。雍正曾特别强调：当日情形，我的各位兄弟以及宫里侍卫和大臣都看见了。

从上面的情况来看，雍正的即位是由父皇康熙寿终正寝后才开始的，是属于正常并且合乎法理的。对此，清代官书众口一词，都是同一个口径。后世一般也认为雍正根据康熙“仓促之间一言而定大计”，是合法即位的，是可信的。

篡改遗诏

传说，康熙帝本欲将皇位传给十四子胤禵，在他患病的最后几日，曾经下旨要召胤禵回到京城。但是胤禛的死党隆科多却隐瞒了谕旨，致使康熙去世当日，胤禵不能赶到。隆科多于是假传圣旨，拥立胤禛为皇帝。此所谓“矫诏篡立说”的由来。

另外有一种说法讲，康熙原来就有了手书，要把皇位传给十四阿哥，但有人把“十”改成了“于”字，于是遗旨明明传位十四阿哥，却变成了传位于四阿哥，此所谓“盗改遗诏说”的来源。那么，是谁来盗改了这个遗诏的呢?有传说是雍正本人改的；有的说康熙把遗诏写在隆科多的掌心，而隆科多将“十”字抹去了；也有的说是由一些雍正府中所收养的武林高手所改写的；又有的说是雍正的亲生父亲参与改的……

雍正继承帝位究竟是康熙亲传，还是篡改遗诏篡位，是一个有争议的问题，尚无定论。但是大部分史学家判断，康熙的遗诏有满文、汉文、蒙古文几种语言。按照民间所说其修改了汉文，但是蒙文、满文是不能修改的，所以这个说法是难以成立的。

延伸阅读

雍正是怎样整顿吏治的

雍正皇帝即位之初，吏治废弛，贪污腐败已然成风。他克服各个方面的阻力，在全国上下大规模开展清查亏空、设立会考府、实行耗羡归公和养廉银制度，取缔陋规等多项工作，由于他态度决断，雷厉风行，当时的财政状况在短时间内得到明显改善，官吏贪污、吏治腐败的状况都有很大的转变。旅日华人学者杨启樵说：“康熙宽大，乾隆疏阔，要不是雍正的整饬，清朝恐早衰亡。”有“雍正一朝，无官不清”的说法。

雍正暴死之谜

雍正帝执政期间解决或试图解决历久相沿的弊政，一定程度上适应了生产力发展的要求，促成了吏治的相对澄清、国力的强盛和国家政局的安定，促进了多民族国家的巩固，所以说他是奋发有为的、对历史发展作出贡献的君主。

雍正十三年八月(1735年)，雍正皇帝住在圆明园，八月十八那天他与大臣们商量处理少数民族事务，八月二十他召见宁古塔的几位地方官员，第二天仍然正常办公。这说明这时他的身体仍然很好。但到了八月二十二，他却突然得病，当天晚上，已经奄奄一息的雍正便宣布传位给儿子乾隆。第二天，58岁的雍正就在圆明园咽下了最后一口气。

对雍正皇帝的突然死亡，清朝官方只有如此简单的记载，也没有说明任何原因。这就很容易引起人们的猜测。

◆ 雍正泰陵石牌坊

被吕四娘谋刺

传说吕四娘是吕留良的后代。当年，吕留良因文字狱被赐死后戮尸，吕氏一门，或被处死，或被遣戍。但吕四娘却带着母亲和一个仆人逃出，隐姓埋名，潜藏民间。吕四娘拜师习武，勤学苦练，尤其善于剑术，技艺高超。一日，吕四娘乔装改扮，混入深宫，乘机砍掉雍正脑袋。雍正死后，清廷不便声张，偷偷给雍正皇帝配了一颗黄金雕的脑袋，下诏说是驾崩，让乾隆登位，把这件事遮掩过去了。虽然清宫纪律森严，但这件事还是传了出去，民间才有此说。

但学者认为这些传说都是无中生有，纯属野史逸闻。吕留良之案，吕氏一门，男女老幼皆被斩，不可能有人逃脱。就连吕留良父子坟墓，都加以监视。所以，吕四娘行刺雍正说，实属子虚乌有，不足为信。

服丹药中毒而死

传说胤禛在雍正七年，得了一场大病。大臣说“皇上下颏偶有些微疙瘩”，是什么病，说不清楚。胤禛曾向心腹密臣发出谕旨，要他们推荐好医生、道士：“可留心

◆ 雍正泰陵殿门隆恩门

访问，有内外科好医生与深达修养性命之人，或道士，或讲道之儒士、俗家。一面奏闻，一面着人优待送至京城，朕有用处。”后来李卫密荐道士贾士芳，到北京为胤禛看病，后将贾道士处死。胤禛对道士、丹药感兴趣，曾特为紫阳道人重建道院，还曾请道士张太虚、王定乾等到圆明园炼丹，以求吞服灵丹妙药，长生不老。

有一份史料上说，雍正宾天时“七孔流血”。七孔流血是严重中毒的反映，雍正长期服用道士所炼之丹，丹药中汞、铅、朱砂等含量较高，又都是高温烧煅而成，热性很大。十三阿哥允祥去世后，为渴求长生不老，雍正加大剂量服用丹药终致中毒。乾隆还未正式登基前，已急急传谕驱逐宫中道士，可见雍正之死同道士有密切关系。

那么，雍正究竟是怎么死的？随着对清宫档案的挖掘和研究的深入，越来越多的史学工作者认为，雍正吃丹药中毒致死的可能性极大。但对于这个问题目前并没有一个确切的答案。

知识小百科

雍正的“耗羡归公”

我国古代以银、铜为货币，征税时，银两在兑换、熔铸、保存、运解中有一定损耗，故征税时有一定附加费。此项附加费称“耗羡”或“火耗”，一向由地方州县征收，作为地方办公及官吏们的额外收入。耗羡无法定征收额，州县随心所欲，从重征收，有的抽正税一两，耗羡达五六钱，人民负担甚重。雍正实行“耗羡归公”，将此项附加费变为法定税款、固定税额，由督抚统一管理，所得税款，除办公费用外，作为“养廉银”，大幅度提高官吏们的俸入。这样，既减轻了人民负担，又保证了廉政的推行。故雍正说：“自行此法以来，吏治稍得澄清，闾阎咸免扰累。”这就是所谓的“高薪养廉”。

慈安太后死因之谜

慈安太后（1837—1881年）即东太后，钮祜禄氏，是清代咸丰皇帝之妻。她是广西右江道穆扬阿的女儿，咸丰在未做皇帝前就与她结成夫妻。咸丰二年（1852年），钮祜禄氏被封为贞嫔，又进为贞贵妃，不久立为皇后。

慈安太后为人幽闲静淑，举止端庄，口木讷不善言辞，在众妃嫔中从不争宠，很得咸丰皇帝的尊重。1861年11月咸丰死后，她进封为慈安太后，因为她是正宫皇后，地位在慈禧太后之上。她和慈禧的一般称呼是慈安称“母后皇太后”，慈禧称“圣母皇太后”。

咸丰帝死后不久，慈禧与恭亲王奕䜣定计，发动祺祥政变（辛酉政变），处死了肃顺等辅政八大臣，夺取了清王朝的最高权力。表面上，慈安与慈禧两宫太后以姐妹相称，共同垂帘听政，执掌国家最高权力。可是到了1881年4月8日，年仅四十五岁、比慈禧还小两岁的慈安太后突然暴毙宫中，清廷的垂帘听政由两宫并列一下子变成了慈禧一人独裁。对慈安太后突然死亡，在当时与以后都有种种怀疑与猜测，成为二百多年清宫史上的又一桩疑案。归纳起来，主要有下列几种说法：

正常病死说

在朱寿朋的《光绪朝东华录》中载有慈安的遗诏，说她在“（1881年农历三月）初九日偶染微疴，初十日病势陡重，延至戌时，神思渐散，遂至弥留”。但是这种“因病致死”是那样的快速而又突然，连当时的当事者也大为怀疑。据《清稗类钞》载，在慈安初感身体不适时，有御医为她诊脉，认为“微疾不须服药”，没想到当晚就听说“东后上宾，已传吉祥板（棺木）”，这位御医大为诧异，还以外间论传。后来噩耗证实，他大戚曰：“天地间竟有此事，吾

◆ 咸丰皇帝朝服像

尚可在此？”可见，他是不信慈安是因病致死。另一位当事人左宗棠，当时任军机大臣，突然听说慈安得病身亡，顿足大声说：“昨早对时，上边（指慈安）清朗周密，何尝似有病者？即去暴疾，亦何至若是之速耶？”

◆ 慈安陵下马碑

慈禧进药毒死说

据《慈禧外纪》载：当年咸丰临终时，曾秘密留下了一个遗诏给慈安，要她监督慈禧，如果慈禧敢胡作非为就出示此遗诏处置她。但老实的慈安竟将此事了告诉慈禧。密谕的存在，使慈禧感到惊恐不安，办事谨小慎微，不敢胡作非为。她对慈安言听计从，关怀备至。时间长了，慈安看到慈禧安分守己，就对她放松了警惕。

一次，慈安患病，吃了太医开的各种药都见效甚微，一气之下，慈安拒绝吃药。没想到，几天之后，她的病居然奇迹般地痊愈了。大病初愈，慈安兴高采烈地到颐和园散步，却见慈禧左臂缠着白纱。她十分惊异，就上前问慈禧原因。慈禧满不在乎地回答道：“前几天，我见你病卧床榻，面色苍白，心里很难过，因此就从我左臂膀上割下一片肉，让人煮汤为你滋养身子，以表我的一片诚意。”慈安听了这一席话，大为感动，感谢万分地说：“想不到你竟然是这样一位好心人，先皇不应该对你有什么不放心的地方。”说罢，便回宫中，取出咸丰皇帝的临终密谕，当着慈禧的面，烧为灰烬。之后慈禧遂借向慈安进献饵之机，暗下毒药，加以谋杀。

宫廷内幕，千古之谜。上述几种说法都出自传闻与野史笔记，没有可靠的史实依据。究竟真相如何，有待进一步的考证与分析研究。

延伸阅读

慈安为什么被封为皇后

慈安之所以得到咸丰格外垂青，不到半年即两次越级正位中宫，不仅由于她与咸丰少年便结为夫妇，伉俪情深，更重要的是她美德出众，符合传统道德标准。如果说慈禧以“才”超人，那么慈安则是以“德”服众。据载，慈安为皇后时崇尚俭朴，常服布衣，所穿之鞋也都是她让宫女所做，且每年必亲手做一双鞋送给咸丰帝穿。外朝进贡的冠服、首饰，多命宫女拿出退还，说：“臣子多一分贡献，便是百姓多一分钱财，倘若收了他们的贡献，便是暗地里教他们去做贪官，所以臣子的贡献万万收不得。”皇后雍容有度，举止端庄，每次见皇上总是身着礼服。咸丰对她十分感佩敬重，称她为“女圣人”。

同治皇帝死因疑案

同治为清穆宗爱新觉罗· 载淳的年号，在位时间为1861年至1875年。他是清朝入关后的第八位皇帝。在位13年，患天花而死，终年19岁。

据说，同治皇帝有许多后妃，却还要常常带两个心腹太监，换上平民服装，偷偷溜出皇宫，到京师的南城娼妓区去寻花问柳，夜间不回皇宫。时间一长，便染上了梅毒。起初只觉得浑身发烧、口渴、腰疼、小便不畅。太医摸不透是什么病，只当普通的感冒来治。一连几天，烧热不退，又便秘，颈项、腰部等处发出紫红斑块。到1874年11月，头部、脸面上都出现紫色发亮的斑块，左边脸颊上的斑块被抓破，渗出血水，脸颊肿得厉害，上下嘴唇都朝外鼓着，腰部化脓，很远就能闻到一股令人作呕的恶臭。

◆ 同治皇帝朝服像

为了维护皇帝的尊严，宫中对于同治患梅毒之事多方掩饰，只说是出天花。一天，同治的皇后去养心殿探病，并向他诉说慈禧太后又为细微小事责骂她，还失声哭泣起来。慈禧本来就不喜欢这个儿媳妇，并设下了监视的耳目。这天，慈禧听说皇后去探视皇帝，便亲自到养心殿东暖阁外偷听他俩的谈话。她听到皇后在诉说她的不是，就怒气冲冲地闯了进去，一把抓住皇后的头发，举手就打，并且叫内廷太监准备棍杖，要严厉责罚皇后。同治见状，被吓得昏厥了过去，慈禧这才没有对皇后用刑。同治的病势却从此越来越重，于同治十三年十二月初五（1875年1月12日）死于养心殿东暖阁。没有过多久，皇后阿鲁特氏薨逝。

当然，这个是没有史料记载的，是传闻。关于同治的死因，传闻很多，十分离奇，广为流传的是说他因行为不检，染梅毒而死。但也有人说是因得了天花而死。

◆ “御赏”“同道堂”玺及玺匣　清

在《清代档案史料丛编》第七辑中编纂公布了《同治进药簿》，这是根据宫中所藏《万岁爷天花喜进药用药底簿》中御医对同治帝临死前诊断记录及处方进行研究，认为“从这本进药簿的名称，以及从载淳患病到去世的脉案、用药处方，都可以证明是因患天花没有治好而去世的”。理由如下：

第一，从理论上讲，天花是由天花病毒引起的一种烈性传染病，梅毒则是由梅毒螺旋体引起的一种慢性传播疾病，患天花之初都要发烧，这是患急性传染病的规律，体温增加一度，脉搏增跳十次。从同治脉案可以清楚看到，从发病第一天就脉搏加快，发高烧达7天之久。而患梅毒起病不急，无发烧症状，病情发展缓慢。

第二，天花发病带季节性，有严格的发病时间，一般在冬春发生，非其时不可能发生，同治帝发病在阴历十月末，死于十二月初，与天花冬季发病相符合。而梅毒发病无明显的季节特点，一年四季均可发病。

第三，患天花开始还头痛、背痛、发冷、寒战等，这些皆为天花明显症状，在脉案中上述现象记录得相当详细。而梅毒发病缓慢，无明显全身症状，表面像个健康人。

第四，天花皮疹的形态、分布及转化时间有一定的规律性。在天花发病后的第一或第二日，皮肤上就可见皮疹，即斑疹，但数小时后即迅速变为丘疹，丘疹呈圆形，边缘清晰。同治身上出现这种症状，脉案中均有记载，御医也确认同治帝患天花。

也有人推测说同治帝死于慈禧太后之手，但种种推论并没有充足的依据，同治帝究竟死于何因至今仍是不解之谜。

延伸阅读

同治帝的皇后阿鲁特氏之死

同治的死，慈禧将责任栽到皇后头上。皇后阿鲁特氏见同治皇帝死，大恸大悲，不思饮食，吞金自杀，获救得生。皇后之父崇绮，奏告慈禧皇太后。皇太后回答：“可随大行皇帝去罢！”皇帝死了，尚未入葬，称大行皇帝，就是说可以随夫殉死。同治帝死后，慈禧不为他立嗣，却立同治帝的堂弟载湉（也是慈禧外甥）为嗣皇帝，承继咸丰帝为子，这就将阿鲁特氏置于处境尴尬的皇嫂之位，既不是皇太后，又失去了原来中宫皇后拥有的权力和尊贵地位。将来光绪帝立后以后，阿鲁特氏的地位更为尴尬，这是有清以来从来没有出现过的角色，这在客观上把阿鲁特氏推向了绝路。皇后只有自尽一条路可走。光绪元年（1875年）二月，同治帝死后75天，皇后阿鲁特氏“遽尔崩逝”，年二十二。

慈禧太后身后谜团

慈禧太后，孝钦显皇后，满族，又称“西太后”“那拉太后”“老佛爷”，徽号“慈禧端佑康颐昭豫庄诚寿恭钦献崇熙”。

慈禧太后是晚清统同治、光绪两朝的最高决策者，在晚清执政五十年。围绕着慈禧始终有许多谜团，至今难以得出定论。

慈禧的身世传说

传说慈禧原是山西省潞安府长治县西坡村王增昌的女儿，名叫王小慊，4岁时因家道贫寒，被卖给上秦村宋四元家，改姓宋，名龄娥。到了11岁，宋家遭到不幸，她又被转卖给潞安府知府惠征做丫头。一次，惠征夫人富察氏发现龄娥两脚各长一个瘊子，认为她有福相，就收她作干女儿，改姓叶赫那拉氏，取名玉兰。后来玉兰被选入宫，成了兰贵妃。但其实这种说法缺乏证据，不足为信。

◆ 慈禧太后与群妃合影

慈禧的名字之谜

民间传说或影视作品，一般称慈禧太后为兰儿或玉兰。可能是因为慈禧进宫后的第一个封号为“兰贵人”，很多小说笔记误以为“兰儿”是她的乳名，实则不然。据慈禧家族后人叶赫那拉·根正称，慈禧的乳名实际上叫“杏儿姑”，“姑”是满人对未成年女子的通常称呼，而“杏儿”的名字则是因为当时家中庭院种有几棵白杏树，由此，慈禧的爷爷给她起了个大名叫“杏贞”，小名“杏儿”，取“忠贞”之意。至于咸丰皇帝初封杏贞姑娘为兰贵人，大概是因为咸丰最喜欢玉兰花，因此

◆ 养心殿东暖阁——垂帘听政处

给她这样一个封号。

"老佛爷"称号的由来

有一天，李莲英对慈禧说："听说万寿寺大雄宝殿常常有双佛显光，这是大吉大利之兆，奴才想请太后驾临前往观看。"慈禧听罢感到十分惊奇，便起驾出宫到了万寿寺。这时李莲英忙说："请太后到后殿御览。"慈禧太后慢慢悠悠转到三世佛后，果见一慈眉善目的观世音坐在殿中央，此寺方丈住持，还有慈禧的文武大臣也在这里。这时，李莲英喊道："老佛爷到。"其他人即刻跪伏高呼："恭迎老佛爷！"慈禧见状明白了一半儿，但她故作不解问道："你们迎接的是哪位老佛爷呀？"李莲英答道："就是迎接太后您老佛爷呀！您就是当今救苦救难的观世音菩萨啊！如今先皇晏驾，新皇尚幼，国不可一日无主，臣民们请您垂帘料理朝政，您可要救庶民于水火之中啊！"一席话说得慈禧心花怒放。自此，老佛爷这个称呼便从万寿寺传遍京城，举国上下，都称慈禧为"太后老佛爷"。

据说这个观世音是李莲英让人按慈禧的模样塑造的，后来慈禧来万寿寺焚香礼佛，卜签求寿，由于对此观世音非常赏识，还穿上了寺里方丈为她准备的观音衣服，李莲英扮作护法神韦驮，双手合十，横杵于腕上，她们两人在这个佛像前照了张像，曾经有人见到过此照片。

但这也是众多传说中的一种，至于"老佛爷"称号的由来至今还没有一个确切的答案。

延伸阅读

中国史上第一个殉职的记者

《中俄密约》的内容公之于众后，全国人民群情激愤，纷纷斥责清政府的卖国行径，进一步促进了全国范围内革命运动的深入开展，清政府则陷入了非常难堪的狼狈境地。在国内外强大舆论的压力下，清政府不得不放弃签订《中俄密约》的计划。

恼羞成怒的慈禧太后极其残忍地下令将公开披露密约草案的记者沈荩"斩立决"。后因惧怕行刑会影响慈禧太后的生辰庆典，慈禧太后这才发布谕旨：着即日立毙杖。

7月31日，刑部大堂8个狱卒手拿特制的大木棍，轮流捶打沈荩的四肢和背部，时间长达4个小时之久。沈荩被打得血肉横飞，但自始至终"未出一声"。这时，堂司以为沈荩已死，下令停止捶打。不想这时沈荩用微弱的声音说道："速用绳绞。"见沈荩还没有死，堂司又下令"以绳勒其颈，而始气绝"。

慈禧的私密生活

慈禧太后，死后清朝上谥号为“孝钦慈禧端佑康颐昭豫庄诚寿恭钦献崇熙配天兴圣显皇后”，为有史以来皇后身后哀荣之最。她是清朝政府腐败、软弱、无能、残暴的代表，也是1861年至1908年间清朝的实际统治者。

慈禧太后执晚清政权五十年，其间发生的许多大事可谓路人皆知，慈禧在我们的印象中不外乎一个卖国者、阴谋家，狠毒而冰冷。但作为一个凡人来说，慈禧也有她不为人知的另一面，有与平常人一样的喜怒哀乐、七情六欲，并不是我们想象的那么不可思议。

喜爱后宫幼童

北京琉璃厂有个叫张春圃的琴师，以为人弹琴糊口，以憨直朴素的性格和出神入化的琴技，在士大夫中赢得极好的口碑。慈禧闲来无事想学琴，听说张春圃很有名，便把他召入宫里弹琴。据说弹琴的地方在寝殿的西厢房，正屋有七大间，慈禧坐在最西边一间，距离西厢房很近。张春圃在宣召时就与太监约好，不能跪着弹，必须坐着才可以弹好，太监一口许诺，所以不让他对着慈禧的面。

西厢房摆着七八具琴，都是金弦玉轴，极其华贵，但张春圃试弹都不合节拍。接着听到慈禧说：“可将我平日所用的琴取来让他弹。”太监奉命取来给张春圃。张春圃一落指，觉得声音十分清越，连声称赞：“好琴好琴。”张春圃弹了一首，稍作休息。忽然见有几个穿乳母衣服的人携一个十岁左右的幼童过来，衣服极华美。幼童见了

◆ 慈禧太后之宝玺及玺文

琴就用手指玩。张春圃阻止说：“这是老佛爷的东西，动不得。”幼童瞪目看着他。旁边一个妇女立即责备张春圃：“你知他是谁，老佛爷事事都依他，你敢拦他，你不打算要脑袋了！”张春圃不再说话。

这天张春圃出宫后，后来慈禧又宣召，他宁死也不敢去了。张春圃为人狷介有志节，因为贫穷在厂肆为佣，而其琴法驰名于公卿间。慈禧那天曾命太监传语说：“你好好用心供奉，将来为你纳一官，在内务府差遣，不怕不富贵。”但张春圃自见那个幼童后，绝迹不入宫。同辈问他，张春圃说：“此等龌龊富贵，我不羡慕。”

捉弄汉族女

光绪中叶以后，慈禧忽然怡情于翰墨，学画花卉，又学写书法，常写福、寿等字赐嬖幸大臣。但自己的字写得不太好，就想找个代笔的妇人，于是降旨各省督抚留心寻觅。四川有官眷缪嘉惠，其夫在蜀地做官，死在任上。缪氏工花鸟，会弹琴，小楷字写得楚楚清秀，于是被送入京里。慈禧召见面试后大喜，让她随在左右，朝夕不离，并免其跪拜。月俸二百金，又为她的儿子捐内阁中书职位。缪氏有时也做应酬笔墨卖于厂肆，其书画颇有风韵。自是之后，凡大臣家有慈禧所赏的花卉扇轴等物，都出自缪氏的手笔。

慈禧六十大寿的前几天，她忽然问缪氏：“满洲妇女的婚妆，你也见过了；我却没见过你们汉女结婚时穿的是什么？”缪氏说：“是凤冠霞帔。”慈禧说：“庆祝那天，你要穿凤冠霞帔做我的陪宾。”第二天

◆ 颐和园慈禧寝宫

缪氏买了凤冠霞帔穿上，慈禧大笑不可抑止，说像戏剧中的某人。到了慈禧大寿那天，众满族妇女入宫，看见缪氏的服装无不大笑失声。慈禧当天十分高兴，而缪氏被束缚在凤冠霞帔里整整站了一天，苦不堪言。估计她下辈子再也不想穿什么倒霉的凤冠霞帔了。

延伸阅读

慈禧的文化水平

慈禧虽是满人，但以汉语为母语，汉语能说会写但水平不很高，常出错别字；满语听力尚可，口语不行，书写更不行。

垂帘听政后慈禧也注意加强学习：给事中孙楫向两宫太后奉上明朝张居正编辑的《帝鉴图说》作为小皇帝载淳的启蒙教材，该书语言浅显，图文并茂，不仅适合小皇帝读，也很合慈禧胃口。于是，她将图书作为自己每天的阅读功课。据说慈禧一生爱读《诗经》和《资治通鉴》。到了晚年，她还对西方科技文化比较感兴趣。

总的来说，在当时中国女性中慈禧文化水平算高的，因为其他大多数女性连字都不识。

光绪死因真相难白

作为一个年轻奋发的君主，光绪皇帝以社稷为重，推行变法，不轻易退缩妥协，以求自保，反而在关键时刻，为了变法信念，置生死安危于度外。光绪皇帝不愧为近代中国第一个效仿西方来变革中国的开明皇帝。

清光绪帝从小在慈禧太后的专制下长大，虽为皇帝，可重权旁落。他曾尝试变法图强，夺回自己的统治大权。结果变法失败，自己也被拘禁，身陷囹圄。后来，在慈禧死的前一天，正当壮年的他却莫名死掉，这让人不得不怀疑他是被慈禧阴谋害死的。官方史书记载光绪死于重病。虽然他的身体一直有病（御医可以证明这一点），但是书上说光绪临终前一天，并未宣医进殿，为什么皇上病危却无一御医问诊？这实在让人生疑。

◆ 光绪帝朝服像

袁世凯毒杀说

有的学者认为，由于袁世凯的叛卖告密，使慈禧镇压了维新运动。袁世凯担心慈禧死后光绪重新执政，将会问罪于他，于是就与庆亲王勾结，打算废黜光绪，立庆亲王之子为帝，事不成，就下手毒杀了光绪。

病死说

又有学者认为光绪是病死的。光绪自幼身体孱弱，一直有脾胃虚弱的毛病。成年后又有滑精症状，而且一天比一天厉害。他又长期咳嗽，似乎患有肺结核。政治上的失意，长期的精神抑郁，更使他患有严重的神经官能症，心悸、失眠、食欲不振等症状相继出现，逝世前一年已病入膏肓，直接死亡的原因，可能是心肺功能的慢性衰竭，并发急性感染。这一说法为多数学者接受。

慈禧毒杀说

也有人说是慈禧令太监将他毒死的。传说光绪死去当天并无异状，可后来却突然大叫肚痛，并一个劲在床上翻滚，随后不久就死了。这表明光绪是死于中毒。下毒者应

◆ 光绪皇帝崇陵地宫的棺椁

该就是病重在床的慈禧。她可能不愿意看到自己死在光绪之前吧。

关于慈禧害死光绪的说法还有一种是，慈禧听说光绪得知自己病重而面有喜色，十分恼怒，于是派了个太监去把皇帝掐死了。更有些野史传闻中记载光绪是被饿死的，说是光绪的太监欺善怕恶，都不好好伺候皇帝。他们偷走宫中的器物，却几天不给皇帝东西吃。待皇后去看望皇帝的时候，他已经被饿死了。按理说来，即使被饿死，也与慈禧脱不了干系——太监再过大胆，也不可能拿皇帝的性命做儿戏。不过至今也没有证据能为这些野史作证。

确定为砒霜中毒

清末光绪皇帝的死因近百年来一直众说纷纭，这个谜团终于在其百年祭日到来之前有了科学结论。2008年11月2日，在用法医学的手法历时5年研究之后，国家清史编纂委员会在北京举行清光绪帝死因研究工作报告会，正式宣布其死于急性砒霜中毒。光绪被人用砒霜毒死，一段纠缠了100年的光绪死因之谜，就此破解。

研究人员按照规范的法医检验要求和方法，先后提取了光绪的两小缕头发、遗骨及衣物样品测试。结果显示，光绪头发中含有高浓度的砷，且各截段含量差异很大。也就是说，光绪并不是死于长期服药导致的慢性中毒，而是死于急性砷中毒！

但历史毕竟离我们太过遥远，至于当时的清廷中到底发生了怎样的变故和阴谋，我们已经无法得知。

延伸阅读

戊戌变法

公元1898年，光绪皇帝下诏变法，以康有为、梁启超、谭嗣同等人推行新政，变法图强。光绪发布了一些有利于资本主义发展的诏令，但变法危及封建守旧势力的利益，遭到以慈禧为主的清室贵族的阻挠。维新派康有为、梁启超等人把希望寄托在统辖新军的直隶按察使袁世凯身上，要他发动兵谏，协助光绪推行新政。袁世凯却向慈禧告密。光绪料到事情败露，急忙派人送信要康有为等人赶快逃命，他自己被慈禧带到议政堂，被迫写了退位诏书，将政权全部交给了慈禧，然后被关进了南海中的瀛台，断绝了和外边的一切接触，他最知己的珍妃也被慈禧关押在别处。康有为、梁启超逃亡日本，谭嗣同等人被杀，戊戌变法宣告失败，使清王朝改变旧章的一线生机被扼杀。因变法历时仅一百零三天，又称为“百日维新”。

第五讲

考古迷案释疑

扁鹊身葬在哪里

扁鹊，原姓秦，名“越人”，又号“卢医”。由于他的医术高超，被认为是神医，所以当时的人们借用了上古神话中黄帝时的神医“扁鹊”的名号来称呼他。扁鹊奠定了中医学的切脉诊断方法，开启了中医学的先河。相传有名的中医典籍《难经》为扁鹊所著。

2000多年前，我国历史上出现了一位著名医学家，他倡导和推崇脉学，反对巫医骗人害命，从而使我国的医学向前推进了一大步。他的脉学原理至今还在我国中医界使用。这位誉满天下的医学巨人就是扁鹊。

据《史记》载，扁鹊是齐国勃海郡(今河北省任丘市)人。传说，扁鹊从一位世外高人处得到了许多秘方，师成之后他怀着一颗菩萨心肠四方行医。他擅长各科，以诊脉最为有名。他时常根据各地人民的需要而行医，在邯郸做“带下医”，在洛阳做“耳目痹医”，在咸阳做“小儿医”。精湛的医术和诚朴的医道使他名闻天下。然而他的医术却让秦国太医李醯妒火中烧，他派人刺杀了神医扁鹊。

◆ 扁鹊像

然而扁鹊于何地被杀，身葬哪里，司马迁在他的浩翰巨著中并没有记载，使之成了千古之谜。目前，社会上流传的有关扁鹊墓地的说法主要有以下几种：

汤阴说

汤阴即今河南省汤阴县。在县城东南8公里的地方有一土岗名伏道岗。相传扁鹊“一旦经历荡邑东南社，庸医恶其胜己，伏于道侧，谋而杀之，故社名伏道。遂葬尸积冢于兹，冢前立祠”（明嘉靖十四年《赞扁鹊仙艾词有引碑》）。今祠、墓尚在，并有元、明、清各代碑刻十余通。其中以金朝进士、元彰德府学教授张都于至大元年(1308年)撰写的《扁鹊墓祠堂记》碑居早，且内容详尽。

河北，在春秋战国之际，分别属秦、韩、齐、魏、赵，按《史记》《战国策》之记载，均是扁鹊行医周游列国所到过的地方。以上诸说中，也许有以“衣冠冢”而附会，也许有的纯属伪托。但是，在未得到充分的考古证实之前，似不应一概摒弃。

◆ 扁鹊庙

历城说

历城即今山东省历城县。据1926年《民国续修历城县志》载：“扁鹊墓在鹊山西山下”。《锦老秋屋笔记》则又说：“鹊山西山下有扁鹊墓，相传乃秦姓，名缓，字越人。受术于长桑君，成千古名医。尝寓于庐地，故称庐医，又曰庐扁。今长清乃古庐地，去鹊山不足百里，尽许葬于山下。惟是汉以后，黄河由千乘达海，支津注济，遍溢西流成湖，鹊山在湖中央，所谓鹊山湖是也。纵有墓在，亦必久经洊没，塌陷无存，山西偏无名荒冢，漫曰扁鹊墓，其为后人附会无疑。”

解虞说

解虞今属山西省永济县。该县清华镇有扁鹊墓，墓前尚有石羊一对及宋大观、明万历年间的碑刻。周有围墙，保存还完整，县志也有同样的记载。

除此之外，还有临渔说(传扁鹊被害于陕西省临渔县东北30里，葬于该县纸李乡南陈村)等。

我们知道，陕西、山西、山东、河南、

延伸阅读

“扁鹊见蔡桓公”的故事

有一次，扁鹊来到了蔡国，桓公知道他声望很大，便宴请扁鹊。扁鹊见到桓公以后说：“您有病，就在肌肤之间，不治会加重的。”桓公不相信，还很不高兴。5天后，扁鹊再去见他，说道：“大王的病已到了血脉，不治会加深的。”桓公仍不信，而且更加不悦了。又过了5天，扁鹊又见到桓公时说：“病已到肠胃，不治会更重。”桓公十分生气，他并不喜欢别人说他有病。5天又过去了，这次，扁鹊一见到桓公，就赶快避开了，桓公十分纳闷，就派人去问。扁鹊说：“病在肌肤之间时，可用熨药治愈；在血脉，可用针刺、砭石的方法达到治疗效果；在肠胃里时，借助酒的力量也能达到；可病到了骨髓，就无法治疗了，现在大王的病已在骨髓，我无能为力了。”果然，5天后，桓公身患重病，忙派人去找扁鹊，而他已经走了。不久，桓公就这样死了。

孔子出生之谜

孔子，名丘，字仲尼，春秋时期鲁国人。孔子是我国古代伟大的思想家和教育家，儒家学派创始人，世界最著名的文化名人之一。

孔子祖先原为子姓，后改孔姓。“子”，古代对成年男子的尊称，在春秋战国时期，拥有一定社会地位的成年男子都可以称为“子”，而且都希望别人称自己为“子”，因为“子”还是一种爵位，所谓“公侯伯子男”也。但是，真正能获得别人以“子”相称的，一般是两种人：要么在社会上公信力较高的，如“老师”；要么就是较有道德的贵族。孔子、老子属于前者。而孔子是我国古代伟大的政治家、思想家和教育家，同时在军事上亦有建树，儒家学派创始人，世界最著名的名人之一。与孟子并称“孔孟”,孔子是“内圣”，孟子是“外王”。

◆ 孔子像

中国封建社会绵延几千年，孔子作为儒家思想这种封建统治思想的创始人，受到历代统治者的加封，头衔众多，成为“万世师表”。可是，作为伟大的思想家、教育家的孔子出生情况如何呢？这个问题颇为引人注目。

关于孔子的出生情况，现在的史书多是一笔带过，模糊不清。例如，范文澜先生所著《中国通史》第一册就有这样的记载：“孔子名丘，字仲尼，鲁国曲阜人。先世是宋国贵族，曾祖父逃难到鲁国。父叔梁纥，曾做鲁陬邑宰……孔子生于前552年，卒于前479年，年七十三岁。”其他的史书大致上也都是这样记载的，包括翦伯赞先生所著的《中国史纲要》，有的史书记载更少。综览各种史料，目前关于孔子出生的情况，学术界有以下几种观点：

“野合”而生

司马迁《史记·孔子世家》记载说：“孔子生鲁昌平乡陬邑……伯夏生叔梁纥。纥与颜氏女野合而生孔子。”“野合”一说是在野地里苟合，而唐朝人认为，“野合

◆ 孔庙大成殿

说”之所以成立，是因为孔子之父叔梁纥年老而母亲颜征年少，故两人结合不合礼仪。司马贞《史记索引》就说：“今此云野合者，盖谓梁纥老而征年少，非当壮室初笄之礼，故云野合，谓不合礼仪。”

祈祷而生

这种观点的神话色彩浓厚，说孔子的母亲在尼丘山和他父亲一起祈祷，感动黑龙的精灵而怀上孔子。东汉郑玄《礼记·檀弓正义》引《论语撰考谶》说：“叔梁纥与征在祷尼丘山，感黑龙之精以生仲尼。”显然，这种说法非常荒谬，无非是儒学的后继者们为了神化孔子所作的附会之辞，不足为据。

梦生

这与上一种说法一样出于谶纬书中，带有明显的荒诞迷信色彩。因为如果不在出生问题上故弄玄虚，使之与凡人不同，以尊其为神，孔子就不能成为“圣人”，他的观点主张又怎能为世人信奉呢？

私生子

著名历史学家蔡尚思等所著《孔子思想体系》一书提出此说。该书详细列举了作者历年积累的资料，认为颜氏既然长期向孔子隐瞒其父的事情，说明颜家必定远离孔家。再加上孔子自称“吾少也贱”，这些无不证明颜氏家境贫寒，可能是奴隶或平民之女，与叔梁纥的身份截然不同。所以，该书认为，所谓“野合”，实际上是老奴隶主叔梁纥在野外强暴颜氏而生孔子，即孔子是私生子。这一结论重新解释了《史记》等书中所述的“野合”。

在这几种说法中，“祈祷而生”与“梦生”这两种说法当然不足为信，就“野合”这种说法而言，究竟该如何解释，也还没有定论。如此一来，孔圣人的身世就成了一个令后人无法探知的谜团。

延伸阅读

孔子的政治思想

在治国的方略上，孔子主张“为政以德”，认为用道德和礼教来治理国家是最高尚的治国之道。这种治国方略也叫“德治”或“礼治”。这种方略把德、礼施之于民，实际上已打破了传统的“礼不下庶人”的信条，打破了贵族和庶民间原有的一条重要界限。

孔子的“仁”说，体现了人道精神，孔子的“礼”说，则体现了礼制精神，即现代意义上的秩序和制度。人道主义是人类永恒的主题，对于任何社会、任何时代、任何一个政府都是适用的，而秩序和制度社会则是建立人类文明社会的基本要求。孔子的这种人道主义和秩序精神是中国古代社会政治思想的精华。

西施下落如何

西施原名施夷光，春秋末期出生于浙江诸暨苎萝村。她天生丽质，是中国古代“四大美女”之首，是美的化身和代名词。“闭月羞花之貌，沉鱼落雁之容”中的“沉鱼”，讲的就是西施浣沙的经典传说。

传说，在一个春光明媚的日子，范蠡巡游故里。在诸暨苎萝山下若耶溪，偶遇正在浣纱的西施，为其天姿国色所倾。于是，二人以溪水之纱相订白首之约。不久，吴王领兵打进了越国，越军被打败，越王勾践作了俘虏，范蠡也到吴国做了奴隶。三年以后，勾践夫妇和范蠡返回越国，力图报仇雪耻。

在国难当头之际，西施忍辱负重，以身许国，与郑旦一起由越王勾践献给吴王夫差。夫差一见西施，果然大喜。西施于是成为吴王最宠爱的妃子，把吴王迷惑得众叛亲离，无心于国事，为勾践的东山再起起了掩护作用。后吴国终被越国所灭。

奇怪的是，吴国灭亡后西施就失去了音信。关于西施的下落，一般有以下几种观点：

沉海说

传说勾践灭吴后，他的夫人偷偷地叫人骗出西施，将石头绑在西施身上，尔后沉入大海。而且更有甚者，传说从此沿海的泥沙中便有了一种似人舌的文蛳，大家都说这是西施的舌头，所以称它为“西施舌”。三十年代著名作家郁达夫在福建时，亦称赞长乐“西施舌”是闽菜中最佳的一种神品。

据《墨子•亲士》篇记载：“西施之沈（‘沉’，古作‘沈’），其美也。”《太平御览》引东汉赵晔所撰《吴越春秋》中有关西施的记载说：“吴亡后，越浮西施于

◆ 范蠡像

江，随鸱夷以终。”这里的“浮”字也是“沉”的意思。“鸱夷”，就是皮袋。在后人的诗歌里，也多次提及了西施沉水的事，

◆ 西施塑像

李商隐的《景阳井》诗云：“肠断吴王宫外水，浊泥犹得葬西施”；皮日休的《馆娃宫怀古》诗：“不知水葬归何处，溪月湾湾欲效颦。”这说明在唐代，人们是认可了西施被沉水的说法的。

隐居说

据说越王勾践灭吴后要论功行赏，范蠡却不愿接受任何官职。其中有两个原因，一是他确实喜欢西施的美貌，二是怕勾践像夫差除掉伍子胥一样杀掉自己。于是就在吴国灭亡后挂印而去，带着西施泛舟五湖，做生意去了。东汉袁康的《越绝书》里面记载说，“吴亡后，西施复归范蠡，同泛五湖而去”。而明代胡应麟的《少室山房笔丛》也有类似说法。

被杀说

传说吴王自刎而死时，吴人把一腔怒火都发泄在西施身上，用锦缎将她层层裹住，沉在扬子江心。据《东坡异物志》载：“扬子江有美人鱼，又称“西施鱼”，一日数易其色，肉细味美，妇人食之，可增媚态，据云系西施沉江后幻化而成。”

或许是善良的人们并不希望西施这位无辜的弱女子有个悲惨结局，于是找出初唐诗人宋之问《浣纱》诗“一朝还旧都，靓妆寻若耶；鸟惊人松梦，鱼沉畏荷花”为依据，认为吴亡后西施回到故乡，在一次浣纱时，不慎落水而死。此说似乎最理想，可是最缺乏证据。

以上几种说法似乎都有道理，但西施的下落究竟如何已经无从考证。

延伸阅读

东施效颦

西施有沉鱼落雁之容，闭月羞花之貌，就连平时所做的一些随意动作，都是非常美的。常有一些姑娘模仿她的衣着、装束，也常有一些人有意无意地模仿她的行为举止。有一天西施患病，心口非常痛。她出去洗衣服时，皱着眉头，用一只手捂着胸口，走在路上虽然非常难受，但旁人看来今天的西施却又别有一番风姿。西施有一邻居容貌长得很丑，见西施人长得美，别人又时常效仿西施的衣着、举止，她就常常暗地里观察，看看西施到底与别人有什么不同之处。这一天，她看到西施用手捂着胸口、皱着眉头的样子后，感到非常美，于是她就跟着学起这个样子来了。本来容貌就丑，又皱起了眉头，本来形体就含胸弓背，却又捂住了胸，弄得更加丑陋不堪。这就是东施效颦的典故。

荆轲刺秦王为什么没有成功

荆轲刺秦王并不能真正挽救燕国的危亡，但他站在了斗争的最前列，去反对秦国对山东六国的进攻和挽救燕国的危亡。这揭示了弱小燕国和强大秦国之间的尖锐矛盾和激烈斗争，从一个侧面反映了战国时期秦、燕之间的兼并与反兼并的斗争。

燕国的太子丹派荆轲去刺杀秦王。荆轲说："秦王早想得到燕国最肥沃的土地督亢，还有将军樊于期的人头，如果我能带着这两样东西去见秦王，他一定会接见我，并且相信我。"樊于期知道此事后自己献出了人头，太子丹将一把锋利有毒的匕首藏在燕国的地图中。荆轲于是带着要送给秦王的"礼物"上路了。

荆轲到了咸阳宫殿，顺利地受到了秦王的接待，而且也掌握了近身刺杀秦王的时机。但众所周知，荆轲刺秦最终是以"壮士一去不复还"的悲壮失败而收场的。

刺杀秦王本应是一项计划周密的行动，荆轲又有视死如归的精神，可最后为什么还是以失败告终呢？据分析，有以下几种原因致使这场刺杀行动失败。

目的不明确

燕太子丹派荆轲去秦国的目的在"诚得劫秦王，使悉反诸侯侵地，若曹沫之与齐桓公"和"则不可，因而刺杀之"这两者间徘徊。刺杀秦王本身就是一件极度危险的行动，动用一切的可能来保障尚不能有完全成

◆ 荆轲刺秦王石像图

功的把握，在行动的目的上就更不该有两种选择的犹豫。这种目的上的犹豫，必然导致荆轲刺杀行动上的迟疑，而给荆轲带来灾难性的后果。《史记》中记载了一段荆轲刺秦王的场景，“轲既取图奏之，秦王发图，图穷而匕首见。因左手把秦王之袖，而右手持匕首揕之。未至身，秦王惊，自引而起，袖绝。”是从哪里看出荆轲在刺杀行动上出现了迟疑呢？是这样的，如果荆轲抱定的是坚决刺死秦王的这种唯一想法，那么在匕首即将显现的一瞬间荆轲就能将匕首拿到手，并且一刀刺进秦王的胸膛，在秦王还没弄清楚是怎么一回事之前，秦王就已被刺死了，从而完成这一闪电般的行动。根本轮不到秦王先是大惊，而后又站起身这一系列的反应。一瞬间的迟疑给这次刺秦行动带来了灾难性的后果。

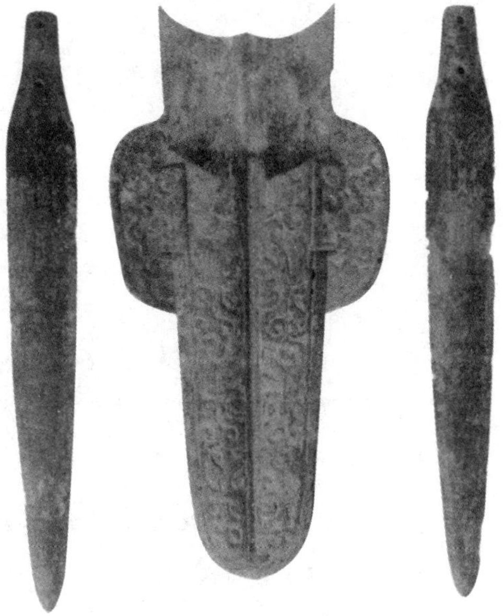

◆ 双鞘铜剑　战国

荆轲武艺不高强

秦王挣脱后绕着柱子跑，荆轲在后面紧跟着追，绕着柱子跑了几圈之后，居然没追上？荆轲的奔跑速度可是不够快。秦王拔出剑来之后，回身一剑向荆轲砍去，这时荆轲至少也应该急速躲开，然后再刺秦王一刀，哪怕只将秦王划破一点皮，也足够致秦王于死地了。可是荆轲居然没能躲开秦王这一剑，被人家砍断了大腿，紧跟着又连被劈了七剑。由此可见荆轲剑法不够高超，身手不够灵活。

荆轲行刺秦王本来是一个有很大把握能完成的行动，但却失败了。搭上了荆轲的命，搭上了樊于期的命，还白白送上了燕国督亢的地图。这还没有完，愤怒的秦王派大军首先攻打燕，杀了燕太子丹，捕获了燕王，让燕国提前从历史舞台上消失了。

延伸阅读

秦王为什么要樊于期的人头

传说秦王政的父亲异人年轻的时候在赵国做人质。赵国的富商吕不韦想利用异人提高自己的地位。为了巴结异人，吕不韦就送给他一位姑娘做妻子，这个姑娘就是秦王政的母亲。后来，在吕不韦的帮助下，异人回到了秦国，做了秦国的国君，立了政为太子，封吕不韦为相邦。

异人死后，政继位当了国君，可他发现自己并不是异人的亲生儿子，他的生身父亲是吕不韦。按照当时的规定，他不是皇室子孙，不是真龙天子，不但不能继承王位，还要被处死。他为保住这个秘密，保住一命，就把知道这件事的人都找借口杀了。最后剩下大臣樊于期。樊于期知道秦王政要杀他，于是逃到燕国。后来，秦王政让燕国交出樊于期的头，樊于期知道这件事后，主动献出自己的头，以免秦国找到借口发动战争。

鸿门宴的千古谜团

鸿门宴是从秦崩溃到汉建立的历史过程中的一个重要片断，描绘了刘、项两大集团势力的不同阵容，塑造了两种不同类型的政治人物。它不只预示着项羽个人功业的重要转折，同时也是整个秦末历史变化的关键。

秦末，刘邦与项羽各自攻打秦朝的部队，刘邦兵力虽不及项羽，但先破咸阳。项羽勃然大怒，派英布攻打刘邦军队驻守的函谷关。项羽入咸阳后，到达戏水之西，而刘邦则在霸上驻军。刘邦的左司马曹无伤派人在项羽面前说刘邦打算在关中称王，项羽听后更加愤怒，下令次日一早让兵士饱餐一顿，击败刘邦的军队。一场恶战在即，刘邦于是拉拢项羽的叔父项伯，项伯答应为之在项羽面前说情，并让刘邦次日前来向项羽示好。

◆ 张良像

翌日，虽知危险，但刘邦还是来赴鸿门宴。鸿门宴上，虽不乏美酒佳肴，却暗藏杀机。项羽的亚父范增，一直主张杀掉刘邦，在酒宴上，一再示意项羽发令，但项羽却犹豫不决，默然不应。范增召项庄舞剑为酒宴助兴，意在趁机杀掉刘邦，项伯为保护刘邦，也拔剑起舞，掩护了刘邦。在危急关头，刘邦部下樊哙带剑拥盾闯入军门，怒目直视项羽。项羽见此人气度不凡，只好问来者为何人，当得知为刘邦的参乘时，即命赐酒。坐了一会儿，刘邦起身上厕所，趁机招呼樊哙一起出去。刘邦对樊哙说："刚才出来没有告辞，这怎么办呢？"樊哙说："做大事不拘小节，现在人家是切肉的刀和砧板，我们是鱼和肉，何必告辞呢？"于是张良留下向项羽辞谢，刘邦骑马抄小路逃走。

张良估计刘邦已经走远，便进去辞谢，说刘邦不胜饮酒，无法前来道别，现向大王献上白璧一双，并向大将军范增献上玉

◆ 鸿门宴遗址

斗一双。不知深浅的项羽收下了白璧，气得范增拔剑将玉斗撞碎。

鸿门宴是一次非常重要的会面，也是一次疑点重重的交锋，不同于寻常宴会。沛公的一举一动，无不在范增等的虎视眈眈之中。在这样戒备森严的局面中，沛公怎么能够脱身，而且招樊哙一同出去？樊哙闯进时，完全怀有敌意，这时却紧随沛公而出，连小孩子都会怀疑，范增、项庄等难道一点没有觉察？沛公出了军门之后，项王曾使陈平召沛公(大概项羽等得久了)，为什么不能将沛公召回？《史记志疑》《读史漫录》中都谈到：当时项羽率领的楚军戒备森严，大帐内外都有重兵把守，刘邦借口上厕所怎么可能让樊哙提着剑贴身而去？项羽和范增又都是很有计谋的人，怎么会让他们轻而易举地走出帐外呢？在刘邦出去的这段时间里，项羽曾命令陈平去找他，但陈平为什么不能带回刘邦呢？刘邦出去这么久，项羽为何没有起疑心？在《鸿门宴》中并没有交代清楚这些事情，所以也就给后人留下了不少谜团。

《读史漫录》的作者于慎行分析后推测：如果项羽真的想杀掉刘邦，那刘邦安全逃走的可能性就几乎没有。之所以刘邦最后能顺利脱逃，只能说明一点，就是项羽并无意除掉刘邦。在此之前，项羽可能是受范增的怂恿，犹豫不决。但是当刘邦带着少量随从亲自赴宴时，项羽认为他们已经化干戈为玉帛。比刘邦小24岁的项羽年轻气盛，素来襟怀坦荡，也不会那么早就察觉到老谋深算的刘邦心怀鬼胎。所以，只能说项羽有意将刘邦放走。

于慎行的这种观点流传至今，有很强的说服力。不过，后人一般认为《鸿门宴》结尾这段看起来像个“漏洞”，其实是个千古之谜。

延伸阅读

“四面楚歌”的典故

项羽和刘邦的部队经过几次激战，最终韩信使用十面埋伏的计策，布置了几层兵力，把项羽紧紧围在垓下。这时，项羽手下的兵士已经很少，粮食又没有了。夜间听见四面围住他们的军队都唱起了楚地的民歌，项羽不禁非常吃惊地说：“刘邦已经得到了楚地了吗？为什么他的部队里面楚人这么多呢？”说着，心里已丧失了斗志，便从床上爬起来，在营帐里面喝酒，以酒解忧，并且吟了一首诗。诗曰：“力拔山兮气盖世，时不利兮骓不逝，骓不逝兮可奈何，虞兮虞兮奈若何。”并和他最宠爱的妃子虞姬一同唱和。歌数阕，直掉眼泪，在一旁的人也非常难过，都低着头一同哭泣。唱完，虞姬自刎于项羽的马前，项羽英雄末路，带了800余名骑士突围，最终只余下28人。他感到无颜面对江东父老，最终自刎于乌江边，于是刘邦独揽天下。

项羽为何不渡乌江

项羽是中国古代著名军事家、中国军事思想“勇战派”代表人物。他是中国历史上最强的武将之一，是力能举鼎气压万夫的盖世豪杰，号称“西楚霸王”。

项籍（前232年至前202年）字羽，通常被称作项羽，中国古代著名将领及政治人物，下相（今江苏省宿迁市宿城区）人。秦末时被楚怀王熊心封为鲁公，在公元前207年的决定性战役巨鹿之战中统率楚军大破秦军。秦亡后自封“西楚霸王”，统治黄河及长江下游的梁楚九郡。后在楚汉战争中为汉高祖刘邦打败，在乌江（今安徽省马鞍山市和县）边自刎而死。项羽的出现，为中国的历史掀起了一场风云，写下了一段不朽的神话。

据说项羽当时是有机会渡过乌江东山再起的。但是他最终为什么没有选择渡过乌江在江东称王，而选择了自刎呢？对此，史学界有以下几种观点：

虞姬死而子弟散

据《史记·项羽本纪》记载，项羽在被汉军包围的情况下，突出重围，跑到乌江边。乌江亭长正停船靠岸等在那里，对项王说：“江东虽然小，但土地纵横各有一千里，民众有几十万，也足够称王啦。现在这里有只小船，请大王快点渡江。”项王笑了笑说：“上天要灭亡我，我还渡乌江干什么！再说我和江东子弟八千人渡江西征，如今没有一个人回来，纵使江东父老兄弟怜爱我让我做王，我也没脸面去见他们！纵使他们不说什么，难道我的心中没有愧疚吗？”又对亭长说：“我知道您是位忠厚的长者，我骑着这匹马征战了五年，所向无敌，曾经日行千里。我不忍心杀掉它，把它送给您吧！”说完，自刎而死。

由此可见，项羽不渡乌江是因“虞姬死而子弟散”心生羞愧，所以觉得无颜见江

◆ 项羽像

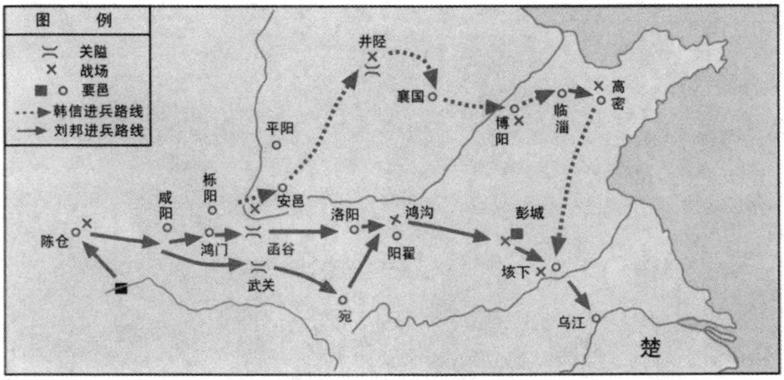

◆ 楚汉相争示意图

东父老。这种说法出自太史公司马迁之手，距项羽之死年代较为接近，描写得非常慷慨激昂，因而流传最为广泛，后世关于项羽自刎的传说大多源于此。

结束战争

也有学者认为，项羽不渡乌江是出于一种高贵的品质，是希望可以早日消除人民的战争苦难。他们认为，项羽认识到了长期内战使人民痛苦不堪，希望这场战争尽早结束。项羽确实曾有结束战争的愿望，也曾想过通过他与刘邦的个人决斗来将战争结束，他觉察到“楚汉久相持不决”，“丁壮苦军旅，老弱罢鞍漕”，所以对刘邦说：“天下匈奴长岁者，徒以吾两人耳，愿与汉王挑战决雌雄，毋徒苦天下之民父子为也。”最后他甚至不惜违背自己个性，想要牺牲自己的利益通过和谈换取刘邦的让步，以鸿沟为分界。但是刘邦却违约出兵追杀楚军。当项羽失利并且认识到自己无法立即消灭刘邦而又无法和谈的情况下，项羽只有牺牲自己以结束数年的残杀。

但这种说法带有太多的猜测成分，也与项羽的好战残暴性格不符。项羽当年曾经坑杀二十万秦兵，火烧阿房宫三个月，是一个非常暴虐的人，不大可能为了免除百姓疾苦而至自杀身亡。

不管项羽究竟为何不渡乌江，他的自刎而死，实在是一个性格悲剧。自大孤傲、刚愎自用、独断专行、缺乏忍辱负重的坚韧意志，是导致他失败的主要原因。他的死虽然显得慷慨壮烈，并为后人反复吟唱，但一代霸王就此了却一生却也让人扼腕叹惜。

延伸阅读

关于项羽的历史评价

与项羽在战场上的无往不利相对的却是他政治上的幼稚甚至是愚蠢。他坑杀战俘、放弃关中、怀念楚国、放逐义帝、自立为王失尽人心。更为突出的表现是用人上，刘邦手下萧何、张良、韩信、彭越出身各不相同却可以尽发挥其所长，而项羽却连一个范增都不能用，这与刘邦形成了鲜明的对比。就算项羽在乌江听亭长的话回江东，兵也只有没打过仗的新兵，手下大将也丧失殆尽，地盘又小。而当时刘邦已控制了大半个天下，项羽必败。后来三国时代的东吴被灭也从侧面说明当天下大定只剩江东的时候，江东是无法抵挡的。按河南大学王立群先生的话讲：“项羽是一个非常可用之人，却坐在了用人之人的位置上。”这就是项羽的悲哀。

昭君出塞之谜

王昭君出塞和亲，增强了汉族与匈奴民族之间的民族团结。她与她的子女后代以及姻亲们对胡、汉两族人民和睦亲善与团结做出了巨大贡献，因此，她得到了历史的好评。昭君的故事也因此成为我国历史上流传不衰的民族团结佳话。

公元前33年，北方匈奴首领呼韩邪单于主动对汉称臣，并请求和亲，以结永久之好。汉元帝尽召后宫妃嫔，王昭君挺身而出，慷慨应诏。呼韩邪临辞大会上，昭君丰容靓饰，元帝大惊，不知后宫竟有如此美貌之人，意欲留之，而难于失信，便赏给她锦帛二万八千匹、絮一万六千斤及黄金美玉等贵重物品，并亲自送出长安十余里。王昭君肩负着汉匈和亲之重任，历时一年多到达漠北，受到匈奴人民的盛大欢迎，并被封为“宁胡阏氏”。

◆ 昭君出塞轴图

那么，王昭君本人的离奇遭遇果真如人们想象的那样吗？对她来说，出塞是悲还是喜？是幸还是不幸？这留给后世不少值得猜测的谜团。

名字之谜

据《匈奴传》中记载，“元帝以后宫良家子王嫱字昭君赐单于”。可是按西汉宫廷规矩，宫女自入宫之日起，就不许称号她娘家的名字。所以，没有人知道王昭君的本名。《汉书·元帝纪》中说她是一位被船只载运入宫的王姓姑娘。《匈奴传》称其为“王嫱”，这也似乎只是音译过来的。后来，人们都称她为“王嫱”，“嫱”的意思是"古时宫廷里的女官"。出塞前，为了抬高她的地位，被赐封为"昭君"。这样，久而久之，"昭君""王嫱"作为标志她政治地位或出身特征的称呼，就成了她的名字。这个说法与传统说法"姓王名嫱字昭君"大相径庭，但似乎又言之有理。

昭君祖籍之谜

有人认为王昭君是湖北兴山人，汉族姑娘。但是，又有人考查，昭君是四川土家族女子。她从水路乘船入宫，就否定了其"湖北"祖籍入宫之说。她不愿巧言令色，献媚邀宠；更不愿贿赂画师作"美人图"以求被召幸。当匈奴单于求婚时，她又主动提出去匈奴和亲。到塞外后随胡俗先后做两代单于之妻，生儿育女。这种刚强不屈的性格，对于受封建礼教束缚较深的汉族宫女来说是很难办到的。据说她的家乡为"百蛮"杂居之地，女多男少，女子难嫁，所以她和亲时，"靓妆"请行，唯恐不被选中。不以为苦，反以为乐，这说明她与汉族女子的婚嫁观念绝不相同。至于她究竟是不是四川土家族人，史学界还尚无定论。

出塞原因之谜

据说，当时宫内画师很受青睐，汉元帝召幸宫女，皆以画师画的宫女像为参照。传说王昭君进宫后，因自恃貌美，不肯贿赂画师毛延寿，毛延寿便在她的画像上点上"丧夫落泪痣"。昭君便被贬入冷宫3年，无缘面君。为了摆脱困境，她才主动请求出塞和亲的。另有学者认为，王昭君虽然平民出身，但不同凡俗，胆识过人，是一位自愿应召、为国分忧的巾帼英雄。

◆ 王昭君像

尽管关于王昭君的传说后人有较大的争议，但昭君出塞的历史功绩是应予以肯定的。我国是个多民族国家，各民族只有和睦友好，才有利于经济发展。昭君自请出塞为民族团结和经济发展作出了杰出的贡献。

延伸阅读

"落雁"的由来

在一个秋高气爽的日子里，昭君告别了故土，登程北去。这一天，王昭君浓妆艳抹，仪态万方，光彩照人，美丽的昭君令汉元帝为自己的决定深感后悔。一路上，马嘶雁鸣，撕裂她的心肝；悲切之感，使她心绪难平。她在坐骑之上，拨动琴弦，奏起悲壮的离别之曲。南飞的大雁听到这悦耳的琴声，看到骑在马上的这个美丽女子，忘记摆动翅膀，跌落地下。后来，"落雁"也就成了王昭君的雅称了。

貂蝉身世谜团

貂蝉，小说《三国演义》中的人物，有“闭月”之容貌。与西施、杨玉环、王昭君并称中国古代四大美女。

在《三国演义》中，貂蝉是东汉末年司徒王允的义女。她国色天香，有倾国倾城之貌，见东汉王朝被奸臣董卓所操纵，于月下焚香祷告上天，愿为主人分忧。眼看董卓将篡夺东汉王朝，为拯救汉朝，貂蝉由王允授意施行连环计，使董卓、吕布两人反目成仇。

王允先把貂蝉暗地里许给吕布，再明把貂蝉献给董卓。吕布英雄年少，董卓老奸巨猾。为了拉拢吕布，董卓收吕布为义子。二人都是好色之人。从此以后，貂蝉周旋于此二人之间，送吕布于秋波，报董卓于妩媚。最终借吕布之手除掉了恶贼董卓。之后貂蝉成为吕布的妾，董卓部将李傕击败吕布后，她随吕布来到徐州。下邳一役后，吕布被曹操所杀，貂蝉跟随吕布家眷前往许昌，从此不知所终。

千百年来，最让人们心生疑惑的便是貂蝉的身世。小说《三国演义》中说她是王允的义女，真的是这样吗？对此有以下两种不同的意见：

董卓的婢女

有一种观点认为貂蝉是董卓的婢女。董卓，东汉陇西临洮人，字仲颖。本为凉州豪强，灵帝时，任并州牧。昭宁元年(198年)，董卓率兵攻入洛阳。废少帝，立献帝，专断朝政。曹操与袁绍等起兵反对，他挟献帝西迁长安，自为太师，后来为吕布所杀。这种观点是根据《后汉书·吕布传》记载：“卓以布为骑都尉，誓为父子，甚爱信之。常小失意，卓拔戟掷之，布拳捷得免。布由是阴怨于卓。卓又使布守中阁，而私与侍婢情通，益不自安。”这段记载的就是凤仪亭掷戟之事。由此可知，貂蝉是与吕布

◆《王司徒巧使连环计》书画

◆ 清代吕布戏貂蝉青花盘

“情通”的董卓婢女。

吕布之妻

还有一种观点认为貂蝉是吕布之妻。据《三国志·吕布传》注引《英雄记》载：“建安元年六月，夜半时，布将河内郝萌反，将兵入布所治下邳府，诣厅事阁外，同声大呼，布不知反将为谁，直牵妇，科头袒衣，相将从溷上排壁出，诣都督高顺营。”又载：“布欲令陈宫、高顺守城，自将骑断太祖(曹操)粮道，布妻谓曰：‘宫、顺素不和，将军一出，宫、顺必不同心共守城也，如在蹉跌，将军当于何自立乎?妾昔在长安，已为将军所弃，赖得庞舒私藏妾身耳，今不须顾妾也。’布得妻言，愁闷不能自决。”这里描述的这位“科头袒衣”的妇人，就是吕布之妻貂蝉。

秦宜禄之妻

也有人认为貂蝉是吕布部将秦宜禄之妻。据《三国志·关云长传》注引《蜀记》曰：“曹公与刘备围布于下邳，云长启公：‘布使秦宜禄行求救，乞娶其妻。’公许之。临破，又屡启于公，公疑其有异色，先遣迎看，因自留之。云长心不自安。”从这段记载中可知秦宜禄的妻子是很有姿色的。另外，因为关羽先想娶其为妻，可是由于曹操想自己留下，所以引起关羽的妒忌。他妒火中烧，一刀便把秦宜禄的妻子给杀了。元人杂剧《关公月下斩貂蝉》就以此事创作而成。因此，秦宜禄之妻也成了传说中的貂蝉。

不管貂蝉的身份到底是什么，她确是为拯救汉朝立下了汗马功劳。至于她到底是谁的婢女或是谁的妻子，只能仁者见仁、智者见智了。

延伸阅读

貂蝉拜月的故事

传说貂蝉降生人世，三年间当地桃杏花开即凋；貂蝉午夜拜月，月里嫦娥自愧不如，匆匆隐入云中。王允为宣扬他的女儿长得如何漂亮，逢人就说，我的女儿和月亮比美，月亮比不过，赶紧躲在云彩后面，因此，貂蝉也就被人们称为“闭月”了。貂蝉身姿俏美，细耳碧环，行时风摆杨柳，静时文雅有余，貂蝉之美，蔚为大观。正是因这种美貌，让弄权作威的董卓、勇而无谋的吕布反目成仇，使得动乱不堪的朝野稍有安宁之象。

诸葛亮躬耕之地在哪里

诸葛亮，字孔明，号卧龙（也作伏龙），琅琊阳都（今山东省临沂市沂南县）人，蜀汉丞相，三国时期杰出的政治家、外交家、发明家、军事家。在世时被封为“武乡侯”，谥曰“忠武侯”。后来的东晋政权为了推崇诸葛亮的军事才能，特追封他为“武兴王”。

建安二年（197年），诸葛亮的叔父诸葛玄病逝。诸葛亮和弟弟在隆中务农。诸葛亮平日好念“梁父吟”，又常以管仲、乐毅比拟自己，当时的人对他都不屑一顾，只有好友徐庶、崔州平、孟建、石韬相信他的才干，人称“卧龙”。他与当时的荆州名士司马徽、庞德公、黄承彦等有结交。

当时，刘备依附于刘表，屯兵新野。后来在一次拜访司马徽时听过他说：“那些儒生都是见识浅陋的人，岂会了解当世的事务局势？能了解当世的事务局势才是俊杰。此时只有卧龙（诸葛亮）、凤雏（庞统）。”后又受徐庶推荐，想徐庶带他来引见，但徐庶却说：“这人可以去见，不可以令他屈就到此。将军宜屈尊以相访。”刘备便亲自前往拜访，去了三次才见到诸葛亮。这就是历史上有名的“三顾茅庐”。

◆ 诸葛亮像

然而，三国中赫赫有名的诸葛亮的躬耕之地到底在哪里？“三顾茅庐”的事情又发生在哪里呢？大致有以下两种说法：

躬耕于南阳

正史《三国志》记载了诸葛亮上疏后主的《前出师表》。在此文中，诸葛亮说：“臣本布衣，躬耕于南阳，苟全性命于乱世，不求闻达于诸侯。先帝不以臣卑鄙，猥自枉屈，三顾臣于草庐之中，咨臣以当世之事，由是感激，遂许先帝以驱驰。”大概的意思是：我本是一个平民百姓，在南阳自耕自食，只希望在乱世中保全性命，不求在诸侯面前闻名显达。先帝不嫌弃我身世低贱，

◆ 刘备像

竟屈驾相访，向我征询天下大事，我很感动，于是答应为先帝奔走效劳。

这一段话出自诸葛亮给后主的奏章中，可称为第一手材料，是无可非议的，因而，它是诸葛亮躬耕于南阳最可信的证据。

关于诸葛亮躬耕于南阳还有一个证据。黄陵庙位于长江西陵峡南岸，始建于春秋战国时期。汉献帝建安十九年(214年)，诸葛亮奉命领兵进军益州，船队进到西陵峡，他登岸看到一座断壁残垣的古庙，原来是祭祀禹王和神牛的庙宇，由于年久失修，以致如此。诸葛亮感慨万千，即派人“复而兴之，再建其庙号”。庙宇建成后，即撰写了《黄陵庙记》，并刻碑铭记。在碑文中，诸葛亮说：“仆躬耕南阳之亩，遂蒙刘氏顾草庐，势不可却，计事善之，于是情好日密，相拉总师。”意思是：我在南阳躬耕着田地，承蒙先主刘备三顾草庐访我……这一段话同诸葛亮在《前出师表》中所说“臣本布衣，躬耕于南阳”是一致的，因而，这也是诸葛亮躬耕南阳最可靠的证据。

躬耕于襄阳

也有人认为，诸葛亮隐居的隆中草堂，在今湖北襄阳市城西20里处。在《出师表》一文中诸葛亮说：“臣本布衣，躬耕于南阳”，然而《出师表》一文中所指的南阳为东汉的南阳郡，非今天的南阳市。南阳郡作为帝乡，其面积远比今天的南阳要大，直到襄阳城外。所以尽管隆中就在离襄阳20里的地方，当时仍然属于南阳郡的辖地，诸葛亮才自称躬耕于南阳。

汉献帝初平元年(190年)，刘表出任荆州刺史，驻兵襄阳。当时北方因董卓之乱，文人学士南依刘表的“盖有千数”（《后汉书·刘表传》）。这些人帮助刘表“起立学校”“撰五经章句”。他们都住在襄阳，不在南阳。

两种说法似乎都有道理，至于诸葛亮究竟躬耕于哪里，现在还无法定论。

延伸阅读

“孔明灯”的由来

孔明灯又叫“天灯”，相传是由三国时的诸葛孔明（即诸葛亮）所发明。当年，诸葛孔明被司马懿围困于阳平，无法派兵出城求救。孔明算准风向，制成会飘浮的纸灯笼，系上求救的讯息，其后果然脱险，于是后世就称这种灯笼为孔明灯。另一种说法则是这种灯笼的外形像诸葛孔明戴的帽子，因而得名。

诸葛亮为何娶丑女

诸葛亮的名字家喻户晓，成为智慧忠贤的化身，他辅佐刘备共图大业，最终使蜀汉政权成了三国鼎立的一极。他的一生，奇闻轶事很多，“孔明择妇”便是其中之一。

诸葛亮不仅有才智，而且相貌俊伟，据《三国志·诸葛亮传》记载，诸葛亮“身高八尺，犹如松柏”。但他却选了一位“瘦黑矮小，一头黄发”的丑女阿丑为妻，诸葛亮为何要娶丑女呢？

出于政治上的考虑

传统观点认为，诸葛亮重才不重貌，是注重人的内在美。阿丑自幼才识过人，颇有心计，诸葛亮早在成婚前就有所耳闻。《三国志·诸葛亮传》裴松之注所引《襄阳记》记载：“黄承彦者，高爽开列，为沔南名士。谓孔明曰：‘闻君择妇，身有丑女，黄头黑色，而才堪匹配。’孔明许，即载送之。时人以为笑乐，乡里为之谚曰：‘莫作孔明择妇，正得阿承丑女。’”这不无道理，但并非全部。

另一种说法是，诸葛亮娶阿丑，是出于一种政治上的考虑。诸葛亮家境贫寒，出身卑微，幼时父亲便去世了，少年时代便过着流离转徙的生活，吃尽军阀混战的苦头，深受强宗豪族的压迫。后来跟着在南昌做豫章太守的叔父诸葛玄生活。14岁时，叔父因被削官而投靠了刘表；17岁那年，叔父死了，他从此没了依靠，就在襄阳城西20里的隆中定居。他虽然住在乡下，但他不

◆ 诸葛亮营，位于云南省保山地区，传说是诸葛亮七擒孟获时的兵营所在地

想无声无息地隐居一辈子，他时刻关心着国家的盛衰，有着为国家尽忠的抱负，怀着如此壮志雄心，他立志要登上政治舞台而建功立业。

这种政治上的考虑无疑会影响到诸葛亮的婚姻大事，甚至还牵涉到了家人的婚事。这也是为在地主集团的上层站稳脚跟，以便今后一展鸿图。为此，他在家庭婚姻方面做了三件事：第一，他把姐姐嫁给了荆州地主集团中在襄阳地区颇有名望的首领人物庞德公的儿子，庞德公对其赏识备至，称他为“卧龙”，从此，他就在荆州站稳了脚跟。第二，诸葛亮为弟弟娶了荆州地主集团中在南阳地区数得着的人物林氏之女为妻。第三，也是最重要的，他自己择妇结亲，当然要服从既留荆州又能结交望族这一政治目的，这也就是诸葛亮在荆州而不到其他地方去的原因。所以，诸葛亮娶了那个丑女黄氏。

从此进入统治集团

诸葛亮为何不怕众人耻笑，而娶丑女黄氏呢?换作别人也许他会犹豫，但是黄氏之女他就娶定了。一是因为黄承彦在当地有相当声望，二是因为黄妻蔡氏和刘表的后妻是姐妹关系，做了黄家的女婿，就攀上了刘表这门皇亲。

据《诸葛亮新传》记载：当黄承彦当面问及诸葛亮时，他当即“拜谢泰山”，一锤定音，把从未见过面的阿丑要了过来，从而为诸葛亮进入地主集团开了“绿灯”，他是无论如何也不会放弃这个“进身之阶”的。

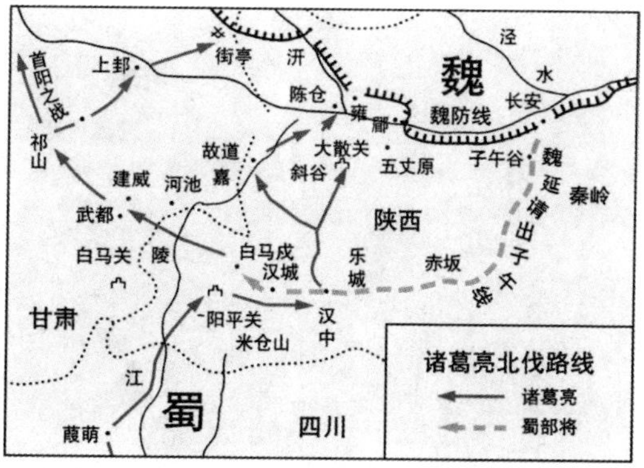

◆ 诸葛亮北伐路线图

从封建历史文化来说，贤妻、美妻、正妻要相夫教子，帮助丈夫治理家业，诸葛亮深受传统文化的熏陶，在自己的婚姻上，自然遵循“贤妻美妻”的风俗。而据《三国志》记载，诸葛亮其后确实又纳过一妾。

延伸阅读

隆中对

刘备拜访三次后终于见到了诸葛亮。刘备问道：现今汉室衰败，奸臣假借皇命做事，皇上被迫多次迁都，蒙受风尘。我没有衡量自己的德行与能力，想以大义重振天下，但智慧、谋略短小、不够，所以时常失败，直至今日。不过我志向仍未平抑，你有没有计谋可以帮助我？诸葛亮向刘备陈说了三分天下之计，分析了曹操不可取（挟天子以令诸侯），孙权可作援的形势，又详述了荆、益二州的君主懦弱，只有拥有此二州才可争胜，即说明了夺取此二州的必要性及可能性；更向刘备讲述了攻打中原的战略。这篇论说以后便被称为“隆中对”，而刘备听后更加大赞，于是诸葛亮开始仕于刘备。

“三顾茅庐”是真是假

著名古典小说《三国演义》写刘备“三顾茅庐”，请诸葛亮出山助他建功立业的礼贤下士之举，写得有声有色。这段三顾茅庐故事，是罗贯中根据陈寿《三国志·诸葛亮传》和裴松之注的记载，而进一步创作的小说故事。

汉末，黄巾事起，天下大乱，曹操坐据朝廷，孙权拥兵东吴，汉宗室豫州牧刘备听徐庶和司马徽说诸葛亮很有学识，又有才能，就和关羽、张飞带着礼物到隆中卧龙岗去请诸葛亮出山辅佐他。恰巧诸葛亮这天出去了，刘备只得失望地回去。不久，刘备又和关羽、张飞冒着大风雪第二次去请。不料诸葛亮又出外闲游去了。张飞本不愿意再来，见诸葛亮不在家，就催着要回去。刘备只得留下一封信，表达自己对诸葛亮的敬佩和请他出来帮助自己挽救国家危险局面的意思。过了一些时候，刘备吃了三天素，准备再去请诸葛亮。关羽说诸葛亮也许是徒有一个虚名，未必有真才实学，不用去了。张飞却主张由他一个人去叫，如他不来，就用绳子把他捆来。刘备把张飞责备了一顿，又和他俩第三次拜访诸葛亮。到时，诸葛亮正在睡觉。刘备不敢惊动他，一直站到诸葛亮自己醒来，才彼此坐下谈话。诸葛亮见到刘备有志替国家做事，而且诚恳地请他帮助，就出山全力帮助刘备建立蜀汉皇朝。

◆ 《三顾茅庐图》

刘备“三顾茅庐”请诸葛亮出山的故事，家喻户晓，妇孺皆知。这个礼贤下士、有声有色的千古美谈，是真有其事还是后人附会杜撰的呢？有人认为，刘备三顾茅庐的说法并不可信，主要有以下几种观点。

◆ 古蜀道

诸葛亮本就胸有大志

诸葛亮是位胸有宏图之士，刘备请他出山，当然正合他的心意，他岂能大摆架子，使找上门来的机会可能失去？当时的诸葛亮不过是个27岁的青年，刘备则是个有声望的政治家，对诸葛亮怎能那样低三下四？当时，刘备正面临曹操几十万南征大军的威胁，《隆中对》对燃眉之急的现实问题不提，是不合乎情理的。同时刘备初见诸葛亮，不会安排现场记录。所谓《隆中对》，很可能是后人为了附会《出师表》中的“三顾茅庐”之说而加以杜撰的。

诸葛亮登门拜见刘备

据三国人鱼豢写的《魏略》记载，说刘备屯兵于樊城，这时，曹操方统一黄河以北，诸葛亮预见到曹操就要攻击荆州。荆州刘表性情懦弱，不晓军事，难以抵抗。诸葛亮乃北行见刘备。备与亮初次相见，又以其年小，以诸生对待之。诸葛亮通过谈论对当时政局的对策，才逐步改变了刘备对他的冷淡态度。最后，才“以上客礼之”。

从诸葛亮终生积极进取的性格看，《魏略》《九州春秋》所记载的诸葛亮登门见刘备是可信的。《魏略》是当时人写当代的历史，真实性是没有什么可怀疑的。

诸葛亮与刘备两次相见

清代洪颐煊认为，三顾茅庐与樊城自请相见都是真实的。他在《诸史考异》中说:诸葛亮初见刘备于樊城，刘备足以上客待之，但没有特别器重他。等到徐庶举荐时，刘备再次相见，始情好日密。并指出初见是在建安十二年，再次相见是在建安十三年。诸葛亮以后甚为感激，因而记入了《出师表》中。

著名学者已故陆侃如教授认为，樊城与新野两次相见也是可能的，因而《三国志·诸葛亮传》与《魏略》记事互不相同。不过两次相见都是在建安十二年。

以上看法，谁对谁错，目前当无定论，仍然是个谜。

延伸阅读

刘备“三顾茅庐”的目的是什么

刘备为何要请诸葛亮出山？可以有两种解释。第一种：招揽人才。刘备手中的人均属中等人才，想要定国安邦，必须要有一个像诸葛亮这样的人才，当时有这样一句话：“卧龙、凤雏，得一可得天下。”刘备为了实现自己的抱负，当然要找诸葛亮这样的人才。这也是普遍接受的一种说法。第二种：利用诸葛亮在荆襄地区的社会关系。刘备三次枉驾以见孔明，真正的目的是为了诸葛亮的势力和影响，诸葛亮根本不是布衣，相反，他与荆州三方面势力都有密切关系。一是以庞德公为首的荆襄地方豪强势力；二是通过黄承彦与荆州蔡氏集团产生了潜在关系；三是成为刘琦的入幕之宾，获得了刘表长子的信任。史书上说：“荆楚群士从之如云”，这难道和诸葛亮的社会影响力没有关系吗？这就是刘备利用他得到的好处。

官渡之战是谁帮助曹操取胜

官渡之战是袁曹双方力量转变、当时中国北部由分裂走向统一的一次关键性战役，对于三国历史的发展有着极其重要的影响。此战曹军的胜利不是偶然的。袁曹间的兼并战争，虽属于封建割据势力之间的争斗，但实现地区性的统一，客观上符合人民的愿望。

公元199年8月间，河北军阀割据势力袁绍率军十万，向曹操进攻。曹操集结了三万兵马在官渡一带与袁军相持。双方相持3个月，曹操决心坚守危局，加强防御命负责后勤补给的任峻采取10路纵队为一部，缩短运输队的前后距离，并用复阵，加强护卫，防止袁军袭击；另一方面积极寻求和捕捉战机，击败袁军，不久派徐晃、史涣截击、烧毁袁军数千辆粮车，增加了袁军的困难。

次年十月，曹操轻兵奇袭乌巢，烧掉袁绍的辎重。乌巢粮草被烧的消息传到袁军前线，袁军军心动摇，内部分裂。曹军乘势出击，大败袁军。袁绍仓惶带800骑兵退回河北，曹军先后歼灭和坑杀袁军7万余人，官渡之战就这样以曹胜袁败而告结束。

官渡之战是汉末乃至中国史上有名的以少胜多的战役，也是曹操与袁绍争夺北方霸权的转折点。官渡一战之后，曹操终于一反之前对袁绍的劣势，为自己统一北方奠定了基础。俗话说“一个好汉三个帮”，曹操在战事初期处于劣势，那么是谁帮助曹操扭转了困局呢？

刘晔

袁绍与曹操在白马相持时，袁绍下令筑起箭塔，连日向曹操营寨射箭，使曹操军心动摇。其后，刘晔献上霹雳车之计，大破袁绍弓弩兵，使曹操在官渡得到据守之地。

荀攸

曹操于黎阳与袁绍相持，本欲还兵再

◆ 曹操像

作打算。荀攸献计：“今兵少不敌，分其势乃可。公到延津，若将渡兵向其后者，绍必西应之，然后轻兵袭白马，掩其不备，颜良可禽也。”大破袁军。

许攸

建安五年八月始，两军再次相持于官渡，双方互有胜负。其后曹操军中缺粮，适逢袁绍谋士许攸与营中将士不和，投奔曹操。曹操在大营里刚脱下靴子想睡，听说许攸来投奔他，高兴得来不及穿靴子，光着脚板跑出来欢迎许攸，说：“好啊！您来了，我的大事就有希望了。”许攸坐下来后说：“袁绍来势凶猛，你有什么计策？你们的粮食还有多少？”曹操说：“还可以支持一年。”许攸冷冷一笑，说：“没有那么多吧！”曹操改口说：“对，只能支持半年。”许攸装出生气的样子说：“您难道不想打败袁绍吗？为什么在老朋友面前还要说假话呢！”曹操只好实说：“军营里的粮食，只能维持一个月，您看怎么办？”许攸说：“现在袁绍有一万多车粮食、军械，全都放在乌巢。淳于琼的防备很松。您只要带一支轻骑兵去袭击，把他的粮草全部烧光，不出三天，他就不战自败。”

曹操听后立刻亲自带领五千步骑兵，连夜向乌巢进发，火烧乌巢粮屯。许攸献计烧袁绍军粮，使袁绍不战自败。

曹操能接纳能人之言，取得最终的胜利，这全在于用人之道。我们可以细分来看：刘晔、荀攸、许攸皆是人才，献上计谋，有化险为夷之功，由此观之，人才的正确任用可说是一计敌万人。至于曹操，他是一个懂得运用人才的人才，能接纳他人之言，故袁绍兵多也不足为惧，正所谓兵不在多，在乎能否调遣。

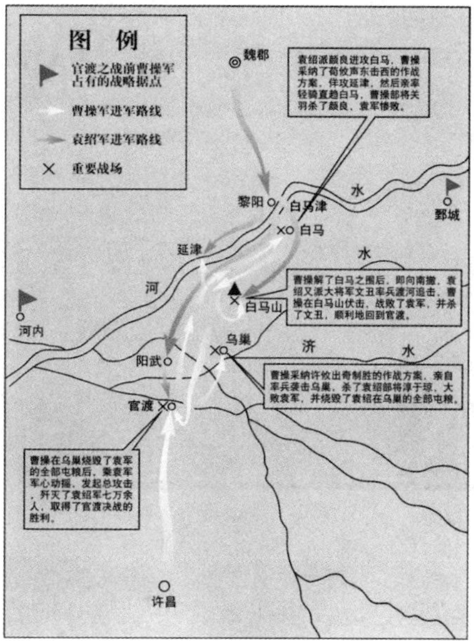

◆ 官渡之战示意图

延伸阅读

“望梅止渴”的典故

有一年夏天，曹操率领部队去讨伐张绣，天气热得出奇，部队在弯弯曲曲的山道上行走，士兵们都热得透不过气来。中午时分，士兵的衣服都湿透了，行军的速度也慢了下来，有几个体弱的士兵竟晕倒在路边。曹操担心贻误战机，心里很是着急。可是，眼下几万人马连水都喝不上，又怎么能加快速度呢？他立刻叫来向导，悄悄问他：“这附近可有水源？”向导摇摇头说：“泉水在山谷的那一边，要绕道过去还有很远的路程。”曹操知道此刻即使下命令要求部队加快速度也无济于事。于是灵机一动，快速赶到队伍前面，用马鞭指着前方说：“士兵们，我知道前面有一大片梅林，那里的梅子又大又好吃，我们快点赶路，绕过这个山丘就到梅林了！”士兵们一听，仿佛梅子已经吃到嘴里，精神大振，步伐不由得加快了。

“赤壁之战”曹操兵败之谜

赤壁之战，曹操自负轻敌，指挥失误，加之水军不强，且军中出现瘟疫，终致战败。孙权、刘备在强敌面前，冷静分析形势，结盟抗战，扬水战之长，巧用火攻，创造了中国军事史上以弱胜强的著名战例，也为三国鼎立局面最终形成奠定了基础。

赤壁之战发生在公元208年7月12日。这是中国历史上一次著名的以少胜多的战役。那么，究竟是什么原因使一向用兵如神的曹操在赤壁之战中打了败仗呢？

遭遇火攻

一般人认为曹军失败的致命原因是遭遇火攻。《三国志·蜀书·先主传》载：

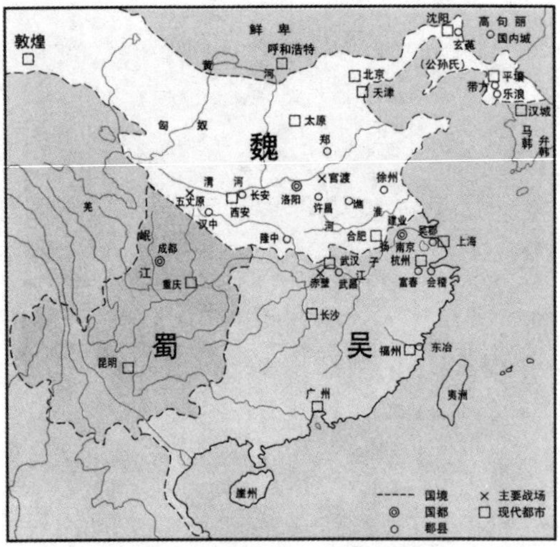

◆ 三国鼎立图

“权遣周瑜、程普等水军数万与先主并力，与曹公战于赤壁，大破之，焚其舟船。”司马光在《资治通鉴》中也说，黄盖“乃取蒙冲斗舰十艘，载燥荻、枯柴，灌油其中，裹以帷幕，上建旌旗，预备走舸，纱于其尾。去北军二里余，同时发展，火烈风猛，船往如箭，烧尽北船，延及岸上营落”。曹军败在火攻上，证据确凿。

遭遇疾病瘟疫

可是，近些年来，有人提出了许多关于火攻论的质疑。他们认为曹操之所以会失败，是因为军队遭遇疾病瘟疫，导致战斗力丧失，而不是由火攻造成的。更为详尽的是，由于染上血吸虫病造成曹军赤壁战败的。

血吸虫论者也是根据史籍提出这一论点的。如陈寿在《三国志·魏书·武帝纪》中叙述赤壁之战时，并未提及“火攻”这件事。他说，曹公到了赤壁，与刘军大战，不占上风。后来发生瘟疫，士兵大部分都死了，于是带领部队回去。从曹军主帅曹操在战后写给孙权的一封信中可看出，他不承认失败是因为遭到火攻，其中写道：“赤壁之战，有疾病侵袭，我烧船而退，使周瑜白捡了这个好名声。”而曹操所说并不是惟一凭证，《吴书·吴主传》中也有曹操自己烧掉战船一说：“曹公烧剩余船而退败。”所以说火攻一说不足以取信。

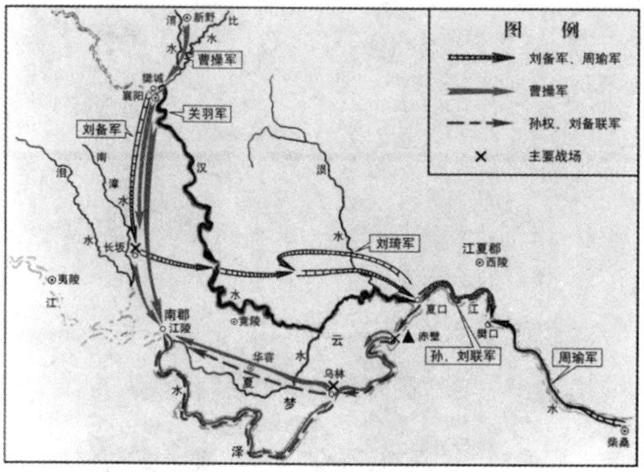

◆ 赤壁之战示意图

血吸虫病是我国一种古老的疾病。在1973年出土的长沙马王堆一号墓中的女尸肠壁及肝脏组织中也发现了大量血吸虫卵。由此可以看出，早在汉代，血吸虫病之患就在长沙附近存在着。大量调查资料表明，与赤壁之战有关的地区为血吸虫病高发区，尤其是湖南、湖北一带。从时间上来看，血吸虫病的流行季节正好是曹军迁徙、训练水军的秋季。曹军从陆地转战水中，是最容易染上此病的。所以曹军在训练时期已经染上此病，个把月后，进入冬季决战时期，此病也已进入急性期，致使曹军遭受病痛折磨，不堪一击。

血吸虫病说并不可信

《新医学》和《文汇报》曾就这个问题相继载文展开争论，他们认为：第一，曹操在邺而不是在疫区江陵训练水军，那里不是血吸虫病疫区，感染的可能性不是很大。第二，史书确实记载曹操烧船退军一事，但烧船的地点不在赤壁而在巴丘，时间不在赤壁大战时，而在曹军兵败退到巴丘时。第三，血吸虫病的潜伏期一般在一个月左右，少数在两个月以上，潜伏期越长，发病的症状也就越轻，所以即使曹军在秋季患上了血吸虫病，到大战爆发时才发病，曹军的身体状况也不会很糟糕。第四，曹操的水军大部分是居于血吸虫病流行区的湖北人，跟孙刘联军的免疫力没有什么差别。除此之外，补充给曹操的刘璋军队也是来自疫区四川的士卒。所以，孙刘联军在免疫能力上与曹军没有高低强弱的分别。

火攻论不可尽信，血吸虫病说也有缺陷，那么，曹操在赤壁战败的原因，只能作为一个千古之谜留存于人们心中了。

延伸阅读

“说曹操，曹操到”的典故

汉献帝在李傕与郭汜火拼时曾一度脱离险境，然而李、郭二人合兵一处后继续追拿汉献帝。有人献计推荐曹操，说他平剿青州黄巾军有功，可以救驾，然而信使未出时联军已杀到。眼看走投无路之际，夏侯敦奉曹操之命率军前来“保驾”，后将李郭联军击溃，曹操被加封官爵。故有“说曹操，曹操到”之说。

民间说法是曹操主动前来护驾，与三国演义稍有不同（见《三国演义》第十四回“曹孟德移驾幸许都”）。

"赤壁之战"发生在哪里

赤壁之战是指三国形成时期，孙权、刘备联军于汉献帝建安十三年（208年）在长江赤壁一带大胜曹操军队，奠定三国鼎立基础的著名战役，是历史上以少胜多的著名战例之一。

据史料记载，东汉建安十三年（208年）冬，曹操亲自率领20万大军进攻东吴。孙权在诸葛亮的说服下，与刘备联合作战。孙刘联军利用曹军不善水战之短，用火攻烧毁曹军战船，大破曹军。其时，"火烈风猛，船往如箭，烧尽北船，延及岸上营落。倾之，烟焰张天，人马溺死者甚众。"这次战役，孙刘联军以少胜多，智取强敌，为魏、蜀、吴三国鼎立局面的形成，起到了决定性的作用。这样著名的战役，自然是文人雅士们吟咏感怀的对象。然而奇怪的是，古战场赤壁的具体位置，竟也众说纷纭，主要有以下两种观点：

◆ 孙权像

赤鼻矶

唐代诗人杜牧有诗曰："折戟沉沙铁未消，自将磨洗认前朝。东风不予周郎便，铜雀春深锁二乔。"这首题为《赤壁》的绝句，是作者把黄冈（古黄州）城外的赤鼻矶视为古战场而写的。北宋苏东坡被贬到黄州任团练副使时，也认为黄州赤鼻矶为赤壁，因为此地岩壁垂直，一片红色，宛若烈火烧过一样。苏轼在这里写下了传诵千古的前、后《赤壁赋》和《赤壁怀古》词。词中写道："故垒西边，人道是三国周郎赤壁。"后人因称黄冈赤鼻矶为"文赤壁"。然而谁都知道这里不是真正的古战场。因为赤鼻矶的地理位置既不在樊江上游，又不在大江之南，与史书所载不符。那么，武赤壁，也即真正的赤壁古战场在哪儿呢？对此，也是有争议的。

湖北蒲圻县

另一种说法是赤壁古战场就在湖北蒲圻（今湖北省赤壁市）西北约40公里的长江南岸，与江北的乌林相对。近代以来，“蒲圻赤壁”说已经成为史学界的公论，其主要根据是：综合《三国志》的有关记载，当年曹操南下的进军路线是：新野——襄阳——当阳——江陵——赤壁。曹军在长江南岸的赤壁初战失利，由华容道逃奔江陵（今湖北荆州市）。而今天的蒲圻赤壁、洪湖乌林和位于湖北监利东北的华容古道，与《三国志》记载的赤壁——乌林之战及曹军败退江陵的路线等地形、方位完全吻合。唐宋以来，在蒲圻赤壁、洪湖乌林的岩缝、地下发现了当年大战的许多折戟、断枪、箭镞等。最近几十年来，又在蒲圻赤壁的地下发现了刀、矛、剑、戟、斧、箭镞、铜镜、铜钱等文物千余件。经考古学家的鉴定，证实这些铁制兵器和铜镜、铜钱，都是东汉晚期的遗物。这些都说明蒲圻赤壁就是当年赤壁——乌林大战的古战场。赤壁应在湖北蒲圻县西北。阴法鲁主编的《古文观止译注》中写道：“那个赤壁，在今湖北省蒲圻县西北，长江南岸。”《元和郡县图志》亦称：“赤壁山在蒲圻县西一百二十里，北临大江，其北岸即乌林，即周瑜用黃盖策，焚曹公舟船败走处。”

这几种说法，哪一种更切合实际呢？一般认为，“蒲圻县西北”说较为可信。这不仅因为《元和郡县图志》的作者李吉甫生活的年代与赤壁之战的年代较接近，和更早些时候的《荆州记》有与《元和郡县图志》相同的记载，而且因为蒲圻的赤壁，陆续有大批的器物被发掘出来，从而证实了这里是真正的古战场。

◆ 周瑜像

延伸阅读

曹操是个惜才之人

曹操非常爱惜人才，为了留住人才甚至可以受辱。有一次陈琳写文章把曹操给骂了，而且骂得很难听，基本上祖宗三代全给囊括了。后来曹操抓住了陈琳，审讯时，曹操问道：“你为什么骂我的祖宗？”陈琳嘿嘿地笑道：“我当时写文章，文思泉涌，骂你骂得起兴，就控制不住把你祖宗也给带上了。”曹操素知陈琳是个人才，听罢他的话后哈哈大笑，竟然宽恕了他，并把他留在身边视为好友。

李白之谜

李白，字太白，号“青莲居士”，又号“谪仙人”。我国唐代伟大的浪漫主义诗人，被后人尊称为“诗仙”，与杜甫并称为“李杜”。

李白出生于盛唐时期，文章风采，名震天下。杜甫《饮中八仙》里就有“李白一斗诗百篇，长安市上酒家眠。天子呼来不上船，自称臣是酒中仙。”的奇句。然而，李白在给我们留下大量脍炙人口的诗篇的同时，也给我们留下了许多不解之谜。

籍贯在哪里

关于李白的籍贯，主要有以下两种说法：

◆ 李白像

第一种说法：李白是四川人。有人说李白从五岁到二十五岁一直在四川生活，据李白的家叔李阳冰在文章中记载：李白的父母逃命到四川，生下李白。李白墓碑的碑文中也记载：李白的先人悄悄回到四川，生下李白。

第二说法：李白是长安（今陕西省西安市）人。主要依据是李白自己的说法：“白本家金陵，世为右姓……奔流咸秦。”有专家认为“金陵”的“陵”是错别字，“金陵”实际上是“金城”二字。金城在今天的兰州一带，在唐代，李姓的确是金城的“右姓”，“右姓”就是大姓。“咸秦”指长安，当时的人都称长安为咸秦。由此推断，李白的先人是由金城迁到长安的，李白生在长安，应当是长安人。

至于李白的籍贯究竟在哪里，至今尚无定论。

血缘关系

关于李白的血缘也有几种不同的说法：

第一种说法：台湾的许多学者说李白与唐朝皇室有血缘关系，李白是玄武门之变

◆《太白醉酒图》 清 苏六朋

中被杀害的李建成或李元吉的后代。主要依据是李白的家叔李阳冰著作中的记载和李白墓碑碑文。对此，有人提出了反对意见。他们认为，如果李白真是唐朝皇帝的亲属，那为什么李白不宣布、不告诉别人，他为什么要隐瞒呢？

第二种说法：李白是西汉飞将军李广的后代。主要的依据是李白的诗：“本家陇西人，先为汉边将，功略盖天地，名飞青云上……”

李白临死前还说了一句话：“汉帝不忆李将军。”但李白为什么不公开宣布他是李广的后代？原因是李广的儿子李陵投靠了匈奴人，做了“民族败类”“民族叛徒”。唐朝人的民族观念很强，李白不便公开他的身世。但对这一说法持反对意见的人很多。

李白死因

在李白的一生中，酒是他创作的源泉之一，他在酒后写出了许多脍炙人口的诗篇，给我们留下了一笔宝贵的艺术财富。关于李白的死一般有以下两种说法，但都与酒有关：

第一种说法：嗜酒过度。李白嗜酒是众所周知的，他一生怀才不遇，终日以酒解忧，放浪形骸。《旧唐书》记：李白“以饮酒过度，醉死于宣城”。

第二种说法：溺水而死。传说，李白某日喝醉了酒，情绪激动，趁着月夜，泛舟江上。忽见皎洁的月影在水中荡漾，便纵身扑入江中，捞月不成而溺亡。

延伸阅读

“太白”名字由来的传说

传说李白的母亲有一天做了一个梦。她梦到一片很美丽的星空，其中有一颗星星引起了她的注意，这是秋天傍晚西方天边上最早升起的那颗最亮的星，叫做“太白星”。正当李白的妈妈抬着头望着这颗太白星赞叹它的明亮耀眼时，这颗太白星忽然从天上坠下来，落入了她的怀里。这时，她感到肚子一阵疼痛。于是，一个白白胖胖的小生命便呱呱落地了。因此，她给孩子起名李白，字太白。

包青天为何有两座墓

包拯，字希仁，庐州人（今安徽省合肥市），北宋天圣五年（1027年）进士。因为官清廉，铁面无私，民间称其为“包青天”。

包拯中进士后，因父母年事已高，不忍远去为官。直到双亲相继去世，守孝完毕，才在亲友的劝说下为官，其间长达十年之久，故以孝闻于乡里。

宋景佑四年（1037年），包拯任天长（今安徽省天长市）知县，颇有政绩。任满后，调任知端州（今广东省肇庆市）。后回京任监察御史里行，又改监察御史，为“言事官”，对处事不当、行事不法的官僚，都可以进行弹劾。包拯曾七次上书弹奏江西转运使王逵，揭露他“心同蛇蝎”，残害百姓。同时，他严厉批评宋廷的任官制度。嘉佑元年（1056年）十二月，朝廷任包拯权知开封府，他于次年三月正式上任，至三年六月离任，前后只有一年有余。但在这短短的时间内，把号称难治的开封府治理得井井有条。

由于包拯在开封府执法严明，铁面无私，敢于碰硬，贵戚宦官也不得不有所收敛，听到包拯的名字就感到害怕。儿童妇孺们都知道包拯之名，开封府广泛流传着这样的话“关节不到，有阎罗包老。”用阎罗比喻包拯的铁面无私。宋嘉佑六年（1061年），包拯官至枢密副使，次年五月病逝，“京师吏民，莫不感伤，叹息之声，大街小巷都可听得到”，朝廷赠官礼部尚书，有《奏仪》十五卷传于世。

然而，令人们惊奇的是，包拯死后居

◆ 包公像

然出现了两座墓，这两座包公墓到底在哪里？到底哪一座才是真正的包公墓呢？

安徽合肥

据考古界报道，十几年前在安徽省合肥市东效大兴乡双圩村的黄泥坎，发掘出来了包公及其夫人董氏墓、长子夫妇墓、次子夫妇墓、孙子包永年墓。淝水岸边出土的墓志铭确凿地记述了包公的生平，并补充和修正了一些史实。真正的包公墓在合肥东郊，已成定案，这不仅有考古发掘的材料证明，而且，有宋代庆元年间撰写的《重修孝肃包公墓记》等文献为印证。这里不仅出土了墓志盖，还出土了详尽的墓志铭。

河南省巩县

在河南省巩县宋真宗的永定陵附近，有一座高约5米的圆形墓，也就是我们所说的另一座包公墓。这个陪葬真宗陵侧的包公墓相对更加为世人熟知。然而，一个包公，为什么会有两座墓？如果合肥包公墓是真的，那么巩县的包公墓是怎么回事？

在合肥包公墓正式考古发掘之前，人们普遍认为巩县包公墓是“真”墓，此墓不仅有很高的封土和墓碑，而且地方史志均有记载。明代嘉靖三十四年（1555年）修《巩县志》即载包拯墓位于县西宋陵中，清代顺治以后各时期版的《河南通志》皆承袭旧说，可见明初就已存在这个包公墓，至少经历了500～600年。但是，河南巩县宋陵中的包公墓虽然冢大碑高，也必然是一个“假”墓。在安徽大兴乡黄泥坎出土的包公墓志已经证明了一切。

现在，人们不禁要问：巩县包公墓究竟修于何时？为什么要建这个包公墓？里面到底埋葬着什么？它和合肥墓是什么关系？这一系列问题，至今尚难于回答。

◆ 包公祠大殿

延伸阅读

包拯巧断案

有一天，一位农民前来报案，说其所养的牛的舌头不知被谁割了下去。包拯对那农民说：“你回家把牛杀了，自己留一点吃，其余拿到市场上去卖。”按当时宋朝的法律规定，民间私杀耕牛是要犯法的，但有县老爷的许可，那位农民回到家中就真的把耕牛杀了。第二天，就有人向包拯控告那位杀牛的农民，包拯反而将这告状的人扣押起来，怒问道：“你为什么把人家牛的舌头割了？”那人被这突如其来的追问弄得惊慌失措，只得如实招供。这个无赖没有想到，这是包拯使了个“引蛇出洞”之计。包拯在接到牛舌被割的报案后，马上意识到这一定是有仇家有意陷害这个农民。如果让那个农民把牛杀了，就触犯了法律，那仇家一定会进一步告发。此计果然很灵。

风流才子唐伯虎之谜

唐伯虎玩世不恭而又才气横溢，诗文名气极高，与祝允明、文征明、徐祯卿并称“江南四才子”；画名更著，与沈周、文征明、仇英并称“吴门四家”。

唐寅（1470年至1523年），字伯虎，一字子畏，号六如居士、桃花庵主等，据传于明宪宗成化六年庚寅年寅月寅日寅时生，故名“唐寅”。唐伯虎自幼聪明伶俐。20余岁时家中连遭不幸，父母、妻子、妹妹相继去世，家境衰败，在好友祝枝山的规劝下潜心读书。29岁参加应天府公试，得中第一名“解元”。30岁赴京会试，却受考场舞弊案牵连。此后遂绝意进取，以卖画为生。正德九年（1514年）曾应宁王朱宸濠之请赴南昌半年余，后察觉宁王图谋不轨，遂佯狂得以脱身而归。晚年生活困顿，54岁即病逝。

◆《廷宴图》 明 唐寅

历史上的唐伯虎尽管才华出众，有理想抱负，是位天才的画家，但他那愤世嫉俗的狂傲性格不容于当时社会。他一生坎坷，最后潦倒而死。临终时曾写过一首诗来表达他刻骨铭心地留恋人间而又愤恨厌世的复杂心情：“生在阳间有散场，死归地府又何妨。阳间地府俱相似，只当飘流在异乡。”

在这种潦倒落魄的窘境里，曾经自谓“布衣之士”的唐伯虎又怎么会自诩“江南第一风流才子”呢？他还有心情去“点秋香”吗？让我们一同走进那个年代，看个究竟吧。

“唐伯虎点秋香”确有其事吗

据说，唐伯虎生活的那个年代确实有一个叫秋香的女子。不过她并非是大户人家的婢女，而是当时南都金陵风月场中的名妓。秋香原名叫林奴儿，字金兰，号秋香，她琴、棋、诗、画样样精通，被誉为“吴中女才子”。她早年被迫堕入青楼，从良嫁人后在扇子上画了一幅画叫《新柳图》，题诗曰：“昔日章台舞细腰，任君攀折嫩枝条。如今写入丹青里，不许东风再动摇。”

据《金陵琐事》中记载，秋香曾经向唐伯虎的绘画老师沈周学过画画。沈周是明

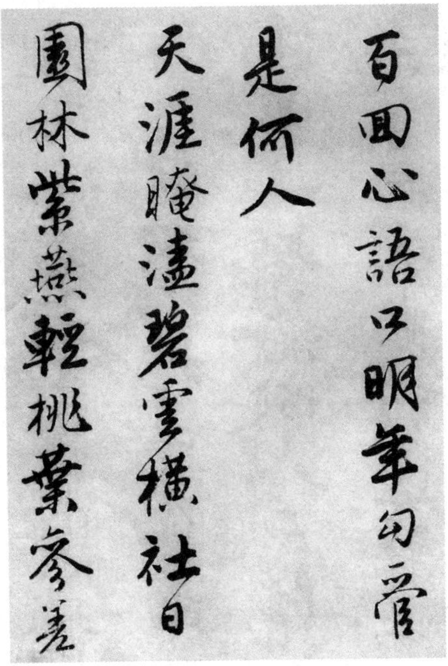

◆ 唐寅书法

代相当著名的大画家，曾为秋香画过一幅丹青画，写过一首词。秋香虽与唐伯虎生活在同一个时代，但据考证，秋香生于明景泰元年（1450年），比唐伯虎足足大20岁，唐伯虎16岁出道时，很难与金陵秦淮河畔的秋香产生感情。唐伯虎点秋香只不过是后人把一些才子佳人的风流韵事，附会到他们身上罢了。

“江南第一风流才子”的称号从何而来

第一种说法：唐伯虎在绝意功名后，刻了一枚“江南第一风流才子”的图章，用在他的一些绘画作品上，着意不在“风流”，也非炫耀自己的才气，而是抒发胸中不平，对功名的蔑视，是他的一种自慰，也是贫困中的寄趣。

第二种说法：唐寅精于仕女题材的绘画，如《九美吟》《簪花仕女图》《秋风纨扇图》等，这些画中都有令人心动的美女，如此推断，唐寅一定非常熟悉这些佳丽们的生活，否则不可能画得如此传神。“风流才子”之名，自然合情合理。

第三种说法：在唐寅自筑的居所“桃花庵”，只要他卖画得了钱，就会邀请名士好友在此饮酒歌吟，不免留下“酒醒只在花前坐，酒醉还来花下眠”的忘形之态。

唐寅的画作从题材分主要有山水画、人物画、花鸟画等。他的书法风格丰润灵活，俊逸秀拔。其一生为后世留下大量诗书画精品。

延伸阅读

唐伯虎解字谜拜师

相传，唐伯虎幼年家境不好，父亲在苏州开酒店谋生。酒店收拾得干净整洁，常有文人墨客来饮酒吟诗。

唐寅自幼喜欢画画，到十三岁时，父亲就让他在店中帮忙干活，不再上学，画出得意的画就贴在店墙上。一次，才子祝枝山来到酒店喝酒，很喜欢墙上的画，就问老板画是由谁画的。老板回答说是儿子画的。祝枝山很惊讶地要求见见孩子，在得知了唐寅的家境贫寒之后便决定帮助他找一位丹青妙手来教他画画。不久，祝枝山带着画师沈石田来到了酒店。

沈石田也很欣赏唐寅的画，但想考考他才气如何，就为他出了一个字谜：“去掉左边是树，去掉右边是树，去掉中间是树，去掉两边是树，这是什么字？”唐寅略一思考就说出了谜底是个“彬”字。沈石田很高兴，就收下了唐寅。

明代“天启大爆炸”之谜

明天启六年（1626年）五月初六上午九点左右，在老北京城西南一带，突然发生了一场神秘的大爆炸，方圆二三里之内瞬间夷为平地。这场突如其来的大爆炸之惨烈、诡异世所罕见，至今众说纷纭。

明天启六年（1626年）五月初六上午九点，在老北京城西南发生了一场神秘的大爆炸。据当时政府官员收集到的幸存者见闻记述，爆炸当天的北京城天空十分晴朗，突然间传来一阵轰隆声，乌云滚滚，震撼天地。只见从城的东北方至城西南角的地方出现了一个特大的火球在空中滚动。天空中有丝状、潮状的五色乱云在四处横飞，有大而黑的蘑菇、灵芝状云柱直竖于城西南角。不久之后，又大震一声，天塌地陷。顿时天空漆黑一团，伸手不见五指。东至顺成门大街，北至刑部街，长三四里，方圆十三里，万余间房屋建筑顿时变成一片瓦砾。两万多居民非死即伤，断臂者、折足者、破头者无数，尸骸遍地，秽气熏天，一片狼籍，惨不忍睹。不久，又见南方的天空上有一股气直冲入云霄，天上的气团被绞得一团乱，演变成各种奇形怪状，有的像乱丝，有的像灵芝，五颜六色，千奇百怪，许久才渐渐散去。

◆ 明熹宗朱由校像

出事当时，明熹宗朱由校正在乾清宫用早膳。突然，他发现大殿摇晃起来，不知发生了什么事，吓得赶紧跑到门外，然后又急忙拼命向交泰殿奔去。侍卫们都惊得不知所措，只有一个贴身的内侍紧紧跟着他跑。刚到建极殿旁，天上忽然飞下瓦片，正巧砸在这个内侍的脑袋上，内侍当场脑浆迸裂，倒地而亡。熹宗皇帝这时什么也顾不得了，一口气跑到交泰殿。大殿的一角放着一张大桌子，他连忙钻到桌子底下，才喘了口气，逃过了这一次劫难。

奇异的“脱衣”现象

据史料记载，爆炸当天出现了奇异的“脱衣”现象。这次遇难者，不论男女，不论死活，很多人衣服鞋帽尽被刮去，全都是赤身裸体。据说在元宏街上有一乘女轿经过，只听一声震响，轿顶被掀去，女客全身的衣服都被刮走，但全身竟没有一丝伤处。他们的衣服都被吹到哪里去了呢？事后有人发现，衣服全都飘到了西山，挂在树梢上。昌平县校场落的衣服堆成小山，其中器皿、衣服、首饰、银钱都有。这些现象至今无人解释，而且有可能被古人加上了渲染、夸大的成分。但从记载来看，像“脱衣”这样奇异的现象应该确实是存在的。

爆炸前的征兆

据说，这场大爆炸在爆炸之前还有征兆出现。皇帝的司礼太监刘若愚是这次大灾变的目击者之一，在他所著的《明宫史》一书中，详尽地记述了这场巨大灾变。据记载：5月2日夜里，前门角楼出现“鬼火”，发出青色光芒，有好几百团之多，飘忽不定。不一会儿，鬼火合并成一个耀眼的大团。另一本书记载：在事发之前，后宰门的火神庙中忽然传出音乐，一会儿声音细些，一会儿声音粗些。守门的内侍刚要进去查看，忽然有个大火球一样的东西腾空而起，顷刻，东城发出震天的爆炸声。

许多人失踪

爆炸当天，有一位新任总兵拜客，走到元宏寺大街，只听一声巨响，他和他的7个随从，连人带马消失得无影无踪了。还有西会馆的塾师和学生一共36人，一声巨响之后，也没了踪迹。更奇怪的是，菜市口有个姓周的人，正同6个人说话。巨响之后，他的头颅突然飞去，尸体倒在地上，而他身边的6个人却安然无恙。爆炸之时，许多大树被连根拔起，掉落在远处，石驸马大街有一尊千斤重的大石狮子，几百人都推移不动，居然被一卷而起，落在10里外的顺成门外。据说长安街一带，无头无脸的人纷纷从天而降，德胜门一带落下的人的四肢最多。这一场碎尸雨，一直下了两个多小时，真是骇人听闻。

对于天启大爆炸，几百年来一直众说纷纭。有人说是火药自爆，也有人认为陨星坠落，但每一个观点都没有摆出无可辩驳的证据，以使人完全信服。

延伸阅读

“天启大爆炸”与“通古斯大爆炸”

近代史上还有一次著名的大爆炸，那就是俄国的“通古斯大爆炸”。通古斯大爆炸是1908年6月30日早上7时17分发生在俄罗斯西伯利亚中部的大爆炸，位置在北纬60.55度、东经101.57度，靠近通古斯河附近。爆炸摧折了超过2150平方公里内的6000万棵树。通古斯大爆炸与天启大爆炸极为相似。根据史料对两次爆炸的现象加以比较，可以推断天启大爆炸应是与通古斯大爆炸同属一类性质的天体闯入大气层在近地点的空中爆炸。爆炸的天外来物很可能是小彗星或彗星的碎片，不大可能是陨石。因为两个爆炸都没有发现陨石坑，而且两个爆炸距地甚近，如是陨石，几乎不可能完全烧尽而不留残片。彗星的构成以碎石冰块为主，在爆炸时四溅消融，化之于无形。

和珅为什么受宠

和珅，原名善保，字致斋，钮祜禄氏，满洲正红旗二甲喇人。曾一人兼任多种要职，为乾隆宠信之极，官阶之高，管事之广，兼职之多，权势之大，清朝罕有。

传说乾隆四十年的一天，和珅随驾出宫。乾隆问身边的大臣一些事情，大臣们答不上来，乾隆有点生气。这时候聪明的和珅答出了乾隆的问题，乾隆“见其仪度俊雅，声音清亮”，“矫捷异常”，十分赞赏，“自是恩礼日隆”。从此，和珅以自己的聪明才智和善于临机应变，博得了乾隆的欢心，青云直上，立即于闰十月迁乾清门侍卫，十一月升御前侍卫，授正蓝旗满洲都统。此后，他不断升迁，兼任多职，封一等忠襄公，任首席大学士、领班军机大臣，兼管吏部、户部、刑部、理藩院、户部三库，还兼任翰林院掌院学士、《四库全书》总裁官、领侍卫内大臣、步军统领等要职。他还是乾隆帝的亲家翁，其子丰绅殷德被指定为皇上最宠爱的十公主之额驸。

为什么和珅会受到乾隆帝如此特殊的宠信和委以大权，成为主持朝政的宰相？是因为他满腹经纶，学富五车，才华横溢，文武双全，诸葛孔明再生吗？事实并非如此。虽然，和珅确实精明能干，敏捷异常，善于临机应变，文化水平也相当高，记忆力特别好，还精通满文、汉文，会蒙文和藏文，有处理政务的一定能力，但离真正的善理国政的名相和指挥三军克敌制胜的名帅，还相距甚远。至于和珅为什么那么受乾隆的宠信，总结起来大概有以下几点：

◆ 和珅像

善于揣摩乾隆的心思

有人认为，和珅之所以受宠是因为善

◆ 和珅府花园湖心亭旧址

于揣摩乾隆的心思。有名的"乾隆下江南"就是和珅鼓动而成的。一次，主、仆二人说起江南秀丽风光，繁华都市，乾隆帝道："朕也想重游江南。但顾虑南北迢遥，劳民伤财，朕所以未决。"和珅道："圣祖皇帝六次南巡，非但未招致民怨，反而被颂为圣君。古来圣君，莫如尧舜。但凡圣君，道本相似，何况国库殷实，金银充足，区区巡游不会耗费多少库银。"和珅这一席话，正好逢迎了皇上仿效先祖、学尧舜的喜好，乾隆遂降旨预备南巡。和珅亲自监督龙舟等南巡的设施，华丽奢侈之极，库银由和珅流水般地挥霍掉了。和珅也因此更加得到宠信，被升为侍郎。

这种观点认为，和珅论文论武，都没有什么才能，但因为他善玩心理战术，逢迎皇帝，才受到皇帝的恩宠。

和珅长得像乾隆喜欢的已故宫女

然而，关于和珅受宠的原因，还有另外一种离奇的说法。据记载，在乾隆帝还是宝亲王的时候，曾钟情于宫中一位宫女。宝亲王时年17岁，情窦已开，常在没人的时候和这位宫女调笑。一天，不知为何，宫女误撞到宝亲王的眉际，被皇后钮祜禄氏看见，以宫女调戏皇子为名，下令将宫女牵到月华门勒死。宝亲王听后，流着泪跑到月华门前。此时的宫女已奄奄一息，宝亲王放声哭道："我害了你。"便咬破自己的指头，滴一点血在宫女颈上，说："我今生无力救你，来生以红痣相认。"话至此，宫女淌了两行眼泪便魂归西天。宝亲王又仔细端详了宫女的脸面，吩咐用上好的棺木盛殓，并把宫女贴身的衬衣脱下来，日日同眠。

宝亲王登基后，这件事渐渐淡忘了。而和珅酷似这位已故的宫女，而且他的颈上也有一颗鲜红的血痣。因此，对佛家的转世轮回之说深信不疑的乾隆皇帝，竟深信这个人就是当年的宫女转世而来。因而从这以后，乾隆将对宫女的歉疚全部补偿给了和珅，便刻意提携他。

然而，传说毕竟是传说，至于乾隆为什么这么宠信和珅，也许答案只有乾隆自己知道。

延伸阅读

和珅之死

嘉庆四年(1799年)正月初三，太上皇弘历驾崩。次日，嘉庆帝命和珅与户部尚书福长安轮流看守殡殿，不得擅自出入，实施软禁。接着下了一道突兀的圣旨，命令着实查办围剿白莲教不力者及幕后庇护之人。当天就有大臣领会到皇帝的意图，于是弹劾和珅的奏章源源不断送到嘉庆帝手中。嘉庆帝宣布和珅的二十条大罪，立即下令逮和珅入狱。嘉庆帝本要将和珅凌迟处死，但由于皇妹也是和珅儿媳妇的固伦和孝公主的求情，并且参考了董诰、刘墉诸大臣的建议，改为赐和珅狱中自尽。为避免政坛风波，嘉庆帝宣布对能弃恶从善的和珅余党一律免于追究。

李莲英死因之谜

清末大太监李莲英，原名李进喜，“莲英”是由慈禧起的名。他是清王朝慈禧时期的总管太监，被人们呼为“九千岁”，是清末最有权势的宦官。

李莲英入宫后名叫李进喜，进宫14年后才由慈禧起名莲英。他先后在奏事处和东路景仁宫当差，直到同治三年（1864年）16岁时，才调到长春宫慈禧跟前。此时太监安德海正得慈禧宠爱，红得发紫。两人虽同时进宫，地位却差得很远。后来安得海因过分张狂，终于以“违背祖制，擅离京师”的罪名，在同治八年（1869年）被山东巡抚丁宝桢砍头。

◆ 慈禧太后油画像

李莲英是个十分聪明乖巧的人，他从中明白了应该如何摆正主子和奴才之间的关系。他不仅学会了揣摩主子的脾气和爱好，千方百计地讨主子欢喜，还能时时处处谨慎小心。墓志铭中说他“事上以敬，事下以宽，如是有年，未尝稍懈”，也就是对主子恭敬，对下属宽厚，多少年来不敢松懈。这也算是李莲英成功的秘诀吧。

李莲英在同治、光绪两朝稳居太监总管之职。他不仅在日常生活中与慈禧太后关系密切，而且在一些重大的政治和经济问题上，也是慈禧太后的决策人和密探。清宫给太监最高职位是四品官，而李莲英被慈禧授予了二品官和红顶戴，外加一件黄马褂。并且，慈禧还为李莲英安排好了死后的“住处”，拨下巨款为他在恩济庄修建坟墓。1908年，光绪和慈禧相隔一天先后死去。李莲英在参与料理了丧事之后，为示对慈禧的“忠孝”之心，离开他呆了50多年的皇宫，3年后也一命归西了。

1966年，“文革”中的“造反派”们

◆ 慈禧太后出巡图（前排右为李莲英）

砸开李莲英的坟墓，打开棺材，令人吃惊的是，里面除一颗骷髅头颅和一条1米来长的辫子外，全身连一块骨头都没有！这一发现，引起了人们探寻李莲英暴死之谜的兴趣。

李莲英一生大量受贿于朝廷内外官员。据说，在皇宫里，有三间大屋存放着他几百万两白银。他因惧怕财产之巨而招来大祸，在慈禧死后离开皇宫之前，全部捐给了朝廷。但是，在宫外，他仍有巨额资财。宫内外有许多贪财之徒，早已对他的巨额财产垂涎三尺，都想夺为己有。李莲英的暴死，会不会是有人图财害命呢？李莲英的亲人虽因他过上了奢侈的生活，但仍认为家里出了个阉人，是辱没祖宗的事情。所以有人据此猜测：会不会在李莲英死后，家族舍去了他那残缺之身呢？据李莲英的墓碑记载，他死于1911年3月4日。当时正是辛亥革命爆发的前夕，这时的清王朝更加腐败，全国各地的武装起义风起云涌，暗杀之风也随之兴起。为了摧毁封建统治，打击封建势力，李莲英会不会成为革命党人暗杀的对象呢？北京南郊有一位老人，父子两代为李莲英看坟。有人曾问及李莲英的死因，但老人讳莫如深，守口如瓶。至今，李莲英的暴死仍是一个谜。

延伸阅读

李莲英与慈禧、光绪之间的关系

慈禧与光绪政见不和，这是众所周知的。李莲英在两人之间采取什么态度呢？有人说他站在太后一边，反对变法，陷害帝党，甚至还有人说光绪就是李莲英下毒害死的。但也有人说李莲英生性圆滑，两面讨好，不但太后喜欢他，就连光绪也因为从小受到他的看护而喜爱他，并夸他“忠心事主”。

有这样一个故事：慈禧率光绪和文武百官出逃后返京，走到保定住下。太后睡觉的地方被褥铺陈华美，李莲英住的稍差一点，但也很不错。而光绪睡觉的地方却很凄惨。李莲英侍候慈禧睡下后前来探望，见光绪在灯前枯坐，小太监无一人在殿内值班。一问才知皇帝竟然铺的盖的都没有，时值隆冬季节，根本无法睡觉。李莲英当即跪下抱着光绪的腿痛哭：“奴才们罪该万死！”并把自己的被褥抱来让光绪使用。光绪后来回忆西逃的苦楚时曾说：“若无李谙达（“老伙伴”或“师傅”之意），我活不到今天。”

甲午战争中日军在哪里登陆

中日甲午战争是日本侵略中国和朝鲜的战争，是一场非正义的战争，1894年（光绪二十年）爆发。按中国干支纪年，时年为甲午年，故称“甲午战争”。中日甲午战争，是中国以及世界近代史上的重大事件。

甲午战争前，远东地区基本是俄、英争霸，中国和日本的情况虽有不同，但都受到不平等条约的制约。甲午战争的胜利，使日本一跃成为亚洲强国，完全摆脱了半殖民地的地位。而中国的国际地位则一落千丈，财富大量流出，国势颓微。甲午战争的失败，对中国社会的震动之大，前所未有。一向被中国看不起的“倭寇”竟全歼北洋水师，索得巨款，割走国土。朝野上下，由此自信心丧失殆尽。清政府的独立财政至此破产，靠向西方大国举债度日。

中日甲午战争对腐朽的清政府来说，是一场耻辱之战。当时，日军首先在山东登陆，然而，具体位置在什么地方，史学界一直争论不已。

第一种观点认为在荣成登陆。甲午战争时期的荣成在今荣成县城崖头东北80多里的龙须岛西部。甲午战争期间在北洋舰队“定远”舰任职的陈兆锵持此说。

第二种观点认为在龙须岛登陆，赞同这种说法的学者较多。海军提督丁汝昌在日军登陆的当天，将日军活动情况电告李鸿章，电文中说：“两船向龙须岛驶，二十二船在灯塔处或二英里处或八英里游弋，必是倭船有登岸之举。”北洋海军覆亡时，《会陈海军覆亡禀》中有记载说：“至十二月二十五日(即公元1895年1月20日)，倭以水陆劲旅自龙须岛登岸，破荣成县城，攻桥头等隘。”另外，曹和济所撰写的《津门奉使纪闻》中亦持此说。

第三种观点认为在落凤港登陆。落凤港位于龙须岛南侧、荣成湾的北端。山东巡抚李秉衡在日军登陆的第二天电告清廷称：

◆ 甲午战争博物馆中的历史人物蜡像

◆ 致远舰壮烈战沉的瞬间

“昨调倭岛、里岛防营折赴龙须岛，尚未赶到，而倭人于落凤港登陆，径赴荣成县。”甲午战争期间曾一度上书言事的易顺鼎说：“二十五日，倭以运船四十艘，载陆兵由落凤港登岸，扑荣成县。”池仲在《海军实记·述战篇》中亦持此说。当代史著，未曾采用此说。

第四种说法认为在金山嘴登陆。在日军登陆的第二天，当时镇守威海卫南帮炮台的总兵刘超佩将日军登陆和中国军队抵抗的详细情况电告李鸿章，电文中这样说：“二十五日早四点钟，倭船三四十只在龙须岛、倭岛、里岛游弋，嗣于龙须岛、倭岛交界之金山嘴水深处下兵……贼兵蜂拥而上，枪队不能存身，退回荣成。”

在《影响中国的100次战争》中记载，日本在甲午战争后期制定了一个新的作战计划，即山东半岛作战计划。计划中决定，由大山岩指挥的第二军第二师团及在国内的第六师团编成“山东作战军”，由海路运输，在山东半岛登陆。从1894年12月19日到23日，日军共3.5万人，3800匹马登陆荣成湾。

目前，史学界已经可以根据这些信息将登陆地点圈定在龙须岛了。

延伸阅读

《马关条约》对中国的影响

甲午战争以中国的失败告终，中国和日本签下了《马关条约》。这是继《南京条约》以来最严重的不平等条约，它给近代中国社会带来严重危害，是帝国主义变中国为半殖民地半封建社会的一个重要步骤。

(1) 台湾等大片领土的割让，进一步破坏了中国主权的完整，刺激了列强瓜分中国的野心，民族危机进一步加深。

(2) 巨额赔款，加重了中国人民的负担。同时，加速了日本军国主义的发展。清政府大借外债，列强控制了中国的经济命脉。

(3) 通商口岸的开放，使帝国主义侵略势力深入到中国内地。

(4) 允许在华投资办厂，严重阻碍了中国民族资本主义的发展。

(5) 《马关条约》大大加深了中国的民族灾难。

第六讲

考古遗址探幽

西安半坡遗址之谜

半坡遗址是我国新石器时代仰韶文化的典型遗址之一，距今约6000年左右，它生动地展现了母系氏族社会繁荣时期先民的生产、生活图景。

半坡遗址位于西安东郊半坡村，六千年前的半坡先民在这块山川秀丽的土地上，披荆斩棘，繁衍生息，从蛮荒走向文明，用勤劳和智慧创造了光辉灿烂的原始文化。然而，这里的先民们当时究竟是怎样的生活状态呢？人们之间是什么样的关系呢？这些都有待于发掘材料的证明。

遥遥领先的烧窑技术

半坡村落遗址南北长300余米、东西宽200余米，呈椭圆形，南部为居住区，北部为公共墓地，东北角有烧陶窑址。居住区、墓地与烧陶窑址之间有一条起防护作用的大壕沟相隔。防御沟外东侧是陶窑遗址，已发现6座陶窑。半坡陶窑分横穴、竖穴两种，结构均包括火口、火膛、窑箅、火道和窑室五个部分。竖穴窑的窑室在火膛之上，直壁，多为圆筒形，涂有一层草泥，窑室底部为窑箅，上有十几个火孔，由火口、火膛进来的火焰经火道、箅孔进入窑室。横穴窑的窑室在火膛之侧，火膛呈横长的圆筒状，窑壁周围有等距离的几十个火孔，窑室圆形，直径约1米。从窑室的形制大小推测，每窑能烧4～5件小陶器或1件大陶器。

半坡陶窑的结构令专家大为吃惊。最原始的烧制陶器方法根本没有陶窑。甚至直到近代，一些落后民族烧制陶器也是直接堆起草、树叶、树枝，把陶坯放在上面，露天烧制。或者把陶坯和柴草堆好后，外面用草拌泥涂封起来，下面留出点火孔，上面留出烟口烧制。与这些原始陶器烧制方法比较，六千年前半坡人的技术遥遥领先。

◆ 半坡遗址

居民的居住环境

被壕沟围绕的是居民区。居住区内，最显著的是中间有一座大房子，其结构和建

◆ 人面纹葫芦瓶

筑方法是半地穴式的。所谓半地穴式，是指建造时先挖出一个平整的坑，然后再搭建房屋，以使房子一半处在地坑中，这种方法在技术落后的情况下易于使房屋稳定。大房子门向东开，中间为火塘，其作用应是村落成员们举行集体活动的地方，如商量大事、接待外族重要来客，可以称为全村的政治文化中心。北边有许多小房屋，小房子的房门都对着大房屋，形成不甚规则的半圆形房屋群。

中小房子有半地穴式和地面建造式两种，从外表来看有圆形和方形之分。墙壁是用草和泥抹成的，房屋中心都有一个灶坑，是村民们做饭的地方。从房屋中灶坑附近的灰烬中发现有烧残的兽骨，可以看出半坡村人早已脱离茹毛饮血的蛮荒生活，过上了比较殷实且安定的日子。然而，目前仍有许多疑问找不到答案。例如，种种迹象表明，这个原始村庄似乎被突然放弃，甚至连工具、粮食都没有拿走。这是为什么呢?是战争?洪水?灾疫?地震?宗教恐怖?似乎这都有可能，但又都没有证据。

半坡人的生活方式

半坡村的原始居民是定居的，以氏族或部落为单位，建立村落。半坡是一个没有贫富差别的原始社会。多种农具、渔猎工具的出土，反映了半坡居民的经济生活为农业和渔猎并重。

从出土陶器上发现了二十二种符号，可能是一种原始文字。半坡成人死后埋入公共墓地，常随葬陶器及骨珠等装饰品。遗址有两座同性合葬墓，分别埋着两个男子和四个女子，一般认为是母系氏族社会的葬俗。死亡儿童埋在居住区，多采用瓮棺葬。一座女孩土坑墓中随葬品精致丰富，表明当时对女孩的爱重。

延伸阅读

半坡人的彩陶

半坡人制作的大批彩陶，虽然制作于远古时期，却显现着迷人的艺术感染力。他们以天真的童稚目光，好奇地观察和认识着变幻无穷的斑斓世界，用彩色绘制在陶器上，那艺术形象尽管简洁，却寓意深刻，充分再现了他们的精神世界。总的看，这些彩陶或写实，如游动的鱼、奔驰的鹿，应是他们渔猎的写照，艺术不可能是无源之水无本之木，当然，也会寄托着希望捕获更多的鱼和鹿的心愿。彩陶图案多在陶器外壁上部，图案逼真，笔画流利疏朗，显然具有装饰作用。陶器上多人面鱼纹图案，人面涂彩，口部衔鱼，三角头饰，或许这就是半坡氏族的图腾、族徽。

河姆渡遗址的考古发现

河姆渡是中国南方早期新石器时代遗址，全国重点文物保护单位，位于距宁波市区约20公里的余姚市河姆渡镇，面积约4万平方米，1973年开始发掘，是我国目前已发现的最早新石器时期文化遗址之一。

大约在六、七千年前，长江下游已有比较进步的原始文化，长江流域同黄河流域一样，都是中华民族古老文化的发祥地。传说，那时的姚江沿岸是杂草丛生的沼泽，江的南岸有一个小村落，这里住着一位勤劳善良的女人，她每天带着忠实的小狗摆渡到姚江的北岸，在沼泽中拾些野鸭蛋和禾草等度日。就这样日复一日、年复一年。有一次，烧着的禾草中发出“噼啪”的声音，小狗摇着尾巴寻觅着火中爆出的白色棉团物，女人捡起一颗放入口中一尝，香甜味美。又过不久，她从北岸拔回的禾草旁长出一丛丛谷物，结出的谷粒很像火中爆开前的谷粒。她把这一发现告诉村民，从此，村民在摸索中开始种植这种谷物。这便是长江流域最早种植的水稻。为了纪念这位勤劳善良的女性，人们就将她每天摆渡的渡口称之为“河姆渡”。

◆ 河姆渡遗址

河姆渡遗址位于河姆渡镇金吾庙村。它是1973年夏天当地农民建造排涝站时发现的，总面积约4万平方米，自下而上叠压着4个文化层。根据北京大学碳14实验室测定，第四文化层距今约7000～6500年，第三文化层距今约6500～6000年，第二文化层距今约6000～5500年，第一文化层距今约5500～5000年。对该遗址于1973年和1977年冬进行过两次考古发掘，合计面积2630平方米，出土生产工具、生活器具、原始艺术品等文物6700余件，还发现了丰富的栽培稻谷和大面积的木建筑遗迹、捕猎的野生动物和家养动物的骨骸、采集的植物果实及少量的墓葬等遗存。

河姆渡遗址发现的原始艺术品可分为独立存在的纯艺术品和施刻于器表之上集实

多，以铤部不对称的长锋或短锋斜铤镞较富特色，另有窄长锋柳叶形镞、钝尖或锐尖的锥形带铤镞等形制。未见网坠之类渔具，而存在大量鱼骨，可能有些骨镞兼用于射鱼。其他渔猎工具还有木矛、骨鱼镖等。柄叶连体木桨的发现，说明当时已有舟楫之便，除用于交通外，可能也在渔猎活动中乘用。利用禽类骨管雕孔制成的骨哨，既是一种乐器，狩猎时也可吹音用以诱捕动物。

◆ 河姆渡遗址出土的芦苇编结物

用和观赏于一体的装饰艺术两大类，而以后一类数量居多，充分表现了河姆渡人的审美兴趣和文明程度。艺术品中最为人称道的是“双鸟朝阳”纹象牙雕刻件，该器长16厘米、宽5.9厘米、厚约1厘米，形似鸟窝。器物正中阴刻5个同心圆，外圆上部刻火焰纹，两侧各有一只圆目利喙的鸷鸟相对而视。画面布局严谨，线条虚实结合，图画寓意深刻，有人说它象征太阳，另有人认为是鸟在孵蛋，象征对生命、生殖的崇拜。说明该器物具有强烈的宗教意义，原始先民已有复杂的精神生活。

这里还出土了大量野生动物遗骨，计有哺乳类、鸟类、爬行类、鱼类和软体动物共40多种。绝大多数是梅花鹿、水鹿、四不象（麋鹿）、麂、獐等鹿科动物，仅鹿角即有 400多件。鸟、鱼、龟、鳖遗骨数量也不少。还发现有极少的亚洲象、苏门犀、红面猴等温热地带动物的遗骸。骨镞达千余件之

知识小百科

河姆渡人的手工业

河姆渡的陶器以夹炭黑陶最富特点。尤其在早期，无论炊器还是饮食容器，都属这种陶质。胎泥纯净，含铁量仅为1.5%左右。以大量的稻壳及稻的茎、叶碎末为羼和料。工艺技术上比较原始，器物均为手制，不甚规整；据测试，烧成温度为800～900℃，在缺氧的还原焰中烧制而成。胎质比较粗厚疏松，重量较轻，吸水性强。晚期阶段，基本上仍用手制，但有的经慢轮修整。出现了三足器、袋足器等较复杂的器形，有的陶器烧成温度提高到了1000℃左右。

南越王国宫殿之谜

南越王宫署遗址，是我国迄今发现最早的御苑遗址，对研究古代建筑、古代园林和南北民族融合的历史有重要的价值，是我国的文化瑰宝，为广州历史名城精华所在。遗址已被国务院公布为全国重点文物保护单位。

20世纪80年代，广州先后发现了西汉南越王墓、南越王宫署遗址的地下石构建筑、南越国御花园和南越国宫殿遗址，其中南越王宫署遗址具有浓厚的岭南地方特色，被评为国家十大考古发现之一。体现了2000年前南越王国宏大规模的南越王宫署遗址，包括约4000平方米用石板以冰裂纹砌筑的水池，一条长达150米设计独特的曲流石渠，以及苑中的回廊等遗迹。其中有两个部分：其一是1995年发现的南越国宫署御花园，另一部分是南越王宫署主宫殿区，南越王宫署主宫殿区的遗址主要在现在的广州儿童公园位置。

长久以来，人们一直在争论：“番禺城”究竟存在与否?南越王宫为什么会大量存在着石头建筑?目前南越王宫殿350多平方米的发掘现场只占儿童公园东南一个角，整个宫殿最精华的部分还在2万多平方米的儿童公园下面。宫殿虽找到了，但是人们又在猜测，宫署之外是否还有一个城呢?

据史料记载，秦末汉初时期全国有十多个商都，而岭南就只有“番禺”这一个重要的商都，来这里经商的人不少都财运亨通，发达者众。按照考古专家推测，南越王宫署之外应该还有贸易区(市)、老百姓生活区(坊、里)以及城墙等，然而这些东西目前却一点出土的迹象都没有。南越王宫署只是番禺的一部分，当时的城在哪里?城墙修建

◆ 南越王墓后部主室遗骸及部分出土文物

◆ 玉剑首

在什么地方?专家们至今仍无法回答。

在南越王宫署的发掘过程中，专家们发现了2000多年前的南越王宫、1600多年前的东晋古井、1000多年前的唐末漫道等珍贵历史遗迹，但最令专家兴奋的是一枚大约5厘米高、质地坚硬、未完成的象牙印章。这枚象牙印章虽然只有一只核桃大小，但它在考古史上却有重要的意义。首先，这枚象牙印章刚好出土在唐代的漫道上，在它的周围还有一些象牙材料、水晶、外国玻璃珠等文物。同时南越王墓曾出土过五根象牙，明清时期的大新路是有名的象牙作坊，这枚唐代象牙印章也使广州的象牙工艺制造史中的空白得以填补。其次，该印章虽然没有打磨完成，也没有署名，其上却大有乾坤——上面的头像无论从脸形还是发式上来看，都是一个明显的外国人头像。这枚印章不是中国传统的长方形或正方形，而是椭圆形，而西方印章的形式正是以椭圆形为主。种种迹象表明，这是枚给外国人刻的印章。专家们兴奋地说：“据文献记载，唐代广州聚集了数万外国人，尤其以西亚阿拉伯人为多，但一直以来苦于缺乏具体物证，这枚象牙印章的发现正好证明了这一点。”

一直以来，在考古学界有这样一个共识——中国古代建筑以木结构为主，西方古代建筑则是以石结构为主，一木一石，形成中国与西方在建筑文化上的分野。但是在出土的南越王宫殿和以前出土的南越王御花园，都发现了大量的石质材料。有专家认为，整个南越王宫署的石建筑普及程度，可以用“石头城”来形容，甚至有的结构与西方古罗马式建筑有相通之处，这在全国考古界都是罕见的。

随着南越王宫殿的进一步挖掘，南越王宫署的“历史之谜”还会发现和破解更多，目前专家们又提出“南越王宫署石渠流向图形之谜”“御花园龟鳖石池上的建筑之谜”“带刺的瓦当有什么功用”等谜团。这些谜团的揭开依赖于考古专家们的进一步发掘研究。

延伸阅读

南越国的建立者——赵佗

赵佗，河北省正定（秦时真定）县人。19岁获赐护驾御剑随秦始皇出巡。公元前219年，被封副帅，随主帅任嚣率领50万大军征战岭南。公元前204年，创立南越国，自号“南越武王”。公元前195年，汉高祖正式分封他为南越王。吕后时期，汉越矛盾激化，吕后发兵南下攻打南越。他发兵抵抗，并反攻到湖南一带。最后，即位称帝，号为“武帝”。他重视引入中原汉文化和先进生产技术，并融合越地社会，使岭南生产发展，人民安居乐业，创下历史伟业，成为一代伟人。从任嚣、赵佗开始，岭南有了人类文明的标志——城堡和文字，发展冶铁业，社会经济发展进入了新的历史时期。历史上有许多赞颂赵佗的诗篇，表明了人民对他的崇敬和怀念。

夜郎古国在哪里

夜郎国的历史，大致起于战国，一直到西汉成帝和平年间，前后约300年。之后古夜郎国神秘消失。这个古老的文明在史籍记载中留下了一团迷雾。

“夜郎自大”这句成语出自《史记·西南夷列传》：“滇王与汉使者言曰：‘汉孰与我大？’及夜郎侯亦然。以道不通，故各以为一州主，不知汉广大。”说的是公元前122年，汉武帝为寻找通往身毒（今印度）的通道，曾遣使者到达今云南的滇国。其间，滇王问汉使：“汉与我谁大？”后来汉使途经夜郎，夜郎国君也提出同样问题。因而世人便以此喻指狂妄无知、自负自大的人。“自大”的名声也就落在夜郎的头上，一戴就是2000多年。

其实古夜郎确实非常大。《史记·西南夷列传》称：“西南夷君长以什数，夜郎最大。”这表明夜郎确实是当年中国西南最大的国家。大约在战国时代，夜郎已是雄踞西南的一个少数民族君长国。“夜郎”的本名应该是“耶朗”（林河《中国巫傩史》），“耶朗”即唱诵，是在祭祀活动中以半朗诵半咏唱的形式，宣读氏族盟誓。因而“耶朗”是一种口头立法。凡是参加“耶朗”的氏族都是“耶朗”大团体的成员，相当于今天的联盟成员国。“夜郎国”实行的这种“耶朗制”，形成了一个以经济与文化为纽带的庞大社会组织，整个“夜郎国”就是由大大小小的“耶朗”组成的。由于翻译的原因，汉人让“大耶朗”变成了“大夜郎”。古夜郎文化波及范围甚广，《后汉书·南蛮传》说“永初初年，九真徼外夜蛮夷，举土内属，开境千八百四十里”。当时的夜郎甚至包括今东南亚的一些国家。古夜郎的核心虽在今贵州黔西南一带，但它东至湖广，西及黔滇，北抵川鄂，南达东南亚多国，地广

◆ 夜郎区域图

数千里，与西汉初期的版图不相上下，可谓泱泱大国。故“汉孰与我大？”并非“夜郎自大”。

随着考古的不断发现，夜郎作为一个

古老文明的国度，作为中华民族灿烂文化的组成部分，它的人文价值正在为世人看重。夜郎国的疆域究竟有多大？夜郎王为了扩展地域，先后在云南、四川、贵州等地区多处建立城池，由于夜郎王在这些城池都有过短时间居住，便成了后人争夜郎古国的理由。一段时间以来，湖南、云南、贵州、四川等地都在抢“夜郎”。然而，夜郎古国究竟在哪里呢？

安顺一带

关于夜郎国及其国都，一种看法是沿袭清人郑珍在他的一篇文章里提出的“今安顺府地即汉夜郎县”这一观点而稍作发挥，或说在安顺北部，或说在安顺、镇宁、六枝一带，或说在安顺县东南广顺。

黔西南州及六盘水地区

另一种说法则认为，夜郎国及其中心区应在今黔西南州及六盘水地区，其东南境到贞丰、望谟、册亨一带。有人还依据《安顺府志》和《威宁县志·夜郎县考》上的推断：西汉成帝河平中，有一个太守叫陈立的斩夜郎王时所到的且同亭，就是夜郎国的政治、军事机构所在地，它约在今贞丰、望谟一带，甚而指称“与北盘江会于贞丰之者香，即夜郎国都也”。

不过，围绕古代典籍有限记载进行考证的传统方法，已经难有新的突破。即如上述几种观点，大都只是沿袭明清学者的说法而已，且其中多有难以自圆其说之处。解放以来，贵州、云南等地的考古发现，则为探索夜郎故地打开了新的局面。几十年来，在贵州清镇、平坝、安顺、赫章、兴义等10个

◆ 安顺夜郎洞

县市内，已经发现了不少汉代遗址和汉墓。如安顺县东南宁谷公社汉墓就有百座以上，众多的考古发现，不仅证实了夜郎古国的存在，而且还印证了夜郎国中心在贵州西部偏南地区的文献考证。尤其令人振奋的是，《史记》《汉书》都提到过的“滇王金印”，早在1956年已经从云南晋宁石寨山六号墓中发掘出来。我们可以期待，随着贵州地区考古工作的全面展开，会为我们提供更多更有说服力的材料。

延伸阅读

“夜郎国”国富兵强

据《史记·西南夷列传》记载：“窃闻夜郎所有精兵，可得十余万”。夜郎能拥有精兵十余万，可见其国力之强盛。长年养十余万精兵，给养、武器装备便是一笔巨额开支。《史记》上还提到“独蜀出枸酱，多持窃出，市夜郎。”枸酱是当年蜀地出产的驰名商品，蜀人不顾禁令，偷偷走私到夜郎高价销售。由此可见夜郎人很富裕，消费水平很高。有史书说在夜郎“居其官者，皆富其十世”，这夜郎国对官员实行的是“超级高薪制”，一人做官，居然能保其十代子孙的富裕。

三星堆遗址千年未解之谜

三星堆遗址属全国重点文物保护单位，是中国西南地区的青铜时代遗址，是我国长江流域早期文明的代表，也是迄今为止我国信史中已知的最早文明。1986年，三星堆两个商代大型祭祀坑的发现，轰动了世界，被誉为世界“第九大奇迹”。

四川省广汉市南兴镇，有三座突兀在成都平原上的黄土堆，三星堆因此而得名。1929年春，有位农民在宅旁挖水沟时，发现了一坑精美的古代玉器，由此拉开了三星堆文明的研究序幕。

◆ 三星堆铜人像

文化来自何方

三星堆数量庞大的青铜人像、动物，不归属于中原青铜器的任何一类。出土的“三星堆人”高鼻深目、颧面突出、阔嘴大耳，耳朵上还有穿孔，不像中国人。专家认为，他们有可能来自其他大陆，三星堆文明可能是“杂交文明”，然而这些都是推测。据考证，公元前3000年前后的四川盆地尚是一片荒蛮之地，当地居住着两个大的族群：东南部的苗蛮族和西北部的羌人。根据古羌人的传说，他们的祖先来自西北部的高原，他们到达现在的成都平原之后，曾与当地原始部落民族有过一段互相征讨的历史。后来，一个叫蚕丛的羌人首领称王，由于蚕丛有纵目，后来的羌人就铸了大量青铜纵目面具纪念他。

◆ 三星堆青铜人面具

而三星堆的确出土了不少与蚕丛氏相貌一致的器物，如人像面具中的纵目式面具和椎髻左衽服饰等，这是否就是蚕丛部族留下的生活遗迹呢？有这样一个故事：

有个叫蚕女的娴淑女子，生活在“高辛氏”年代。当时蜀地没有蜀王，都是些零零星星的小部落，这样的生活状态难免会引起部落之间的吞并和战争。有一次，广汉城址被相邻的部落烧杀劫掠，蚕女的父亲也被抓去做了人质，家中只剩下一匹父亲平时乘坐的老马。蚕女非常思念父亲，于是就对马说：“马啊，如果你去把我父亲救回来，我就嫁给你做老婆。”这马听了蚕女的话，便偷偷地跑去把主人驮了回来。但是蚕女的父亲却不想把女儿嫁给马，还把马杀了，剥下的皮和肉都晾在厨房中。这天蚕女从厨房中经过，那张马皮突然跳起来，一阵风似的把蚕女卷走了。过了几天，人们看见马皮落在对面的桑树上，蚕女变成了一条蚕，正在一边吃桑叶，一边吐丝把自己裹住成为一只茧。

这则故事虽为神话，但它记录了古蜀时期“广汉之墟”各部落间的矛盾关系，故显得十分珍贵。

消失的古都

古蜀国的繁荣持续了1500多年，然后又像它的出现一样突然消失了。历史再一次衔接上时，中间已多了2000多年的神秘空白。关于古蜀国的灭亡，人们假想了种种原因，但都因证据不足而始终停留在假设上。

水患说。三星堆遗址北临鸭子河，马牧河从城中穿过，因此有学者认为古蜀国的消失是洪水肆虐的结果。但考古学家并未在遗址中发现洪水留下的沉积层。

战争说。遗址中发现的器具大多被事先破坏或烧焦，似乎也应证了这一解释。但后来人们发现，这些器具的年代相差数百年。

迁徙说。这种说法无需太多考证，但它实际上仍没有回答根本问题：人们为什么要迁徙？

成都平原物产丰富，土壤肥沃，气候温和，用灾难说解释似乎难以自圆其说。那么，古蜀国消失在历史长河的真正原因究竟是什么呢？

延伸阅读

古蜀人为何如此重视刻画眼睛

在三星堆出土文物中，表现人“眼睛”的文物数量众多，其中有数十对“眼形铜饰件”，表现了古蜀人对眼睛特有的重视。

据史书记载，蜀王蚕丛原来居住于四川西北岷山上游的汶山郡。而这一地方“有碱石，煎之得盐。土地刚卤，不宜五谷。”直到近代，此地仍是严重缺碘、甲亢病流行的地区。而甲亢病患者的一个重要特征，就是眼睛凸出。因此，蜀王蚕丛很可能是一个严重的甲亢病患者，生前眼睛格外凸出。而他的后人在塑造蚕丛神像时，抓住了这一特点并进一步“神化”，这可能就是蜀王蚕丛神像被刻画成“纵目”的原因。

楼兰古国消失之谜

楼兰是中国西部的一个古代小国，西南通且末、精绝、拘弥、于阗，北通车师，西北通焉耆，东当白龙堆，通敦煌，扼丝绸之路的要冲。

汉时的楼兰国，介于汉和匈奴两大势力之间，巧妙地维持着其政治生命。由于楼兰地处汉与西域诸国的交通要冲，汉和匈奴对楼兰都尽力实行怀柔政策。

传说，汉武帝多次派遣使者出使西域诸国。这些使者通过楼兰的时候，楼兰由于不堪沉重的负担，以致杀戳使者。汉武帝听说后勃然大怒，于是派兵讨伐楼兰，结果作为降服的证据，楼兰王子被送至汉王朝作人质。而楼兰同时也向匈奴送去一个王子，表示在匈奴、汉之间严守中立。公元前108年汉将王恢征服了楼兰。经过数次大规模的军事征战，汉王朝彻底控制了西域，同时也打通了东西方的贸易通道——丝绸之路。

但4世纪时，楼兰突然从这个世界上消失了。是什么原因导致了曾经水丰鱼肥的罗布泊变成茫茫沙漠？又是什么原因导致了楼兰古城变成了人迹罕至的沙漠戈壁？这一直是个考古之谜。据专家推测，大概有以下几种原因：

气候因素——全球气候旱化

青铜器时代这里人口繁盛，这时恰值高温期，罗布泊湖面广阔，环境适宜。但此后进入降温期后，水土环境变差，河水减少，湖泊缩减，沙漠扩大。在距今约2000年左右旱化加剧，这表现在中国北方广大地区黄土堆积，湖沼消亡，海退发生。

楼兰古城的消亡大约在公元前后至四世纪(中原的汉朝到北魏时期)，这时正是旱化加剧的时期。其实，在这一旱化过程中，不仅是楼兰古城消亡，而且由于沙漠扩大，先后发生尼雅、喀拉墩、米兰城、尼壤城、

◆ 楼兰古城佛塔

可汗城、统万城等的消亡。

楼兰古城的消亡是在中国北方，甚至是世界气候出现旱化的大背景下发生的，它不是一个孤立的空间，只是由于楼兰处在干旱内陆，这里人文与自然环境的变化更显著

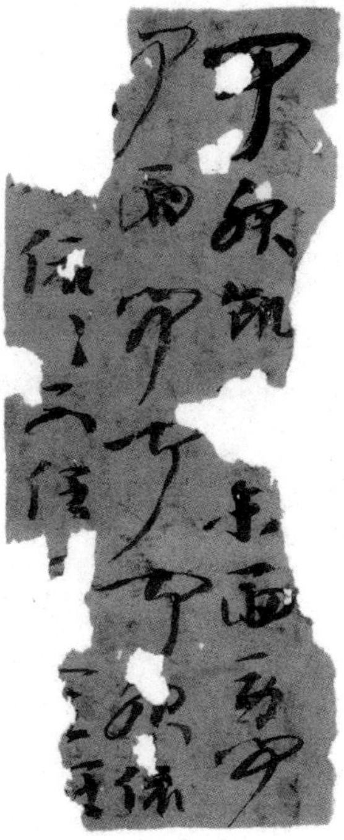

◆ 楼兰文书残纸

罢了。

地域因素——青藏高原隆起

除了全球气候的变化之外，青藏高原的隆起是地域性中最重要的原因。在距今7到8万年前，青藏高原快速隆升。这种隆起对中国西北部的气候具有决定性的作用。由于罗布泊所处东亚西北内陆，每年，太平洋和印度洋的暖湿气流受地理影响，几乎都很少到达这里。

当全球气候发生变化时，整个东亚西部都开始出现了干旱和沙漠化、戈壁化趋势。在这期间，罗布泊开始从南向北推移。在距今7万年左右的时候，湖面急剧下降到最后接近湖底。因湖底地形的高低不平，原先巨大统一的古罗布泊分解成现在的台特玛湖、喀拉和顺湖和北面较大的罗布泊。

人类因素——瘟疫

也有人说，给楼兰人最后一击的，是瘟疫。这是一种可怕的急性传染病，传说中的说法叫“热窝子病”，一病一村子，一死一家子。在巨大的灾难面前，楼兰人选择了逃亡——就跟先前的迁徙一样，都是被迫的。楼兰国瓦解了，人们盲目地逆塔里木河而上，哪里有树有水，就往哪里去，哪里能活命，就往哪里去，能活几个就是几个。楼兰人欲哭无泪。他们上路的时间，正赶上前所未有的大风沙，是一派埋天葬地的大阵势，天昏地暗，飞沙走石，声如厉鬼，一座城池在混浊模糊中轰然而散……

至此，辉煌的楼兰古城也就永远地从历史上无声地消逝了。虽然逃亡的楼兰人一代接一代地做着复活楼兰的梦，但也只能是梦。梦到最后，连做梦的人都等不及，消失了。楼兰，依然是风沙的领地，死亡的王国。

延伸阅读

楼兰古城是怎样被发现的

楼兰王国最早的发现者是瑞典探险家斯文·赫定。1900年3月初，赫定探险队沿着干枯的孔雀河左河床来到罗布荒原，在穿越一处沙漠时才发现他们的铁铲不慎遗失在昨晚的宿营地中。赫定只得让他的助手回去寻找。助手很快找回铁铲甚至还拣回几件木雕残片。赫定见到残片异常激动，决定发掘这废墟。1901年3月，斯文·赫定开始进行挖掘，发现了一座佛塔和三个殿堂以及带有希腊艺术文化的木雕建筑构件、五铢钱、一封佉卢文书信等大批文物。随后他们又在这片废墟东南部发现了许多烽火台，一直延续到罗布泊西岸的一座被风沙掩埋的古城，这就是楼兰古城。

秦朝兵马俑的真正主人是谁

秦朝兵马俑自1974年重见天日以来，一直深深吸引着世界无数的专家学者慕名而来。这些兵马俑气势宏伟，堪称“世界第八大奇迹”。

秦朝兵马俑陪葬坑是世界最大的地下军事博物馆。俑坑布局合理，结构奇特，武士俑、陶马、战车雄壮威武，惟妙惟肖。可是，到底是谁修建了如此气势磅礴、规模巨大的兵马俑坑？他的目的是什么呢？

秦始皇说

一直以来，人们坚信兵马俑的主人不容置疑，就是历史上赫赫有名的秦始皇。

作为中国第一位统一全国的封建帝王，秦始皇杰出的政治与军事才能确实无与伦比。所以，统一全国后，为了表彰军功，

◆ 秦始皇陵兵马俑一号坑全景

宣扬其统一大业，秦始皇就下令塑造了这些兵马俑，并使之面向东方，“以示秦始皇坐西向东，吞并六国，统一全国的决心和气魄”。不过，也有人认为兵马俑是秦始皇为自己建造的陵园建筑结构的一个组成部分，象征着驻扎在京城内外的军队。不过，还有人认为秦兵马俑坑并不是秦始皇的陪葬坑，不属于陵园的组成部分，它仅仅是一种具有纪念碑性质的建筑物。其目的也是为了显示皇威，宣扬战功。

以上观点虽有差异，但都认为兵马俑的主人就是秦始皇。奇怪的是，史书上对秦始皇统一全国后的一举一动，包括收缴兵器、统一文字、修筑长城、建造陵墓等都记得一清二楚，唯独对其建造兵马俑坑只字不提。这是否有悖于常理？

秦始皇的祖母宣太后说

有人说秦兵马俑的主人并非秦始皇，而是秦始皇的祖母宣太后。宣太后曾经参与过秦朝的朝政，权力很大。因为她是楚国人，死后，他的儿子秦昭王就命人塑造了这些兵马俑，象征着护送队，护送宣太后重返故乡。这种看法也不是妄加揣测的，理由如下：

其一，秦兵马俑坑位于咸阳(今陕西省西安市)以东，面向东方。宣太后的故乡是

◆ 跪射俑

东方的楚国。所以如果真是宣太后的护送队，那朝向的方向应该是正确的。

其二，秦兵马俑根本不具战斗力！在已发现的三个俑坑中，一号俑坑为右军，二号俑坑为左军，三号俑坑为指挥部，却唯独缺少最重要的中军。人们以为四号坑就是拟议中的中军，之所以没有建成，是因为这时爆发了历史上著名的秦末农民起义，大部分修建陵墓的刑徒都被调去镇压起义军了，后来随着秦的覆亡，这项工程也就不了了之。如果兵马俑坑是宣太后的，问题就迎刃而解了。既然不是作战用的，当然就没有必要存在中军了。

其三，秦始皇统一全国后，为让天下人手无寸铁，无法发动叛乱，曾收缴天下的兵器。这些兵器中很大部分都是铁制的。奇怪的是，兵马俑中发掘出来的兵器全是青铜器。以秦始皇的性格，不会屈就用已经淘汰的青铜器。但如果是宣太后的护送队，问题就另当别论了。宣太后死的时候铁制兵器比较少见，而青铜器比较普遍。

其四，第三号坑，也是三个坑中地位最重要的一个坑，内有鹿角及动物朽骨一堆。以前认为这是古代打仗前举行祭祀天地和祖先的仪式时遗留的迹象。也许这根本就不是什么“祷战”，而是一个普通的殡葬仪式呢。

其五，前面已提及，关于秦始皇建造兵马俑，史书上没有任何记载，这也就反证了秦兵马俑的主人是宣太后而非秦始皇。即使不是宣太后的，至少也不能说是秦始皇的。

秦兵马俑的主人究竟是谁？秦始皇，宣太后，还是另有其人？谁也说不清楚。

延伸阅读

秦始皇陵——墓室内的秘密

据史书记载，秦始皇陵挖至泉水之下，然后用铜汁浇铸加固。墓宫中修建了宫殿楼阁和百官相见的位次，放满了奇珍异宝。为了防范盗窃，墓室内设有一触即发的暗箭。墓室穹顶上饰有宝石明珠，象征着天体星辰；下面是百川、五岳和九州的地理形势，用机械灌输了水银，象征江河大海川流不息，上面浮着金制的野鸡；墓室内点燃着用鲸油制成的“长明灯”。陵墓周围布置了巨型兵马俑阵。陵墓的设计，处处体现了这位始皇帝至高无上的权力和威严。

谁焚烧了秦兵马俑

秦兵马俑陪葬坑，是世界最大的地下军事博物馆。那些略小于人形的陶俑形态各异，连同他们的战马、战车和武器，成为现实主义的完美杰作，同时也保留了极高的历史价值。

1974年3月，在陕西省临潼县秦始皇陵东面3里的西杨村，几位农民在奋力打井的时候发现了一个陶制人头。农民们十分沮丧，因为据说挖井挖到人头是一件不吉利的事。于是，他们悄悄把人头埋好，又换了个地方继续挖井。可是，没想到同样的情况又发生了，这次他们挖出许多陶制的身体和头。农民们感觉蹊跷，于是他们迅速报告了有关部门。有关部门立即派考古工作者展开钻探和发掘工作。当地表层被掘开时，神话般的奇迹就展现在了人们面前。在5米多深的深坑内站满了身披铠甲、手持兵器威武健壮的武士俑和拖拉木制马车的陶马俑。这就是举世震惊的一号兵马俑。1976年6月，第二号和第三号兵马俑坑又相继在一号俑坑的北侧20米处发现。

秦兵马俑距秦始皇陵1000多米，共有3个坑，总面积达2万多平方米。在一号坑北侧约20米处，还发现了一个未建成的兵马俑坑，即四号坑，有学者猜测它可能是计划内要修的后勤部队俑坑，但也有人认为是象征中军的兵马俑坑。至于为什么突然停建，则很可能是秦末农民起义扰乱了修建计划。

可以看出，原来这些兵马俑是整齐有序地排列着的，但是，一号坑和二号坑的考古发掘现场却是一片残破的景象，一号坑的全部和二号坑的一部分有明显的因火焚烧而塌陷的痕迹。里面的兵马俑有的东倒西歪，有的身首异处，有的头破腹裂，有的臂断腿折。陶俑、陶马身上的彩绘经火焚烧后大都脱落，而坑上面架设的棚木、芦席、顶梁木等也都成了灰烬或者焦炭，坑周围到处是经过大火焚烧而成的赤红色的红烧土。如此景

◆ 彩绘陶俑

象不能不让人产生疑问，是谁焚烧了秦兵马俑坑呢？又是为什么要焚烧它呢？

项羽、牧童焚毁说

据《汉书》转引刘向的疏文："秦始皇帝葬于骊山之阿……天下苦其役而反之，骊山之作未成，而周章百万之师至其下矣。项籍燔其宫宇，往者咸见发掘。其后牧儿亡羊，羊入其凿，牧者持火照求羊，失火烧其臧椁。"其他史籍中也有不少类似的记载。所以，不少学者认为秦兵马俑就是项羽和牧童烧的。但是，也有人反对此说。他们认为，刘向之所以这样写，是为了谏阻汉成帝营建奢华的陵墓，这是一种援古讽今的方式，并不一定就是事实。何况，细细品味此文可以发现，文中仅提到项羽、牧童焚烧秦始皇的陵墓而并没有明确提出焚烧的就是秦兵马俑。事实上，纵观全文，刘向只字未提兵马俑。

葬礼仪式自焚说

由于在三号坑中发现有一堆动物骨骼朽迹和一段残缺不全的鹿角，说明了在秦代卜战仪式依然存在。再以古代丧葬制度和民俗学的资料为据，有人提出，秦兵马俑的火不是别人而正是秦人在陵墓建成之后自己放的。在古代以及一些少数民族的丧葬礼仪中，放一把火来烧毁祭葬物品和墓前某些建筑物是一种很常见的风俗，认为只有这样，死者才能够在阴间继续享受。不过，这种说法也有说不过去的地方。既然要烧，为什么只烧一号坑和二号坑，而独有三号坑幸免于难？就算是秦人自己放火烧的，那么从建成到焚烧的间隔时间应该不会太久，可奇怪的

◆ 战车遗迹

是，根据现场考古发掘来看，俑坑底下普遍都有二三十厘米厚的淤泥，这种淤泥层绝非是短时间内就能够积累出来的。这也说明了在秦朝灭亡之前兵马俑是安然无恙的。所以说，这种"葬礼仪式自焚说"也是站不住脚的。

那么，秦兵马俑到底是怎么起火的？或者说究竟是被谁焚毁的？要解答这个难题，只能靠进一步的探索了。

延伸阅读

秦始皇陵所遭到的破坏

据《汉书》和《水经注》记载，秦始皇陵于公元前206年被项羽凿毁。以后，关东盗贼又将铜棺窃去。后又有牧羊人因寻找遗失的羊，持火把进入墓穴，不慎失火，将陵墓彻底烧毁，大火延续烧了90天都没灭。据说，方圆数十里的陵区地面，也随着一些陪葬坑和陪葬墓的坍塌而下陷了好几米。这样使秦始皇陵的地面建筑荡然无存，地下埋藏也受到一定程度的破坏。这些记载都被当今考古发现所佐证。秦始皇陵发现的陪葬坑、陪葬墓几乎都遇到过被盗和火焚的破坏。

阿房宫真的是项羽烧的吗

阿房宫是秦朝的宫殿，据史书记载，始建于公元前212年。遗址在今陕西省西安市西郊15千米的阿房村一带，为全国重点文物保护单位。

相传阿房宫规模空前，气势宏伟，“离宫别馆，弥山跨台，辇道相属”，景色蔚为壮观。传说阿房宫大小殿堂七百余所，一天之中，各殿的气候都不尽相同。秦始皇巡回各宫室，一天住一处，至死时也未把宫室住遍。后世这种辉煌的想象基本来自《阿房宫赋》，唐朝诗人杜牧的《阿房宫赋》写道：“覆压三百余里，隔离天日。骊山北构而西折，直走咸阳。二川溶溶，流入宫墙。五步一楼，十步一阁；廊腰缦回，檐牙高啄；各抱地势，钩心斗角。”可以想见，阿房宫宫殿之多、建筑面积之广、规模之宏大。

传说西楚霸王项羽率领军队入关以后，移恨于物，将阿房宫及所有附属建筑纵火焚烧，化为灰烬。但现在不断有人指出，项羽烧的是秦始皇在咸阳的宫室建筑，而不是阿房宫。《史记·项羽本纪》中只是说“烧秦宫室，火三月不灭”，未提及阿房宫。那么，项羽究竟有没有烧阿房宫呢？如果没有烧过，那规模宏大的阿房宫又到哪里去了，为何消失了呢？

近年来考古发现，所谓“项羽火烧阿房宫”是历史误传，当代对阿房宫遗址的考古挖掘中，考古人员也未发现焚烧的痕迹。考古人员花费一年多时间勘查阿房宫，勘查超过二十万平方米，只发现数片烧过的土块。如果依照史料所载，阿房宫应该是遍地大量的草木灰才对。那么史书上记载的项羽烧的是什么宫殿呢？

◆ 阿房宫图卷

项羽烧的是咸阳宫

有人认为：项羽火烧的是秦咸阳宫。

◆ 秦代阿房宫遗址

而关于项羽火烧阿房宫、大火三月不灭的说法，秦汉时期的文献资料没有这样的记载，可能是后人对古文献的错误理解。他们说，《史记·项羽本纪》中记录的项羽在咸阳屠杀民众，“烧秦宫室，火三月不灭”。这里所说火烧秦朝宫室的地点在咸阳。《史记》中其他各篇更明确地说火烧秦朝宫殿的地点是咸阳。《高祖本纪》说项羽“屠烧咸阳秦宫室”，《秦始皇本纪》也说项羽“遂屠咸阳，烧其宫室”。咸阳是秦朝首都，所烧毁的也是首都宫殿，根本不是秦朝时地处渭水之南的上林苑中的阿房宫。这从后来的考古发掘中得到证实，秦咸阳宫遗址曾发现大片红烧土遗迹。阿房宫并非毁于大火，那么到底毁于什么？

阿房宫并没有建成

有人说，阿房宫其实并没有想象的庞大，它是个未完成的工程，虽然秦始皇有意把它修建为庞大的宫殿群，但他还未来得及修好就死了。考古人员在一年多的前殿遗址勘探过程中，没有发现一枚当时建房普遍使用的秦代瓦当及其碎片。这说明当时阿房宫宫体建筑没有封顶。他们分析说，“阿房宫可能是基础打好了，但宫殿没有完全盖好”。当时修建阿房宫不到一年，秦始皇就死了，劳动力被拉去修秦陵墓，陵墓没修完，秦二世就垮台了，阿房宫的活也就没完工。这次考古发掘没有找到封顶的东西也是一个佐证。既然阿房宫只是个宏大的规划，基本上没有建造，那么阿房宫不见了就很好解释了，不存在被毁的问题。

不过大多数人认为，阿房宫即使没完成，但也必定已经初具规模，有众多的建筑了。这些建筑如果不是被项羽烧的，那么到底是如何毁坏的呢？这一问题仍是个千古之谜，有待将来破解。

延伸阅读

阿房宫因何得名？

阿房宫为何取名为“阿房”？历代记载分歧，说法不一，主要有以下几种观点：

第一种观点认为阿房一名是由于宫址靠近咸阳而得名的。“阿，近也，以其去咸阳近，且号阿房。”

第二种观点认为阿房一名是根据此宫“四阿旁广”的形状来命名的，阿，在古意中亦可解释为曲处、曲隅、庭之曲等。

第三种观点则认为此宫所以被称为阿房宫，是因为上宫宫殿高峻，若于阿上为房。这一观点出自《汉书·贾山传》，传中的注释曰：“阿者，大陵也，取名阿房，是言其高若于阿上为房。”

关于阿房宫名字的由来还有一则民间传说，说秦王嬴政爱上过一个美丽的民间女子，芳名阿房，但这段美丽的爱情终究没有换来美丽的结局。秦始皇为了纪念这位他深爱过的女子，因而将宫殿起名阿房宫。

长城的两端到底在什么地方

长城是我国古代劳动人民创造的伟大奇迹，是中国悠久历史的见证。它与天安门、兵马俑一起被世人视为中国的象征。

长城是中华文化的瑰宝，是人类文化的财富。它号称万里，实是当之无愧，但长城的两端到底在什么地方却有着不同的说法。因为长城的修筑前后历经二千多年，很多部分并不是绵延不绝连在一起，并且，长城早期修筑的部分颇多损坏，以致人们对长城两端所在地的认识出现了不同的意见。

临洮和辽东

据《史记·蒙恬列传》记载："秦已并天下，乃使蒙恬将三十万众北逐戎狄，收河南（今内蒙古河套以南），筑长城，因地形，用险制塞，起临洮，至辽东，延袤万余里。"是说秦始皇修建长城的两端，即临洮和辽东。秦始皇修的长城其实包括三段，东段起于现在内蒙古德化县内，蜿蜒东行到朝鲜境内的平壤大同江北岸，其终点即是所谓的"辽东"。中段从东至西由内蒙古兴和县，北依阴山，南靠黄河河套，西抵乌兰布和沙漠北缘。西段起甘肃省岷县，循洮河东岸向北至临洮县、兰州，再东折至榆中县。

罗布泊和辽东

另一种说法是长城东端到辽东，西端为现在新疆罗布泊地区。汉朝时期，北方游牧民族匈奴强大起来，不断在汉朝边境滋事，汉高祖刘邦亲征匈奴却以惨败结束，被围困了七天七夜，即白登之围。后来用谋士陈平的策略，才得以逃脱。在匈奴威胁下，汉初国力衰弱，只得年年给匈奴交纳大量贡品，以求平安，但边境的骚乱并没有停止。经过汉初几代皇帝的休养生息政策后，汉武帝时国力空前强盛。于是汉王朝开始主动出击。经过一系列战争，打通了甘肃经河西走廊到新疆罗布泊的交通要道，并使西域各王国臣服于汉朝的统治。

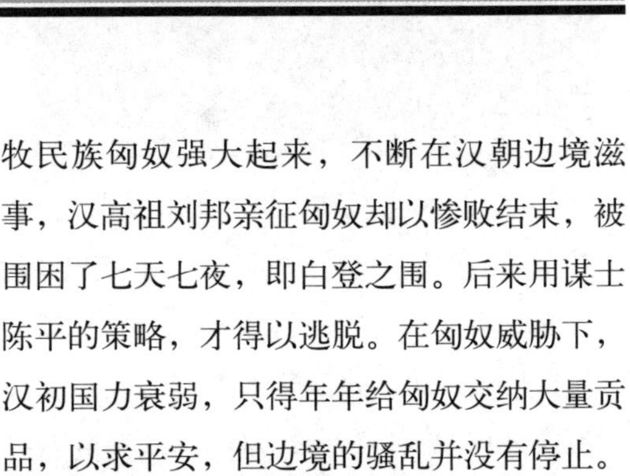

◆ 万里长城

汉武帝有四次大规模的修筑，第一次在公元前127年，在击溃盘踞在此地的匈奴后，将防御匈奴的北方边界推进到今内蒙古阴山南麓的原秦始皇长城一线。第二次在公元前121年，夺得被匈奴占据的河西走廊，而后几年修筑了由今甘肃省永登县至酒泉的长城，东面与秦始皇所修长城相接。第三次在公元前111年，用了两年时间，修筑了酒泉至玉门关段的长城。最后一次是在公元前104年到公元前101年，修了玉门关至新疆罗布泊段的长城。

嘉峪关和山海关

还有一种说法是长城东到山海关，西到甘肃的嘉峪关。这两座雄关修建得气势磅礴，至今保存完好，又经过多次修复，一东一西相互对峙，所以被认为是万里长城的两端。此说其实是明长城的两端。明代是最后一个大规模修筑长城的朝代，在其统治的200多年中几乎从没停止过长城的修建，因为明朝有着更为严重的边患。在周边众多实力强大的政权压力下，明朝为求得安宁与和平，只得年年用大笔银子在崇山峻岭中铺就一条坚固的防线。

朱元璋占领北京，推翻元朝的统治，建立明政权。此时的元政权并没有被消灭，而是退出了北京回撤到今长城以北，仍有东至呼伦贝尔湖，西至天山，北抵额尔齐斯河及叶尼塞河上游，南到现在长城一线的广阔地域。而且元政权的统治者并没有完全死心，仍时时期望收复失地，重主中原。在陕西、甘肃、辽东还有不服从明政权的规模庞大的军事政权，时刻让明朝统治者寝食难安。明代中后期，北方女真族政权兴起，更成为明朝廷的心腹大患，这时修建长城的工程也更为浩大。

◆ 八达岭长城

也有人认为万里长城的东端并不是山海关，而是辽东鸭绿江畔。只是因由山海关到辽东一线修筑比较简陋，到现在基本被损坏，所以认为万里长城是明代修筑得比较精良的嘉峪关与山海关之间一段，其两端是这两座雄关。

万里长城的两端到底在什么地方，以什么时候的为标准来定，众说纷纭，至今尚无定论。

延伸阅读

孟姜女哭长城

相传秦始皇时，劳役繁重，青年男女范喜良、孟姜女新婚三天，新郎就被迫出发修筑长城，不久因饥寒劳累而死，尸骨被埋在长城墙下。孟姜女身背寒衣，历尽艰辛，万里寻夫来到长城边，得到的却是丈夫的噩耗。她痛哭城下，三日三夜不止，城为之崩裂，露出范喜良尸骸，孟姜女于绝望之中投海而死。从此，辽宁省绥中县被后人认为是“孟姜女哭长城”之地，并在那里建了孟姜女庙，南来北往的人们常在这儿洒下一掬同情之泪。

乐山大佛之谜

乐山大佛又名“凌云大佛”，是世界现存最大的一尊摩崖石像，有“山是一尊佛，佛是一座山”的称誉。乐山大佛雕刻细致，线条流畅，身躯比例匀称，气势恢宏，体现了盛唐文化的宏大气派。

乐山大佛坐落在四川省乐山市峨眉山东麓的栖鸾峰，依凌云山的山路开山凿成，面对岷江、大渡河和青衣江的汇流处，造型庄严，虽经千年风霜，至今仍安坐于滔滔岷江之畔。关于乐山大佛的开凿，历史上还有一段传奇佳话。

乐山大佛古称“弥勒大像”“嘉定大佛”，开凿于唐玄宗开元初年（713年）。当时，岷江、大渡河、青衣江三江于此汇合，水流直冲凌云山脚，势不可挡。洪水季节水势更猛，过往船只常触壁粉碎。凌云寺名僧海通见此甚为不安，于是生发修造大佛之念，一使石块坠江减缓水势，二借佛力销水。海通募集20年，筹得一笔款项，当时有一地方官前来索贿，海通怒斥：“目可自剜，佛财难得!”遂“自抉其目，捧盘致之”。海通去世后，剑南川西节度使韦皋，征集工匠，继续开凿，朝廷也诏赐盐麻税款予以资助，前后历时90年，大佛终告完成。可就是这座享誉世界的大佛，历来仍有许多争论。

◆ 乐山大佛

乐山大佛有多高

据各类书籍上的记载，大佛头长宽分别是14.7米和10米，眼睛长3.3米，鼻子有5.53米长，肩宽24米，耳长7米，耳内可并立二人。脚背宽8.5米，可坐百余人，但关于大佛的高度说法不一。

宋代的《佛祖统纪》《方舆胜览》，明清的《四川通志》《乐山县志》等书中，都记载乐山大佛高“三百六十尺”，也就是相当于现在的110米左右。新中国成立后，科研部门采用吊绳和近景测量的方法对大

◆ 江上远眺乐山大佛

佛进行了多次测量，确认乐山大佛高71米。《中国大百科全书》《中国名胜词典》《中国名山大川词典》等字典书籍上也明确写有乐山大佛的通高为71米。但1990年由上海辞书出版社出版发行的《中国地名词典》却把乐山大佛的高度定义为58.7米，而且这一观点也同样有很多权威专家认同。

为什么同一座石佛的高度会有两个差距如此大的数据呢？据有关专家介绍，这两种观点的主要分歧是定义乐山大佛“通高”的不同。文物界在测查文物时，将文物整体的最高点和最低点之间的差称为“通高”。中国的佛像底部多有莲花座，测量时通常将佛像和底部与之相连的莲花座看作一个整体，佛像的高度也就是从莲花座底端到佛像顶端的长度。

就乐山大佛来说，其下有两层莲花座，一层是大佛的足踏，而在足踏下面还有一层更大的莲花座。因此有人认为大佛的通高应该以最底层的莲花座为起点进行测量，也就是大佛高71米。而另一些人认为大佛脚下只有一层莲花座，因为与乐山大佛类似的隋唐时期建造的弥勒佛像都只有一层莲花足踏，乐山大佛没有道理在足踏下再加一层莲花座。也有人认为，所谓莲花足踏下一层更大的莲花座，实际上是莲花足踏下的一层石基，只不过建造者为了美观庄严而在石基的边缘上刻了一些莲花图案。这层石基不能计算在大佛的高度之内，所以持这种观点的人把大佛的高度定义为58.7米。究竟乐山大佛最底下一层是莲花座，还是只是一层石基，人们争论不休，至今未有定论。

历经千年为何保存完好

乐山大佛历经千年，却为何保存得如此完好呢?专家们认为乐山大佛具有一套设计巧妙、隐而不见的排水系统，对保护大佛起到了重要的作用。也有专家指出，大佛的雕刻结构对大佛的保存起到了至关重要的作用。人们观赏这尊世界第一大佛，往往只看到依山凿就的外表，看到它双手抚膝、正襟危坐的姿势，而对它的部位结构则看不真切。其实，细究他的形体结构，是很有趣味的。

乐山大佛屹立千年仍然风采依旧，是什么原因使他如此“坚强”，人们仍在争论探索。

知识小百科

乐山大佛的排水系统

在大佛头部共18层螺髻中，第4层、第9层和第18层各有一条横向排水沟，分别用石灰垒砌修饰而成，远望看不出。衣领和衣纹皱折也有排水沟，正胸右向左侧也有水沟，它与右臂后侧水沟相连。两耳背后靠山崖处，有洞穴左右相通，胸部背侧两端各有一洞，但互未凿通，孔壁湿润，底部积水，洞口不断有水淌出，因而大佛胸部约有2米宽的浸水带。这些水沟和洞穴，组成了科学的排水、隔湿和通风系统，防止了大佛的侵蚀性风化。

悬空寺之谜

悬空寺，又名“玄空寺”，位于山西省浑源县，距大同市65公里，全国重点文物保护单位。悬空寺是国内现存唯一的佛、道、儒三教合一的独特寺庙。它修建在悬崖峭壁间，始建于北魏后期，迄今已有1500多年的历史。

悬空寺，位于恒山金龙峡的半崖峭壁间，始建于1500多年前的北魏王朝后期，历代都对悬空寺做过修缮。北魏王朝将道家的道坛从平城南移到此，古代工匠根据道家“不闻鸡鸣犬吠之声”的要求建设了悬空寺。悬空寺距地面高约50米，面对恒山，背倚翠屏，上载危岩，下临深谷，楼阁悬空，结构巧奇。悬空寺建造的位置山势陡峻，两边是直立100多米、如同斧劈刀削一般的悬崖，而悬空寺就建在这悬崖上，它给人的感

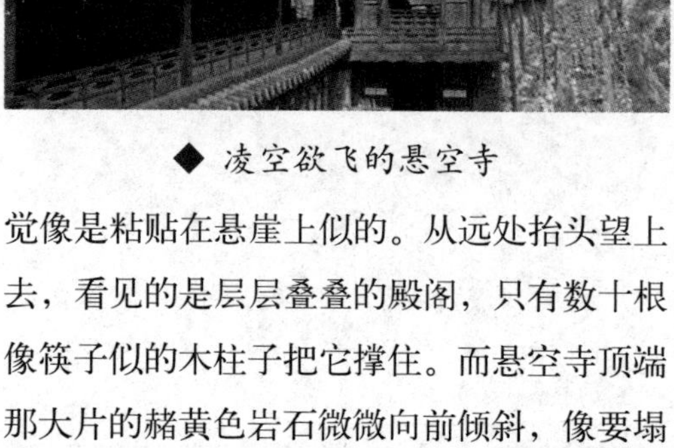

◆ 凌空欲飞的悬空寺

觉像是粘贴在悬崖上似的。从远处抬头望上去，看见的是层层叠叠的殿阁，只有数十根像筷子似的木柱子把它撑住。而悬空寺顶端那大片的赭黄色岩石微微向前倾斜，像要塌下来一样。

这里共有殿阁四十间，利用力学原理半插飞梁为基，巧借岩石暗托梁柱上下一体，廊栏左右相连，曲折出奇，虚实相生。寺内有铜、铁、石、泥佛像八十多尊。古人云：“蜃楼疑海上，鸟道没云中。”唐代诗仙李白醉书“壮观”二字。明代大旅行家徐霞客叹其为“天下巨观”。悬空寺发展了我国的建筑传统和建筑风格，其建筑特色可以概括为“奇、悬、巧”三个字。

“危楼”不倒的秘密

那么这座绝壁上的危楼又是怎么建造的呢?它又为什么要建造在悬崖绝壁上呢?

近些年来，专家们对悬空寺进行了多次实地考察，提出了许多新观点。有专家认为悬空寺之所以能够建在悬崖上，主要是由“铁扁担”把楼阁横空架起。从三宫殿后面的石窟侧身探头向外仰望，会发现凌空的栈道只有数条立木和横木支撑着。这些横木(铁扁担)，是用当地的特产铁杉木加工成为方形的木梁，深深插进岩石里去的。据说，木梁用桐油浸过，所以不怕被白蚁咬，还有

防腐作用。这正是古代修筑栈道的方法，悬空寺就是用类似修筑栈道的方法修建的，把阁楼的底座铺设在许多“铁扁担”上。

与此同时，也有专家指出悬空寺之所以能够悬空，除了借助“铁扁担”之力以外，立木(即柱子)也立下了汗马功劳。这些立木，每一根的落点都经过精心计算，以保证能把整座悬空寺支撑起来。据说，有的木柱起承重作用；有的是用来平衡楼阁的高低；有的要有一定重量加在上面，才能够发挥它的支撑作用，如果空无一物，它就无所借力而“身不由己”了。还有专家认为悬空寺全寺40间殿阁，表面看上去支撑它们的是十几根碗口粗的木柱，其实有的木柱根本不受力，所以有人用“悬空寺，半天高，三根马尾空中吊”来形容悬空寺。而真正的重心支撑在坚硬的岩石里，利用力学原理半插飞梁为基。也就是在山崖上先开凿好窟窿，将粗大的飞梁插到这些窟窿里，这插到山里的一大半支撑着楼体，露在外面的一小半便是楼阁的“基石”。这样，看上去像是空中楼阁平地而起，实际上楼阁的重心在山体中。悬空寺到底是怎样建造的，专家们各持己见，争论不休。

悬空寺为什么建在绝壁上

那么悬空寺又为什么要建造在悬崖绝壁上呢?对此，人们也是说法不一。有人说以前这里暴雨成灾，只好把寺建在悬崖上。悬空寺处于深山峡谷的一个小盆地内，全身悬挂于石崖中间，石崖顶峰突出部分好像是一把伞，使古寺免受雨水冲刷。山下的洪水泛滥时，也免于被淹。也有人说以前这里是

◆ 悬空寺远观

南去五台、北往大同的交通要道，悬空寺建在这里，可以方便来往的信徒进香。而且浑河河水从寺前山脚下流过，当时常常暴雨成灾，河水泛滥，人们以为有金龙作祟，便想到建浮屠来镇压，于是就在这百丈悬崖上悬空修寺。

悬空寺以其独特的建筑风格和文化内涵吸引着古往今来的游人，那一个个至今尚未被世人解答的谜，也给悬空寺增加了几分神秘。

延伸阅读

悬空寺何以千年不损

近些年有专家指出，悬空寺之所以历经千年而保存得如此完好，要归功于它奇特的建造。悬空寺除一进寺门有一条长不及10米、宽不到3米的长方寺院可容数十人外，其余楼台殿阁尽由狭窄廊道和悬梯相连，游人只能鱼贯缓行，不会造成拥挤现象，这就大大减轻了游人对廊道和悬梯的压力。另外也有专家认为悬空寺还有一个与众不同的特点，就是“三教合一”。在寺院北端的最高层，有座三教殿，我国佛、道、儒三大教派的释迦牟尼佛、老子、孔子端坐一殿。自古以来，各教派为赢得百姓崇信，各执己见，争论不休，故天下寺殿多是分立，而悬空寺却将三教融入一殿，实为罕见。而悬空寺内佛、道、儒三教兼有，历代朝野臣民对其都倍加爱护，这也是其完好无损的一个重要原因。

周口店北京人遗址的发现

北京人的发现，为中国古人类及其文化的研究奠定了基础，为人类进化理论提供了有利实证，是中国科学家为世界考古史做出的伟大贡献。

盘古之后，出现了女娲。她按照自己的形象，“抟黄土造人”。有一天，女娲来到一处清澈的水池边，就在池边蹲下身来，拿起黄泥，按照自己的模样，做了一个泥人。当她把这个泥人放到地面时，泥人竟然活了。女娲不知疲倦地塑造出许许多多男人、女人来。这些赤裸的人围着女娲欢呼跳跃，虔诚地感谢她，然后就分散到各地去了。但人总是要死的，为了不使人类灭绝，女娲就替人类建立了婚姻关系，命男女们互相找配偶，让他们生儿育女，一代一代地繁衍下去。

人是从猿演变过来的吗

尽管女娲造人的传说如此优美，但今天的人们受达尔文进化论的影响，大多数人相信人是从猿演变来的，这就是我们所说的“北京猿人”。北京人遗址于1921年被发现，位置在北京市西南房山区周口店镇龙骨山北侧。它是世界上发现材料最丰富、最系统的旧石器时代早期阶段的人类遗址。1921年、1923年和1927年在“北京人”洞穴遗址陆续发现了三枚人类牙齿化石，“中国猿人北京种”这一命名在考古界诞生。1929年又在此发现了“北京人”头盖骨化石、人工制作的石器和用火遗迹，成为当时震惊中外的重大发现。

北京人洞穴堆积层厚40多米，根据对北京人骨骼化石、石器、用火遗迹等方面的研究，考古学家们认为北京人大约生活在距今70万年到20万年间。北京人的脑容量平均达到1088毫升，头部特征较原始，但已有明

◆ 周口店遗址全景

显的现代蒙古人种的特征，男性身高约156厘米，女性身高约144厘米，食物主要来源于狩猎和采集。北京人已经懂得用火和吃熟

◆ 北京人背鹿像（模型）

食，用火主要取于自然，知道保护火种，火的使用完备了人的特征。这些就足以说明人类是由猿演变而来的。

北京猿人是怎样生存的

北京猿人生活在周口店一带。那时候，中国北方的气候比现在温和湿润。山上山下，生长着树林、灌木和丰茂的野草。凶猛的虎、豹、狼、熊等野兽，出没在树林和山野中。那里还生长着大象、犀牛和梅花鹿。猿人的力气比不上这些凶猛的野兽，但是他们能够制造和使用工具。这种工具十分简单，一种是木棒，一种是石头。木棒，树林里多的是，但它是经过人砍削的；石头呢，是经过人工砸打过的，虽然很粗糙，但毕竟是人制造的工具。他们就是用这种简单的工具来采集果子，挖植物的根茎吃。他们还用木棒、石器来同野兽搏斗，猎取食物。但是，这种工具毕竟太简陋了，他们获取的食物是很有限的，靠单个人的力量，没法生活下去，只好过着群居的生活，共同劳动，共同对付猛兽的侵袭。这种人群就叫“原始人群”。

几十万年过去了，猿人在艰苦的斗争中进化了。在北京周口店龙骨山的山顶洞穴里，发现了另一种原始人的遗迹。这种原始人的样子，已经和现代人没有什么两样。我们把他们叫做“山顶洞人”。山顶洞人的劳动工具有了很大的改进，他们不但能够把石头砸成石斧、石锤，而且还把野兽的骨头磨制成骨针。别看这一枚小小的骨针，在那时候，人们能磨制骨针可不是一件简单的事。有了骨针，人们可以把兽皮缝成衣服，不像北京猿人时期那样赤身裸体。山顶洞人过的也是群居生活。但他们的群居生活已经按照血统关系固定下来。一个集体的成员都是共同祖先生下来的，也就是同一氏族的人。这样，人类社会就进入了氏族公社时期了。

延伸阅读

北京猿人头骨失踪之谜

1937年，日本侵略者的炮火断送了北京周口店的黄金时代，发掘工作被迫中断。祸不单行，1941年，珍珠港事件后，在北京协和医学院由美国人负责保管的北京人化石全部失踪。

在此后的60多年，北京人化石的去向成为科学史上的一大悬案，比较流行的说法都与日本人有关：一种说法是日本人占领秦皇岛后将美军保管的化石从火车上卸下，再用船运往天津，航海途中船只沉没；另一种说法是，这些化石被不懂价值的日本军人扔掉了，或是被当作“龙骨”给卖了；还有一种说法，认为这些化石可能还静静地躺在日本的“阿波丸”号巨轮上，但这艘船在1945年4月1日被美军潜艇击沉于福建平潭海域。

武当山金顶迷雾重重

武当山主峰天柱峰顶上的金顶，是武当山的精华和象征，也是武当道教在皇室（明成祖朱棣）扶持下走向鼎盛高峰的标志。

中国四大道教祖庭之一的武当山，位于湖北省十堰市丹江口境内，方圆240公里。它高险深幽，气势磅礴，标奇孕秀，云飞雾荡。千百年来，它孕育了道家武术流派——武当拳、武当太极剑。今天电视荧幕中的古典武打剧，如《倚天屠龙记》《武当》等，都讲的是源于湖北武当山中的“武当派”。武当山除风景秀丽之外，还有许多自然之谜。

武当金顶为何百年不锈?

武当金顶是一座铜铸宫殿，虽然经过400多年的风吹雨打，铜铸的屋顶却从来没有生锈过，这是怎么回事呢?

学者们经多次考察后分析认为，这可能是受“雷火炼殿”影响而造成的。

◆ 武当金顶

武当山气候多变，铜铸金顶又在天柱峰上，是座庞大的导电体，很多带电积雨云都朝金殿运动。当达到一定距离时，云顶与金顶上的尖角之间形成了巨大的电位差，使空气电离，拉成弧线，即闪电。同时强大的电弧使周围的空气剧烈膨胀而爆炸，于是电弧发生变形而成了火球，并发出惊天动地雷鸣，即“雷火炼殿”。金殿除鎏金部件外，一些生了锈的铜铸件、铁栏杆，一经炼殿，霎时间，像用除锈剂擦拭过一般，立刻恢复到原来面貌而金光闪闪。然而解放后，政府为了使金顶避免雷击，保护文物，于1958年在金顶上安装了避雷针。想不到，这样一来，奇观反而因之完全消失。

因此，有人认为金顶百年不锈可能是雷电在起作用，不过也是待解之谜。

神灯为何长明不灭?

金顶上铜铸鎏金的金殿，建于1416年，面阔进深均为三间，高5.44米，宽5.15米，重檐迭脊，翼角飞举，下有圆柱12根。殿基为花岩石砌成，内供真武大帝神像。殿内神像、几案、供器全为铜铸。到金殿游玩的人，都会看到殿内神灯长明不灭，即使殿外狂风大作，殿内神灯火苗仍一丝不摇不闪。大殿自1416年建成，到目前的600多年间，神灯从未熄灭过。无论当地府县市志的记载，还是武当山文物志上的描述，甚至山中道士的介绍，均是如此。即便是“文革”动乱时，亦然如故，堪称奇观。

据湖北省社科院的科技人员测试，这是因为整个铜殿在铸造之初，就考虑到了大殿热胀冷缩的系数，铜殿在焊接上技艺高超，毫无铸凿痕迹，三面密不透风，殿内空气不能形成对流，风到殿口又被反弹回去，所以殿外狂风暴雨，殿内神灯仍可不闪不摇。神灯的供油系统，在大殿的夹墙内，信士捐赠的油料倒进去以后，一次可容千余斤，可供神灯十余年长燃不灭。

金马为什么会吐雾？

在金殿的屋脊上装饰有很多鎏金的铜龙、凤、马、鱼、狮等珍禽异兽，它们金光闪闪，栩栩如生。其中有一匹金马全身发黑，每到夏季，它口吐雾气，飘向碧空，化为紫霞。同时还发出“咴咴”的长啸声。人称“海马吐雾”。相传是它给雷公电母发出的信号。雷公电母听到叫声，火速赶到，即刻就会出现“雷火炼殿”奇观。

据考证，这匹金马内部是空的，里面充满了湿度很高的气体。雷雨前，武当山金顶气候闷热，冷暖空气上下剧烈交替，加上日光曝晒，金马体内的空气受热膨胀，便从口中吐出气体。气体在外界冷空气的影响下，凝成水雾，看上去就像海马吐雾一样，这和人们严冬呼出的热气，遇冷凝成雾气同理。金马那“咴咴”的长啸声，是上下交替的气流与马口相互摩擦而产生的。那么，古人又是怎样制造出这个铜马的呢？也许这也将成为一个千古之谜。

◆ 武当山山门

延伸阅读

传说有飞碟光顾过武当山

据《大岳太和山志纪略·拾遗》记载，武当山道教宫观的宏大工程于永乐十年（1412年）初步兴工之后，永乐皇帝派大臣隆平侯张信、驸马都尉昕带着御制祭文到武当山各大宫昭告真武之神。深夜，大家整理好一切准备祭祀，这时，从满是繁星的晴朗夜空的西北方向飘过来一团“黑云”。这团“黑云”形状很像一个大车轮，当飞在玉虚宫后距山顶有一丈多高时，就像大草帽那样盖在山顶上，忽升忽降，忽进忽退。后来又突然发生变化，“车轮”发出闪电般的光芒和隐隐的轰鸣之声。“车轮”里还隐约呈现旌旗招展之象。再后来，它又固定着不动，后来突然消失得无影无踪。古人根据“车轮”的特征：从西北而来，属坎水之象，黑色，为玄，进而分析，这是玄武神显灵，就急忙望空祭拜祷告。这个“飞轮”所有的特征都与飞碟相似，志中记载的传奇飞碟也是迄今为止目击资料中最独特的一例。

沈阳故宫的三大谜团

沈阳故宫始建于公元1625年，是清朝入关前建造的皇宫，现已辟为沈阳故宫博物院，是国家重点文物保护单位，与北京故宫构成了中国仅存的两大完整的明清皇宫建筑群。

沈阳故宫，又称“后金故宫”，或“盛京皇宫”，是清太祖努尔哈赤、清太宗皇太极建造的皇宫。它以独特的历史、地理条件和浓郁的满族特色而迥异于北京故宫。沈阳故宫那金龙蟠柱的大政殿、崇政殿，排如雁行的十王亭、万字炕口袋房的清宁宫、古朴典雅的文朔阁，以及凤凰楼等高台建筑，在中国宫殿建筑史上绝无仅有；那极富满族情调的“宫高殿低”的建筑风格，更是“别无分号”。占地6万平方米，始建于1625年（后金天命十年），建成于1636年（清崇德元年）。全部建筑90余所，300余间。

许多学者一直关注着沈阳故宫，并不仅因为它是珍贵古迹，更多的还是因为宫中藏有不少待解谜团。

努尔哈赤仓促迁都只为保江山龙脉?

努尔哈赤于1621年将都城迁到了辽东重镇辽阳。但1625年，他又突然提出要迁都盛京（今辽宁省沈阳市）。努尔哈赤为何如此仓促迁都？民间一直流传：努尔哈赤深信风水，按照风水先生的指点，他在当时的东京城西南角修建娘娘庙；在东门里修建弥陀寺；在风岭山下修建千佛寺，想用三座庙把神龙压住，以保龙脉王气。

但是，三座庙宇只压住了龙头、龙爪和龙尾，城里的龙脊梁并没被压住。于是龙一拱腰，就要飞腾而去，一直向北飞到浑河北岸。努尔哈赤以为龙是奉天旨意，命他在龙潜之地再修造城池，于是一座新城便拔地而起，并将此命名为“奉天”。又因为浑河古称沈水，而河的北岸为阳（风水中有关阴

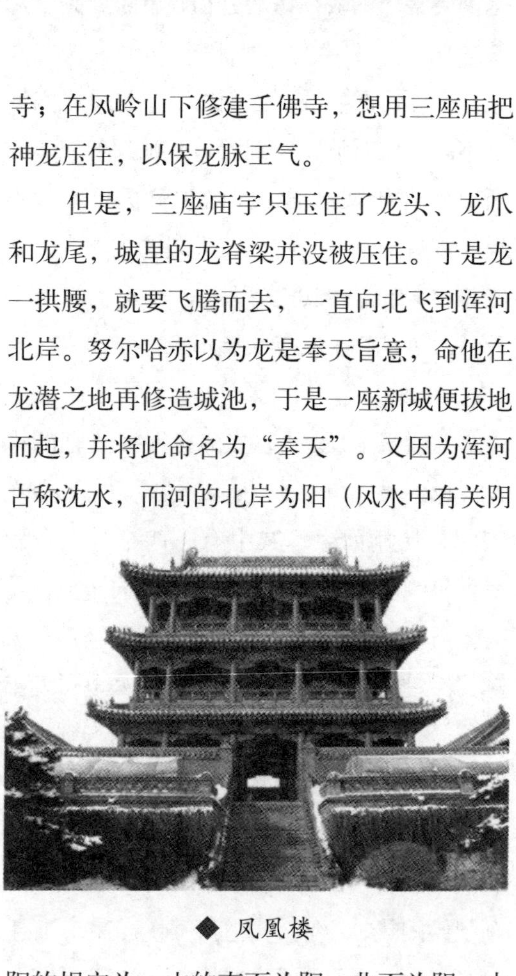

◆ 凤凰楼

阳的规定为：山的南面为阳、北面为阴，水的南边为阴、北边为阳），所以又称“沈阳”。虽然这个传说过于神奇，但历来皇帝建都建城，风水都是放首位的。沈阳在浑河

◆ 沈阳故宫大正殿鸟瞰

之阳，上通辽河，辽河又通大海，可谓一块风水宝地。

沈阳故宫究竟何年开始建造？

由于史料没有任何明文记载，沈阳故宫究竟何年开始建造，一直是历史上的一大悬案，也是历史学家们争论的一个焦点。

据《侯氏宗谱》说，为沈阳故宫烧制琉璃瓦的侯振举家族是“于天命九年间迁至沈阳，复创作宫殿龙楼凤阙以及三陵各工等用”。据此推测应是1624年开始建造的。

但沈阳故宫博物院研究室主任佟主任却认为，沈阳故宫应该是从1625年开始建造的。《侯氏宗谱》中所说的“天命九年”指的是侯振举一家迁居沈阳的时间，而不是说侯振举搬到沈阳后就立即开始建造故宫。1624年，东京城还没有建好，许多贝勒、大臣都还在忙着建自己的住所，努尔哈赤在没有下达迁都命令之前，不可能在沈阳建造故宫；其次，努尔哈赤居住在位于城北的罕王宫，而不是故宫里。如果沈阳故宫1624年就开始修建的话，那么努尔哈赤为什么不住在故宫里反而要在故宫城旁居住？

谁才是沈阳故宫的总工程师？

据《侯氏宗谱》记载：“大清高皇帝兴师吊伐以得辽阳，即建都东京，于天命七年修造八角金殿，需用琉璃龙砖彩瓦，即命余曾祖振举公董督其事，特授夫千总之职。后于天命九年间迁至沈阳，复创作宫殿龙楼凤阙以及三陵各工等用。又赐予壮丁六百余名以应运夫差役驱使之用也。余曾祖公竭力报效，大工于是乎兴。选择一十七名匠役，皆竭力报效……”这段文字说明，侯振举这个人与沈阳皇宫的营造关系很大。从以上文字可以判断，侯振举应该是建造故宫的负责人之一，但是考虑到沈阳故宫中有许多建筑是满蒙风格，侯振举作为一个汉人，不可能设计出来，所以除了侯振举之外，应该还有其他的设计者和建造者。

那么，究竟是几个人一同设计了这座清代宫殿，还是由某位大师具体设计，这个问题也一直是未解之谜。

延伸阅读

沈阳故宫的建筑特点

沈阳故宫的大政殿是一座八角重檐亭式建筑，正门有两根盘龙柱，以示庄严。大政殿用于举行大典，如皇帝即位，颁布诏书，宣布军队出征，迎接将士凯旋等。十王亭则是左、右翼王和八旗大臣办事的地方。这种君臣合署在宫殿办事的现象，历史上少见。从建筑上看，大政殿也是一个亭子，不过它的体量较大，装饰比较华丽，因此称为宫殿。大政殿和成八字形排开的10座亭子，其建筑格局乃脱胎于少数民族的帐殿。这11座亭子，就是11座帐篷的化身。帐篷是可以流动迁移的，而亭子就固定起来了，显示了满族文化发展的一个里程。

北京古城墙为何独缺一角

北京古城墙已有几百年的历史。始创于元代，建成于明代，沿用于清代至民国，经历了七个世纪之久。据说，古城墙呈“凸”字形，城墙周长60里，墙基宽24米，墙高8米，全部为板筑的夯土墙。

明朝修建的北京城内城城墙四面城墙并没有组成矩形，它的东北、东南、西南角都为整齐的直角，却唯有西北角成了抹角，四角缺了一角。这是什么原因造成的呢？不少专家、学者对此展开了讨论，并各自提出了一些观点，但意见却很有分歧。

有人认为这和明朝开国皇帝朱元璋有关。朱元璋统一中国后，深感“非深沟高垒、内储外备不能为安”。于是令谋臣刘伯温、姚广孝主持设计城池图样，以颁示天下如式修造。刘、姚二人反复商讨、多次修改，最后按照传统规矩画成了矩形图案上交朝廷。朱元璋不希望墨守成规，就提笔将矩形图案的一角抹去。这样，由皇帝改动的城池图正式诏示天下。此后明代所建之城大都遵照四角缺一角的样式，北京城当然也不例外。现在来看，这种解释缺乏科学基础。

还有一个传说。在明朝初年，燕王朱棣修建北京城时，命令刘伯温和姚广孝设计北京城的图样。他们俩在设计的时候，眼前都不约而同地出现了八臂哪吒的模样，于是两个人就都各自照着画。姚广孝画到最后，正好吹来了一阵风，把哪吒的衣襟掀起了一块，他也就随手画了下来。到后来建城的时候，燕王下令东城按照刘伯温画的图建，西城按照姚广孝画的图建。姚广孝画的被风吹起的衣襟，正好是城西北角从德胜门到西直门往里斜的那一块，因而至今那里还缺着一角。这种解释

◆ 北京古城墙角楼

只是传说而已，不足信。

有的历史学家、考古工作者研究后认为：元时大都的北城墙，至今遗迹尚在，它的西北角并无异常，是呈直角的。明代重修北京城时，为了便于防守，遂放弃了北部城区，在原城墙南五里处另筑新墙。新筑的北城墙西段穿过旧日积水潭最狭窄的地方，然后转向西南，把积水潭的西端隔在城外，于是西北角就成了一个斜角。明初时，积水潭的水远比现在要深得多，面积也大得多。为了城墙的坚固和建筑的需要，城墙依地形而呈抹角是合乎情理的。所以，这种观点被大多数人所接受。

近年来一些地质工作者在研究卫星照片时发现，紧贴着北京城古城墙西北角的外侧，正巧有一条断裂带平行于城墙通过。另外，在抹角的外侧，卫星照片上隐约可见到直角的影像，这可能就是古老墙基的影像。据此，一些地质工作者提出了这样一种设想：城墙西北角最初修筑时很可能也是建成直角的，但这样一来，城墙西北角正好斜跨断裂带。由于地基建在断裂破碎带上，而断裂很可能还有一些微弱的活动性，城墙的坚固性就大大减弱了。也许是因为多次倒塌，后来才改建成现在这种抹角式的城墙。这样，城墙也就巧妙地避开了断裂而能屹立长久了。

由于古籍、史书上没有这方面的确切记载，专家还不能肯定哪一种解释是符合事实的。我们还需进一步探索和分析、研究，以找到问题的全部答案。不过，这个“三缺一”的城墙给人们带来了许多快乐的遐想，

◆ 京师生春示意图 清 徐扬

让人更加感到北京深厚的历史底蕴。

延伸阅读

北京城里的“双龙”布局

北京景山地区古代建筑群的整体设计，形状貌似一组拟人化的建筑。科学家对此进行了深入的研究，他们利用遥感技术拍摄了全北京城鸟瞰照片，并翻阅了大量有关史料，相互印证。结果惊奇地发现，明朝人对北京城的设计建造是双龙布局形状。一条水龙和一条陆龙横山环水，蔚为奇观。

北京的“双龙”，水龙以南海为龙头部分，湖心岛是龙眼，中南海和北海构成龙身，什刹海是龙尾，摆向西北方向；陆龙俯卧在北京的中轴线上，天安门宛若龙吻，金水桥为龙的颌虬，东、西长安街仿佛龙的两条长须，从天安门到午门一带是龙鼻骨部，太庙和社稷坛如同龙眼，故宫恰似龙骨龙身，四座角楼好像是龙的四爪，伸向八个方向，景山、地安门大街和钟鼓楼构成龙尾。正阳门好似一宝珠。通览北京中轴线的古建筑，呈现出巨龙锁珠之势，极富匠心。

明代北京城建筑的这种“双龙”布局，反映了在华夏民族历史上君权神授的思想。在这种观念看来，北京乃兴龙之地，帝王乃天降龙种。这种神奇的双龙布局设计是中国古人的艺术造诣，还是天然的巧合，仍然是一个谜。

北京故宫为何又叫“紫禁城”

故宫位于北京市中心，旧称“紫禁城”，是明、清两代的皇宫，无与伦比的古代建筑杰作，世界现存最大、最完整的木质结构的古建筑群。

故宫位于北京市中心，旧称“紫禁城”，始建于公元1406年，并于1420年基本竣工。故宫南北长961米，东西宽753米，面积约为725000平方米，建筑面积15.5万平方米。故宫一共有8707个房间。宫城周围环绕着高12米、长3400米的宫墙，形式为一长方形城池，墙外有52米宽的护城河环绕，形成一个森严壁垒的城堡。故宫宫殿建筑均是木结构、黄琉璃瓦顶、青白石底座，饰以金碧辉煌的彩画。故宫有4个门，正门名午门，东门名东华门，西门名西华门，北门名神武门。面对北门神武门，有用土、石筑成的景山，满山松柏成林。在整体布局上，景山可说是故宫建筑群的屏障。

◆ 故宫俯瞰

说起故宫，许多人都知道，这座皇家宫殿是在明成祖时期开始修建的，先后有明、清两代24个皇帝在此执政。可是相信很少有人会了解故宫为什么又被称作紫禁城。这里面隐藏着什么玄机呢？

“紫气东来”说

相传春秋末年，道家学派的创始人老子即将出函谷关的时候，守关人看见有紫气从东而至，不久，老子骑着青牛从东方而来，守关人便认为他是圣人。于是守关人请老子写下了著名的《道德经》。因此紫气便被认为具有吉祥的含义，也预示着圣贤和宝物的出现。对此，杜甫曾赋诗曰：“西望瑶池降王母，东来紫气满函关。”从这以后古人就把祥瑞之气称为“紫云”，传说中的仙人所居住的地方便被称为“紫海”，

◆ 故宫内景

将神仙称为“紫泉”，把城郊外的小路则称为“紫陌”。由此可知，紫禁城中的“紫”字是大有来头的。又因为皇帝居住的地方，防备森严，寻常百姓难以接近，所以故宫被称为“紫禁城”。

“星垣”说

古代的时候，天上的星垣被天文学家们分为三垣、二十八星宿及其他星座。三垣是指太微垣、天市垣和紫微垣。而紫微星垣是代称天子的，处于三垣的中央。古时有“紫微正中”之说。既然古人将天子比作紫微星垣，那么紫微星垣也就成了皇极之地。封建皇帝自称是天帝的儿子，是真龙天子，而他们所居住的皇宫，被比喻为天上的紫宫。他们更希望自己身居紫宫，可以施政以德，四方归化，八面来朝，达到江山永固、长期统治的目的。

“维权”说

明、清两代的皇帝，出于维护他们自己的权威和尊严以及考虑自身的安全，所修建的皇宫，既富丽堂皇，又森严壁垒。拿故宫来说，这座城池，不仅宫殿重重，楼阁栉比，并围以12米高的城墙和52米宽的护城河，而且哨岗林立，戒备森严。平民百姓不用说观赏一下楼台殿阁，就是看一看门额殿角，也是绝对不允许的。除了为皇帝服务的宫女、太监、侍卫之外，只有被召见的官员以及被特许的人员才能进入，外人不能逾越雷池一步。因此，明、清两代的皇宫，既喻为紫宫，又是禁地，故旧称“紫禁城”。

延伸阅读

故宫中的“冷宫”在哪里

封建帝王有着至高无上的权力，可以随心所欲地挑选妃子。皇帝的妻妾众多，至于选到宫中的女子，一旦失宠，便被打入“冷宫”等死，更为悲惨。

关于故宫中的“冷宫”，历来有两种说法。一说即是乾清宫、长春宫；一说“冷宫”无固定地址，关禁王妃、皇子的地方，便俗称“冷宫”。据了解，“冷宫”并不是某一处宫室的正式命名。根据一些文献记载，明、清时代被作为“冷宫”的地方有好几处。

明末天启皇帝时，成妃李氏得罪了权势赫赫的太监魏忠贤，被由长春宫赶到御花园西面的“乾西”。先后被幽居那里的，还有定妃、恪嫔等人。这个“冷宫”在紫禁城内之西。

据说光绪皇帝的珍妃被慈禧落井之前，关在景祺阁北边北三所，这个地方就在今天珍妃井西边的山门里。如果这一传闻属实，则此地也可算得一处“冷宫”。